本书由河北科技师范学院学术著作出版基金暨
秦皇岛市社科联委托课题（课题编号：201506162）资助

农民工城市融合与培训体系构建研究

高玉峰 著

科学出版社

北京

内 容 简 介

作者采用灰色关联分析方法，对影响农民工城镇化因素和农民工精神文化生活的因素进行关联分析，并结合国家相关政策，通过多年对农民工培训的研究和实践，构建了农民工的培训体系及提升培训效果的模式和途径。本书凝聚了作者多年的研究心血，既有扎实的理论基础，又有鲜明的时代特色。

本书的读者群体既可以是政府工作人员，也可以是高等院校、研究院所的专家、学者。同时这也是一本难得的帮助农民工认清自己所处环境及存在问题的书籍。

图书在版编目（CIP）数据

农民工城市融合与培训体系构建研究/高玉峰著. —北京：科学出版社，2017

ISBN 978-7-03-053428-6

Ⅰ.①农… Ⅱ.①高… Ⅲ.①民工-城市化-研究-中国 Ⅳ.①D422.64

中国版本图书馆 CIP 数据核字（2017）第 116990 号

责任编辑：丛 楠 王玉时 马程迪 / 责任校对：贾娜娜
责任印制：吴兆东 / 封面设计：迷底书装

科 学 出 版 社 出版
北京东黄城根北街 16 号
邮政编码：100717
http://www.sciencep.com

北京凌奇印刷有限责任公司 印刷
科学出版社发行 各地新华书店经销

*

2017 年 4 月第 一 版 开本：787×1092 1/16
2019 年 7 月第三次印刷 印张：15 3/4
字数：373 464

定价：88.00 元

（如有印装质量问题，我社负责调换）

前言

"十二五"时期，我国发展既面临难得的历史机遇，也面对诸多可以预见和难以预见的风险挑战，一方面正在由农业大国向现代化农业强国发展，新型城镇化建设正如火如荼地进行；另一方面第二产业和第三产业正在转型期，需要大量的产业工人投入城市建设中来。在此过渡时期，农村出现了大量剩余劳动力，纷纷从农村涌向城市，形成了具有中国特色的半工半农的"农民工"庞大队伍。农民工进城后由于长期的城乡二元户籍制度引发了一系列社会和政府关注的问题：农民工子女教育、中高考不能与城里同龄人享受一样待遇；农民工不能和城市人享有同等社会福利；农民工工资拖欠，等等。

为此，著者自2010年开始关注农民工并对农民工问题进行了深入研究，先后主持完成了包括"河北省科技厅软科学"在内的农民工方面的省市厅级课题6项，研究内容涉及农民工城市融合、农民工教育培训、农民工精神文化生活、农民工社会保障等方面，发表相关研究论文十余篇，研究成果获得了河北省社会科学优秀成果三等奖一项，多条建议被河北省人力资源和社会保障厅采纳。

本书凝聚了著者7年的深入调查研究成果，以农民工的由来及现状研究为逻辑起点，在阐述国家对于农民工问题相关政策的基础上，调查了农民工的现实需求，就中国城镇化建设与农民工市民化的影响因素进行了分析，探讨了农民工培训的理论基础及国外培训模式，构建了农民工培训及提升培训效果的模式与途径等内容。本书既有扎实的理论基础，又有鲜明的时代特色，在农民工培训特色及培训模式优化路径选择等方面实现了创新。

在7年的时间里，通过深入农民工群体进行调查研究，著者对中国农民工问题有了较为深入的思考，同时也对农民工产生了深厚的感情。本书是著者为了促使我国农民工工作再上一个新的台阶，加速农民工城市化进程而提笔呐喊助威，以期让更多的关心农民工的专家、学者、政府官员在思考时将农民工市民化与中国的城镇化建设更加紧密地结合在一起看待，形成国家、地方政府、市民与农民工共赢的和谐的社会主义新态势！

在本书写作过程中，河北科技师范学院文法学院的赵宝柱教授和职业教育研究所的闫志利研究员均提出了宝贵的意见和建议，在此一并表示感谢！但由于水平有限，农民工问题也在不断演化更新，书中的有些内容难免跟不上时代的步伐，敬请广大读者批评指正！

著 者

2017年1月于秦皇岛

目 录

| 前言

| 第一章
农民工的由来及现状

第一节　农民工概念界定 / 2
第二节　农民工的特征 / 6
第三节　农民工基本权益 / 10

| 第二章
国家关于农民工问题的相关政策

第一节　国家调整农民工政策的历程 / 16
第二节　国家关于农民工的政策 / 19
第三节　部委关于农民工的政策 / 28
第四节　地方关于农民工的政策 / 32

| 第三章
农民工的需求调查

第一节　农民工需求调查方法 / 42
第二节　农民工就业培训需求 / 45
第三节　农民工社会保障需求 / 56
第四节　农民工精神文化生活需求 / 65
第五节　农民工融入城市的需求 / 73

第四章
中国城镇化建设与农民工市民化影响因素分析

第一节　人口迁移的相关理论 / 82
第二节　社会网络理论 / 85
第三节　基本公共服务均等化理论 / 86
第四节　中国的城镇化 / 89

第五章
新生代农民工培训理论基础及国外培训模式研究

第一节　新生代农民工培训的理论基础 / 114
第二节　国外职业教育模式 / 118

第六章
农民工培训调查研究

第一节　农民工培训的必要性 / 126
第二节　农民工教育培训需求特点 / 129
第三节　农民工教育培训需求影响因素分析 / 132
第四节　当前对农民工培训存在的问题及对策分析 / 133

第七章
农民工培训体系构建

第一节　农民工培训现状分析 / 141
第二节　农民工培训模式构建 / 145
第三节　农民工培训模式创新研究 / 155
第四节　农民工职业教育培训体系构建 / 165
第五节　提升农民工培训效果的途径 / 176

第八章
有关农民工培训内容探讨

第一节　农民工培训内容概述 / 180
第二节　法制教育 / 183

第九章
返乡创业农民工教育培训

第一节　返乡创业农民工教育培训概述 / 190
第二节　西方创业培训实践模式及启示 / 194
第三节　国外新型农民职业培训现状 / 200
第四节　返乡农民工创业需求调查 / 203
第五节　农民工返乡创业培训 / 208

主要参考文献 / 213

附录一　农民工教育需求及现实供给的实证研究调查问卷 / 219
附录二　农民工城市融合问题研究调查问卷 / 223
附录三　农民工精神文化生活质量调查及对策研究调查问卷 / 233
附录四　农民工社会保障需求调查研究调查问卷 / 237

第一章

农民工的由来及现状

"农民工"这个职业群体最早是在1983年由社会学家张雨林教授提出的,是在我国城乡二元体制下演变出的一个具有农民身份和工人职业双重身份特征,在一定时期内大量存在、对社会经济发展起到一定作用的特殊社会群体。

第一节 农民工概念界定

顾名思义,所谓"农民工"是指具有农民身份和工人特性的一个特殊群体,是我国在城市化进程中,由农业人口向非农人口转移的结果,是我国特殊城乡二元户籍制的产物。具体地讲,是指具有农村户籍,但不在农村种地,不以第一产业——农业为职业,而是到城镇在第二产业和第三产业中工作的农村劳动者。根据农民工离开家乡的具体情况,农民工分为两种:一种是离开了农村土地,但没有离开家乡,在本地乡镇企业务工的劳动者,即离土不离乡;第二种是既离开了农村土地,又离开了家乡,进入城市从事二、三产业的务工人员,即离土又离乡(林娣,2012)。本书中研究的是第二种农民工,也就是从狭义上讲的农民工。

之所以将进城务工的农村劳动者称为"农民工",是因为他们虽然身在城市但"根"仍在农村,他们在城里盖着高楼大厦,却租住着地下室,成为蚁族;他们虽然做着城市清洁工,但他们的居住环境却脏乱差,这一切只因为他们没有一张城市的入门券——城镇户籍,这导致他们不能和城市居民享有同等的权利,不能真正融入城镇成为一名普普通通的城市工人。因此,他们既和城镇居民有本质的区别,又和传统意义上的农民有本质的区别。城乡二元户籍制度直接阻碍农民工融入城市成为产业工人,但他们与传统的农民有着本质区别,一是离开了农村,二是不从事农业。他们或者是在家乡附近乡镇企业工作的离土不离乡的农民工,或者是离开家乡到外地去打工的离土又离乡的农民工,又或者只是利用农闲时间外出打工,呈现出"兼业式""钟摆式"或"业余式"的半工半农状态(王祥兵,2012)。他们从非农产业中获得了高于传统农业的收入,很多时候非农产业收入成为农村家庭主要的收入来源。

一、农民工人数

根据国家统计局统计,2009年我国农民工总人数为22 978万,比2008年增加了436万,其中在乡镇就业人数为8445万,农村劳动力转移就业呈现稳定增长趋势。但2010年以后全国农民工总数增速减缓。2011年我国农民工调查监测报告指出,2011年全国农民工总人数为25 278万,比2010年增长了4.4%。2012年、2013年、2014年和2015年农民工人数增速分别比上年回落0.5个百分点、1.5个百分点、0.5个百分点和0.5个百分点(表1-1、表1-2)。

表1-1 2008~2013年全国农民工数量

农民工数量/万人	2008年	2009年	2010年	2011年	2012年	2013年
农民工总量	22 542	22 978	24 223	25 278	26 261	26 894
外出农民工	14 041	14 533	15 335	15 863	16 336	16 610
住户中外出农民工	11 182	11 567	11 264	12 584	12 961	13 085
举家外出农民工	2 859	2 966	3 071	3 279	3 376	3 525
本地农民工	8 501	8 445	8 888	9 415	9 926	10 284

注：数据来源于国家统计局

表1-2 2014~2015年全国农民工数量及构成

农民工数量/万人	2015年	2014年	增减	增减/%
农民工总量	27 747	27 395	352	1.4
外出农民工	16 884	16 821	63	0.4
本地农民工	10 863	10 574	289	2.7

注：数据来源于国家统计局

二、农民工的身份与地位

农民工问题是指由于农民进入城市参与经济活动后涉及的一系列权益保障的总称。毫无疑义，农民工的身份是与农民分不开的，是与生俱来的，是先赋角色，但先赋角色通过后天的努力也可以改变，成为自致角色，如农民工通过自己的努力，成为企业家就是自致角色。从职业上讲，农民工的身份虽然是农民，但他并不从事农业生产，年轻的农民工有的根本不懂农业，甚至有的人并不是在农村出生的，新一代农民工从小在城市生活、接受教育，在城里找工作，主要在工业和服务业领域打工，主要靠打工的工资生活。所以有学者认为农民工就是随着劳动生产率的提高，一方面农村出现了剩余劳动力，另一方面工业结构调整也需要大量的工人，于是就出现20世纪80年代，大量的农业人口涌向城市，在城里从事二、三产业的中国特色的半工半农的特殊阶层的人群（高玉峰等，2012）。也就是指在我国经济社会发展到一定历史阶段，农村出现了剩余劳动者，离开自己的土地，逐步由农村向城镇和城市转移，实行职业变迁和地域流动，他们的很大一部分逐渐适应了我国工业化和城市化的发展需求，成为我国城市建设不可或缺的力量，但其身份仍然是农民，没有取得城市户籍，没有完全融入城市，他们是中国社会二元经济结构形成的产物。

第一，农民工具有双重的身份。主要表现在一方面农民工对于家乡农民来说是产业工人，当初农民工离开家乡进城的目的是谋生，脱离农村的土地生活，提高家庭的经济收入或融入城市生活，成为市民，这是农民工与家乡农民的区别；另一方面农民工对于市民来说仍是农民,他们的户籍仍在农村,由于不具有城镇职工的城镇户籍,他们不能和市民一样享有城市的各种福利待遇,子女不能享受和城市孩子同等的教育资源,不能参加市民的社会保险等。

第二,农民工具有双重社会地位。农民工,首先是农民,其次是工人。农民工与留在农村仍从事传统农业的农民相比,他们一般在农村中具有相对优势地位,接受过一定的教育,思想比较活跃,不安于农村生活的现状,在农村中处于领先地位。他们想脱离农业生产,通过进城务工做工人,过城里人的生活,梦想融入务工的城市,梦想在务工城市购买住房定居,梦想自己的子女和城里的孩子享有同样的教育机会,农民工无论在经济、社会地位、人生阅历、人生梦想等方面都比留在农村从事农业生产的农民高,这也符合人口流动理论,即由不发达地区向发达地区流动,从低层次向高层次流动。可以说,农民工和留在家乡从事农业生产的农民相比,属于优势群体。然而,他们与城市居民相比,又处于弱势地位,因为他们虽然在城市里从事的是工人工作,但在城市居民看来他们仍是农民,在他们身上仍然保留着农民固有的特点及不被市民认可的习惯。同时,他们在工作的种类、工作环境、工作条件、工作时间、工资待遇及社会保障等方面,都远不及市民。绝大多数农民工在城市从事的都是城市居民不愿干或不屑干的苦、累、脏的粗活,他们所处的劳动环境条件非常差,冬有三九夏有三伏,但所获得的劳动报酬却非常低,而且还不能和城市居民一样同等地享有各种社会保障如养老保险、工伤保险、失业保险、医疗保险、生育保险和住房公积金等。他们在城里没有选举权和被选举权,他们的子女也不能和城里的孩子享有同等的教育,他们的权利保障、居住环境、生存条件和工资待遇、工作环境等都与城里人无法相比。

我国农民工的发展经历以下几个阶段。

(一)民工称呼

在20世纪50年代初期,政府号召农民参加修筑公路、堤坝或帮助军队运输等工作,这时把响应政府号召,参加上述工作的农民,称为"民工"。20世纪80年代,由于农村出现了剩余劳动力,国家出台一系列政策,有计划地对剩余农民输出,来到城镇或城市工作,从事第二、三产业,他们被称为"民工"。

(二)打工仔与打工妹称呼时代

改革开放以后,经济较为落后地区的农民、思想相对比较先进的农民,有的迫于生计,有的出于到外面闯闯等不同目的,离开自己的家乡,结伴来到经济相对发达地区从事保姆、理发、清洁等工作,由于进城的大多数都是年轻人,当时社会上用"打工仔""打工妹"来统一称呼这些进城打工者。1991年,首播电视剧《外来妹》一炮打响,这部反映广东地区外来打工者生活的电视剧,在社会上引起强烈轰动,这个特殊的群体开始进入人们的视野,得到人们的关注。"打工仔""打工妹"的称呼非常贴切地反映出了进城农民工的特征——由城里人雇佣的农村年轻人(林娣,2012)。

（三）农民工称呼

"农民工"这个名词最早是由社会学家张雨林教授在1983年提出的，并做出比较科学的解释：农民工的身份是"农民"，职业是"工人"，即农民工是具有农民身份的产业工人。农民工出身于农村，却在大中城市工作和生活。农民工是中国改革开放、城市融合进程中逐渐出现社会分层，而产生的一个新的特殊的在一定时期内存在的有重要作用的社会群体，是放弃祖祖辈辈耕作的土地从农村到城市、不被市民认可、在城市长期居住又没有自己住房的非正式城市群体（张秋生，2003）。在城市里，农民工被称为工人，回到农村，他们仍然是农民，具有"既工非工""既农非农"的过渡性特征。这种过渡性特征是因为"农民工"是我国的产业在由农业向工业、由农村向城镇化建设过程中农村过剩劳动力进行大规模转移所涌现出的过渡群体。

中共中央、国务院以中发〔2004〕1号印发《关于促进农民增加收入若干政策的意见》，第一次确认了进城就业的农民工是我国工业建设中的产业工人的重要组成部分，这是对农民工的职业属性进行的科学的、权威性的认定。这表明国家承认了在改革开放进一步城市化进程中，农民工的社会地位，肯定了他们在国家建设中的重要作用，也表明了农民工最终会成为产业工人和市民（丁展望，2006）。自改革开放后国家政策调整允许农村剩余劳动力有序进城务工以来，农民工经过30多年市场经济大潮的磨炼和洗礼，尤其国家方方面面的政策向农民工的倾斜，他们已经具备了工人的基本特征：像工人一样，打工的工资收入占大多数农民工家庭经济来源的重要比例，农民工所承包的土地有的租给他人耕种，有的由年岁大的父母耕种，土地租金或者父母耕种所得微乎其微，占农民工年收入的比例很小（李强，2004）；从农民工的工作情况来看，已经和社会化大生产相适应，大多数农民工已具备相当的组织性和纪律性，遵守工作相关要求，能用用人单位的规章制度来要求自己，初步形成了合作意识和团队精神，具备了工人的基本特征。第5次人口普查结果表明，在工矿等企业中工作的农民工占58%，在服务行业就业的农民工占52%，在加工制造业从业人员中农民工占68%，在建筑从业人员中农民工占80%（刘传江，2008）。农民工作为新近加入产业工人队伍的新产业工人已是我国产业工人的重要组成部分。

（四）新生代农民工

随着老一代农民工返乡，农民工内部也出现了代际更替，20世纪80年代之后出生的外出农民工，通常也被称为"新生代农民工"，逐渐成为外出农民工的主体并且在整个经济社会中发挥着越来越大的影响。新生代农民工的概念最早是由王春光教授提出来的，2000年王春光教授提出区别于第一代农民工的"新生代农民工"这一概念，并指出：第一代农民工是指20世纪80年代外出的农村流动人口；而所谓"新生代农民工"是指年龄在35岁以下、于20世纪80年代及以后出生外出务工经商的农村流动人口（刘怀廉，2005；贺汉魂等，2005）。新生代农民工，主要是指"80后""90后"。他们从小就上学，上完学以后就进城打工，相对来讲，对农业、农村、土地、农民等不是那么熟悉。另外，他们渴望进入、融入城市社会，而城市在很多方面还没有完全做好接纳他们的准备。新生代农民工年龄为18～35岁，以"三高一低"为特征：受教育程度高，职业期望值高，物质和精神享受要求高，工作耐受力低（沈立人，2005；刘祖云等，2006）。2013年农民工监测调查报告显示，新生代农民工占农民工总量近半。调查显示，1980年及以后出生的新生代农民工达到12 528万人，占农民工总量的46.6%，占1980年及以后出生的农村从业劳动力的比重为65.5%，新生代农民工正在逐渐成为农村外出务工大军中的主力军（图1-1）。

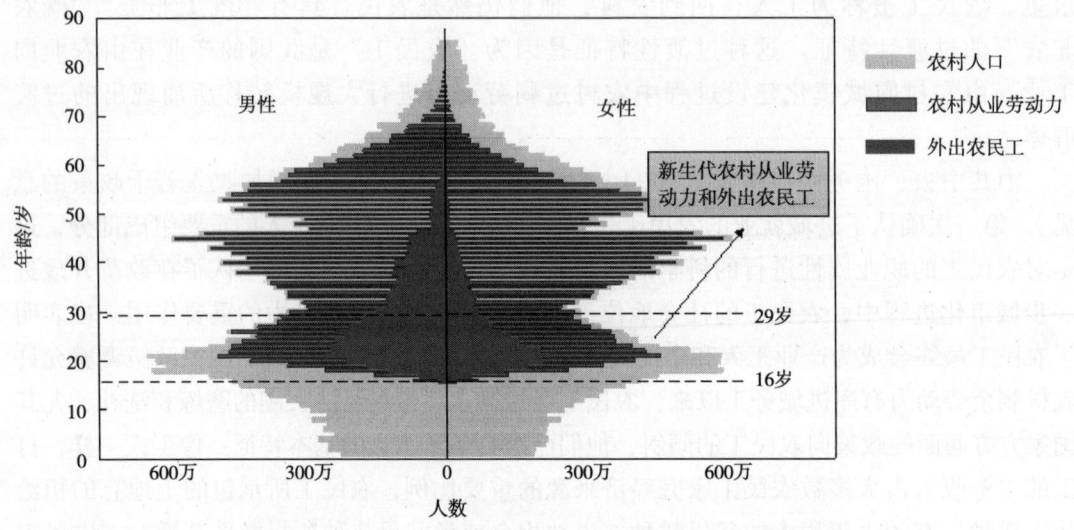

图1-1　2009年农村从业劳动力和外出农民工的年龄结构

数据来源于国家统计局

第二节　农民工的特征

一、农民工基本特征

（一）农民工输出地区比较

从输出地看，中部地区农民工输出数量增长快于其他地区。2015年中部地区农民工为9609万人，比上年增加163万人，增长1.8%，占农民工总量的34.6%；东部地区农民工为10 760万人，占农民工总量的38.8%；西部地区农民工为7378万人，占农民工总量的26.6%。郭俊芳等（2015）认为，受教育水平较高、年龄较小及打工收入较高人员，多选择离家较远的外省市务工。其中东部地区指北京、天津、河北、辽宁、上海、江苏、浙江、福建、山东、广东、海南这11个经济发达的省（直辖市）；中部地区指山西、吉林、黑龙江、安徽、江西、河南、湖北、湖南8个经济中等省份；西部地区指内蒙古、广西、重庆、四川、贵州、云南、西藏、陕西、甘肃、青海、宁夏、新疆12个经济不发达的省（自治区、直辖市）。

（二）农民工的性别比较

在全部农民工中，男性占66.4%，女性占33.6%。其中，外出农民工中男性占68.8%，女性占31.2%；本地农民工中男性占64.1%，女性占35.9%。女性农民工比例比上年提高0.6%的主要原因是女性农民工打工地多选择在家乡所在地，这样既能打工挣钱又能照顾家庭。

（三）农民工年龄比较

总的来说，农民工中以青壮年为主，但农民工的平均年龄在逐年提高。2015年农民工平均年龄为38.6岁，比2014年提高0.3岁。2015年40岁以下农民工所占比例为55.2%，比2014年下降了1.3%；50岁以上农民工为17.9%，比上年上升了0.8%（表1-3）。

表1-3 农民工年龄构成（%）

年龄分布	2011年	2012年	2013年	2014年	2015年
16~20岁	6.3	4.9	4.7	3.5	3.7
21~30岁	32.7	31.9	30.8	30.2	29.2
31~40岁	22.7	22.5	22.9	22.8	22.3
41~50岁	24.0	25.6	26.4	26.4	26.9
50岁以上	14.3	15.1	15.2	17.1	17.9

注：数据来源于国家统计局

（四）农民工受教育水平比较

2015年，未上过学的农民工占1.1%，小学文化程度农民工占14.0%，初中文化程度农民工占59.7%，高中文化程度农民工占16.9%，大专及以上农民工占8.3%。高中及以上文化程度农民工所占比重比上年提高1.4个百分点。综合来看，2015年外出农民工中高中及以上文化程度的占27.9%，比上年提高1.9个百分点；本地农民工中高中及以上文化程度的占22.6%，提高了1.2个百分点。从而可以看出农民工受教育水平呈现不断提高的趋势（表1-4）。

表1-4 农民工文化程度构成（%）

受教育程度	农民工合计		外出农民工		本地农民工	
	2014年	2015年	2014年	2015年	2014年	2015年
未上过学	1.1	1.1	0.9	0.8	1.6	1.4
小学	14.8	14.0	11.5	10.9	18.1	17.1
初中	60.3	59.7	61.6	60.5	58.9	58.9
高中	16.5	16.9	16.7	17.2	16.2	16.6
大专及以上	7.3	8.3	9.3	10.7	5.2	6.0

注：数据来源于国家统计局

二、农民工就业特征

（一）跨省流动农民工减少

外出农民工中，2015年跨省流动农民工为7745万人，比2014年减少122万人，下降了1.6%，占外出农民工总量的45.9%，比上年减少0.9%。从区域分布看，东部地区外出农民工中17.4%跨省流动，比2014年下降1%；中部地区外出农民工61.0%跨省流动，下降1.7%；西部地区外出农民工53.5%跨省流动，下降0.4%（表1-5）。

表1-5 2015年外出农民工地区分布及构成

按输出地分	外出农民工总量/万人			构成/%		
	总量	跨省流动	省内流动	总量	跨省流动	省内流动
合计	16 884	7 745	9 139	100.0	45.9	54.1
东部地区	4 944	858	4 086	100.0	17.4	82.6
中部地区	6 592	4 024	2 568	100.0	61.0	39.0
西部地区	5 348	2 863	2 485	100.0	53.5	46.5

注：数据来源于国家统计局

（二）流入大城市的农民工人数较多

据调查，2015年外出农民工中，流入直辖市的人数为1460万，占外出农民工总人数的8.6%；流入省会城市的人数为3811万，占总人数的22.6%；流入地级市的农民工人数为5919万，占总人数的35.1%；总计流入市级以上城市的农民工人数为11 190万，占外出农民工总人数的66.3%。流入直辖市、流入省会城市、流入地级市人数比例分别比上年提高

0.5个百分点、0.2个百分点和0.9个百分点。从数据分析来看，农民工跨省流动时流向最多的是地级以上大中城市，占80%左右；省内流动时，54.6%农民工选择流入地级以上大中城市（表1-6）。

表1-6 2015年外出农民工流向地区分布及构成

	合计	直辖市	省会城市	地级市	小城镇	其他
外出农民工总量/万人	16 884	1 460	3 811	5 919	5 621	73
其中：跨省流动	7 745	1 188	1 752	3 258	1 473	73
省内流动	9 139	272	2 059	2 660	4 148	0
外出农民工构成/%	100.0	8.6	22.6	35.1	33.3	0.4
其中：跨省流动	100.0	15.3	22.6	42.1	19.0	0.9
省内流动	100.0	3.0	22.5	29.1	45.4	0.0

注：数据来源于国家统计局

（三）农民工在第三产业就业比例提高

据统计，2015年农民工在第一产业就业比例为0.4%，比2014年下降0.1个百分点，第二产业中从业的比重由2014年的56.6%下降到2015年的55.1%。其中，从事制造业和从事建筑业的农民工比重分别为31.1%和21.1%，与2014年相比分别下降了0.2个百分点和1.2个百分点。2015年农民工在第三产业就业的比例为44.5%，与2014年相比提高1.6个百分点。其中，从事批发和零售业，交通运输、仓储和邮政业，住宿和餐饮业，居民服务、修理和服务业农民工比例分别为11.9%、6.4%、5.8%、10.6%，与2014年相比从事批发零售业提高了0.5个百分点，从事居民服务修理服务提高了0.4个百分点（表1-7）。2015年在东部地区从事第三产业人数比2014年提高了1.0个百分点，在中部地区从事第三产业人数比2014年提高了1.9个百分点，在西部地区从事第三产业人数比2014年提高了3.1个百分点（表1-8）。

表1-7 农民工就业行业分布（%）

就业产业	2014年	2015年	增减
第一产业	0.5	0.4	−0.1
第二产业	56.6	55.1	−1.5
制造业	31.3	31.1	−0.2
建筑业	22.3	21.1	−1.2
第三产业	42.9	44.5	1.6
批发和零售业	11.4	11.9	0.5

续表

就业产业	2014年	2015年	增减
交通运输、仓储和邮政业	6.5	6.4	−0.1
住宿和餐饮业	6.0	5.8	−0.2
居民服务、修理和其他服务业	10.2	10.6	0.4

注：数据来源于国家统计局

表1-8　各地区的农民工产业分布（%）

产业	东部地区			中部地区			西部地区		
	2014年	2015年	增减	2014年	2015年	增减	2014年	2015年	增减
第一产业	0.4	0.4	0	0.4	0.3	−1.0	0.8	0.7	−0.1
第二产业	61.2	60.2	−1.0	52.5	50.7	−1.8	47.1	44.1	−3.0
第三产业	38.4	39.4	1.0	47.1	49.0	1.9	52.1	55.2	3.1

注：数据来源于国家统计局

2015年49.9%的本地农民工从事第二产业，比上年下降1.2个百分点。其中，从事制造业的占27.7%，提高0.2个百分点；从事建筑业的占19.4%，下降1.3个百分点。外出农民工从事第二产业的比重为60.2%，比上年下降1.6个百分点。其中，34.4%的农民工从事制造业，下降0.6个百分点；22.8%的农民工从事建筑行业，下降了0.9个百分点。所以说本地农民工从事制造业比重上升，从事建筑业比重下降明显。

第三节　农民工基本权益

一、农民工收入状况

与前几年相比，虽然2015年全国农民工月均工资收入的增速有所放缓，但东部地区的农民工收入仍保持较快增长。总的来说，农民工离开本地，外出务工时收入增速要高于本地农民工工资收入。2015年农民工人均月收入为3072元，比2014年虽然增长了7.2%（表1-9），但增速比2014年下降了2.6%。其中从事制造业，建筑业，住宿和餐饮业，居民服务、修理和其他服务业农民工月均收入增速分别比2014年下降了6.7%、4.4%、2.2%和4.1%。从地区分布来看，东部地区务工的农民工月均收入增速分别比在中部、西部地区务工的农民工高2.6%和2.4%。其中，在东部地区务工的农民工2015年月均收入为3213元，比2014年增长了8.3%；在中部地区务工的农民工2015年月均收入为2918元，比2014年增长了5.7%；在西部地区务工的农民工2015年月均收入为2964元，比2014年增长6%。外出务工的工资收入要高于农民工本地务工工资收入，外出务工农民工月均收入比本地务工农民工高578元，增速比本地务工农民工高出1.4%。2015年外出务工农民工月均收入为3359元，比2014年增长8.1%；本地务工农民工月均收入2781元，比2014年增长6.7%。

表1-9 分行业农民工人均月收入及增幅

农民工就业行业	2014年	2015年	增长率
合计	2864元	3072元	7.2%
制造业	2832元	2970元	4.9%
建筑业	3292元	3508元	6.6%
批发和零售业	2554元	2716元	6.4%
交通运输、仓储和邮政业	3301元	3553元	7.7%
住宿和餐饮业	2566元	2723元	6.2%
居民服务、修理和其他服务业	2532元	2686元	6.1%

注：数据来源于国家统计局

二、农民工消费和居住状况

（一）农民工日常生活消费支出比例大

2015年统计数据显示，农民工外出务工时，每人月均生活消费支出为1012元，比2014年的944元增加了68元。其中，用于居住支出的人均每月为475元，比2014的445年增加了30元；2015年农民工居住支出占生活消费支出的比重为46.9%，比2014年下降了0.2个百分点。分区域来看，2015年东部地区的生活消费支出最高，平均为1028元/（人·月）；其次是西部地区，平均为1025元/（人·月），最少的是中部地区，平均消费911元/（人·月）。由此，可看出在东部和西部地区务工的农民工生活消费支出增长速度要快于中部地区（表1-10）。

表1-10 外出农民工在不同地区务工月均生活消费和居住支出

就业地区	生活消费支出/元		居住支出/元		居住支出占比/%	
	2014年	2015年	2014年	2015年	2014年	2015年
全部地区	944	1012	445	475	47.1	46.9
东部地区	954	1028	447	480	46.8	46.7
中部地区	861	911	414	425	48.0	46.7
西部地区	957	1025	449	469	46.9	45.8

注：数据来源于国家统计局

（二）在大中城市务工的生活消费支出增长快

农民工务工城市可分为大中小城市，2015年外出农民工在大城市如直辖市和省会城市务工时，生活消费支出为1106元/（人·月），比2014年增长了8.4个百分点；在中等城市务工时，生活消费支出为1043元/（人·月），约增长7.7个百分点；在小城镇务工时，农民工的生活消费支出为892元/（人·月），增长4.6个百分点。由此表明，当农民工在大中城市务工时，虽然工资收入没有在大城市务工时增速高，但其生活消费支出的比重也没有上升，而是与2014年基本持平；而在小城镇务工的农民工的居住消费支出的比重反而比2014年下降了0.6个百分点（表1-11）。

表1-11 外出农民工在不同城市类型务工月均生活消费和居住支出

城市类型	生活消费支出/元		居住支出/元		居住支出占比/%	
	2014年	2015年	2014年	2015年	2014年	2015年
合计	944	1012	445	475	47.1	46.9
直辖市和省会城市	1020	1106	489	528	47.9	47.8
地级市	968	1043	420	452	43.4	43.4
小城镇	853	892	430	444	50.4	49.8

注：数据来源于国家统计局

（三）住房问题

2015年外出农民工中，住在单位宿舍的占30.7%，比2014年提高了0.5个百分点；在单位工地工棚居住的占15.1%，比2014年下降了0.8个百分点；在生产经营场所居住的占3.8%，比2014年下降了0.9个百分点；与他人合租的占16.1%，比2014年下降了0.3个百分点；在务工地自购住房的农民工比例为1.3%，提高0.3个百分点。

三、农民工权益保障

（一）超时劳动情况有所改善

2015年外出农民工每年在外打工时间平均为10.1个月，比2014年增加了0.1个月，2015年农民工每月工作时间为25.2天，平均每天工作时间为8.7小时，两者和2014年相比均有所下降。有近40%的农民工平均每天工作8小时以上，有85%的农民工每周工作时间超过了44小时（表1-12）。

表1-12 外出农民工工作时间

工作时间	2014年	2015年
全年外出工作时间/月	10.0	10.1
平均每月工作时间/天	25.3	25.2
平均每天工作时间/小时	8.8	8.7
日工作超过8小时的比重/%	40.8	39.1
周工作超过44小时的比重/%	85.4	85.0

注：数据来源于国家统计局

（二）签订劳动合同的农民工比重下降

2015年农民工与用人单位签订劳动合同比例为36.2%，其中签订无固定期限劳动合同的比例为12.9%，签订一年以上固定期限劳动合同的比例为19.9%，签订一年以下劳动合同的比例为3.4%，比2014年相比分别有所变化，其中无固定期限劳动合同降低了0.8个百分点，一年以上固定期限劳动合同降低了0.3个百分点，一年以下劳动合同提高了0.3个百分点（表1-13）。

表1-13 农民工签订劳动合同情况（%）

农民工	无固定期限劳动合同	一年以下劳动合同	一年及以上劳动合同	没有劳动合同
2014年农民工合计	13.7	3.1	21.2	62.0
外出农民工	14.6	3.7	23.1	58.6
本地农民工	12.5	2.3	18.5	66.7
2015年农民工合计	12.9	3.4	19.9	63.8
外出农民工	13.6	4.0	22.1	60.3
本地农民工	12.0	2.5	17.1	68.3

注：数据来源于国家统计局

（三）农民工被拖欠工资的比例提高

2015年有1.0%的农民工被用人单位拖欠工资，比2014年提高了0.2个百分点，其中制造业提高了0.2个百分点，建筑业提高了0.6个百分点，交通运输、仓储和邮政业提高了0.2个百分点，批发和零售业，住宿和餐饮业，居民服务、修理和其他服务业与2014年相比没有变化。从分地区来看，在西部地区务工的农民工被拖欠工资的比例为1.3%，提高0.2个百分点；在中部地区务工的农民工被拖欠工资的比例为1.5%，提高0.3个百分点；在东部地区务工的农民工被拖欠工资的比例为0.8%，比2014年提高0.3个百分点（表1-14）。

表1-14　分行业农民工被拖欠工资的比重（%）

行业	2014年	2015年	增减
合计	0.8	1.0	0.2
制造业	0.6	0.8	0.2
建筑业	1.4	2.0	0.6
批发和零售业	0.3	0.3	0
交通运输、仓储和邮政业	0.5	0.7	0.2
住宿和餐饮业	0.3	0.3	0
居民服务、修理和其他服务业	0.3	0.3	0

注：数据来源于国家统计局2015年农民工监测调查报告

（四）人均被拖欠工资数量提高

2015年，平均被拖欠工资为9788元，比2014年增加了277元，增长比例为2.9%。其中，外出农民工人均被拖欠的工资数量为10 692元，比2014年增加了79元，增长比例为0.7%；本地农民工人均被拖欠工资的比例为8667元，比2014年增加了519元，增长比例为6.4%。

虽然从2011年农民工外出务工的数量增长比例放缓，但数量仍在持续增加，而且随着新生代农民工数量的增长，举家外出的比例在上升，他们有更高的意愿融入城市，在城市定居。而且可以看出，就业市场对农民工的待遇并不乐观，拖欠工资比例上升，住房条件下降。因此要解决这些现状，最终城市化，国家、地方还有用人单位还有许多工作要做。

第二章

国家关于农民工问题的相关政策

李克强总理在2016年第十二届全国人民代表大会第四次会议上作政府工作报告，报告明确指出国务院编制了《国民经济和社会发展第十三个五年规划纲要（草案）》，"十三五"时期主要目标任务和重大举措之一就是："推进新型城镇化和农业现代化，促进城乡区域协调发展。……实现1亿左右农业转移人口和其他常住人口在城镇落户，……引导约1亿人在中西部地区就近城镇化。到2020年，常住人口城镇化率达到60%、户籍人口城镇化率达到45%"。而2016年的工作任务是"深入推进新型城镇化。城镇化是现代化的必由之路，是我国最大的内需潜力和发展动能所在"。2016年重点抓好三项工作：一是加快农业转移人口市民化。深化户籍制度改革，放宽城镇落户条件，建立健全人地钱挂钩政策。二是扩大新型城镇化综合试点范围。三是加快覆盖未落户的城镇常住人口居住证的含金量，使他们依法享有居住地九年义务教育、就业保障、医疗卫生、公共设施等基本公共服务。因此，在国家积极推进新型城镇化建设过程中，提高农民工的职业技能、促进他们融入城市或帮助他们返乡创业已经刻不容缓。

第一节 国家调整农民工政策的历程

农民工问题是我国改革开放以来出现的一个日益突出的问题，是我国在工业化、城镇化进程中大量农村剩余劳动力向城镇和非农产业转移就业过程中形成的。改革开放以来，国家对农民工政策的调整经历了五个阶段，分别是1979~1983年的改革开放前的控制流动阶段、1984~1992年的改革开放初期的允许流动阶段、1992~2000年的改革开放中期规范流动阶段、2001~2006年公平流动阶段、2006年以后全面推进阶段。总体来说，国家对农民工的政策是从紧到松、从严到宽、从无序到有序、从消极到积极的发展过程。

一、改革开放前控制流动阶段

由于我国长期实行的城乡二元制的户籍制度和就业制度，在这一时期主要特点是农村人成为城里人的途径主要是升学、参军和严格的招工制度。十一届三中全会以后，农村土地承包责任制极大地解放了农村劳动力，与此同时，东都沿海地区经济发展迅速，对劳动力需求较多。1980年国务院下发的《关于进一步做好城镇劳动就业工作的意见》、1981年《关于广开门路，搞活经济，解决城镇就业问题的若干决定》和《关于严格控制农村劳动力进城做工和农业人口转为非农业人口的通知》中都强调严格控制城镇企业从农村招工，控制农业人口盲目流入城市，加强粮食和户口管理，控制"吃商品粮"人口的数量。

二、改革开放初期允许流动阶段

此阶段国家允许符合相关条件的农民自理口粮到城镇落户，该政策鼓励了大规模的农村劳动力跨区流动，在一系列影视作品中有所体现，如《特区打工妹》《黄山来的姑娘》《扁担》等。1984年中央一号文件《中共中央关于一九八四年农村工作的通知》及1985年发布的《中共中央、国务院关于进一步活跃农村经济的十项政策》明确规定："允许务工、经商、办服务业的农民自理口粮到集镇落户"，从此拉开了我国小城镇户籍制度改革的序幕，强调了扩大城乡经济交往，农民可以进城经商，兴办服务业，提供劳务服务。但同时也引发了交通运输、社会治安、劳动力管理等一系列问题，为了加强管理，后期开始控制民工的盲目外出。1989年《关于严格控制民工盲目外出的紧急通知》和1991年《关于劝阻民工盲目去广东的通知》中要求民工所在地各级政府从严或暂缓办理民工外出务工的手续。同期民政部和公安部也都下发相应的文件如《关于进一步做好劝阻劝返外流灾民工作的通知》《民政部、公安部关于进一步做好控制民工盲目外流的通知》等，加强对民工流入城市的控制管理。可以看到，受到当时政治和经济背景的影响，这一阶段进城的农民工数量不多。

三、改革开放中期规范流动阶段

1992年邓小平南方讲话之后，我国经济进入了新一轮增长期，此阶段我国经济发展进入了快车道，特别是珠三角地区乡镇企业的制造业等劳动密集型产业迅速发展，国家对民工外出务工也开始从"严"到"松"，逐步形成制度管理措施。劳动部1993年下发的《再就业工程》《农村劳动力跨地区流动有序化——"城乡协调就业计划"第一期工程》中指出要建立用工管理、监察、劳动保障等制度，形成了输出有组织、输入有管理、流动有服务、调控有手段、应急有措施等有序化管理制度。1994年劳动部颁布《农村劳动力跨省流动就业管理暂行规定》（已废止）要求对民工外出就业实行流动就业证制度，外出农民工必须持流动就业证就业。在此期间，国家对户籍管理有突破性的转变，并且逐渐规范管理。

公安部发布的《小城镇户籍管理制度改革试点方案》等文件中明确规定："从农村到小城镇务工或者兴办第二、第三产业的人员；小城镇的机关、团体、企业、事业单位聘用的管理人员、专业技术人员；在小城镇购买了商品房或者已有合法自建房的居民，以及随其共同居住的直系亲属，可以办理城镇常住户口"。在小城镇范围内居住的农民，土地经批准在小城镇落户人员的农村承包地和自留地，由其原所在的农村经济组织或者村民委员会收回，凭收回承包地和自留地的证明，办理在小城镇落户手续。已被征用、需要依法安置的，可以办理城镇常住户口。1997年在全国进行了改革试点，从第二年开始，从农村到城镇落户的户籍政策逐步得到开放。公安部规定："新生婴儿可以随父落户，符合夫妻分居、老人投靠子女、在城市投资兴办实业、购买商品房的公民及随其共同居住的直系亲属，凡在城市有固定住房、合法稳定的职业或者生活来源，已经居住一定年限并符合当地政府有关规定的，可以在该城市落户"。

《中共中央、国务院关于促进小城镇健康发展的若干意见》（中发〔2000〕11号）中表明充分认识发展小城镇的重大战略意义在于其可以加快农业富余劳动力的转移，是提高农业劳动生产率和综合经济效益的重要途径，可以促进乡镇企业适当集中和结构调整，带动农村第三产业特别是服务业的迅速发展，为农民创造更多的就业岗位。规定"为鼓励农民进入小城镇，从2000年起，凡在县级市市区、县人民政府驻地镇及县以下小城镇有合法固定住所、稳定职业或生活来源的农民，均可根据本人意愿转为城镇户口，并在子女入学、参军、就业等方面享受与城镇居民同等待遇，不得实行歧视性政策"。2000年劳动和就业保障部发布《关于印发做好农村富余劳动力流动就业工作意见的通知》，提出重点突出、分类指导的工作方针，针对流动农民工的职业培训做出了相关规定。劳动力输入、输出地区要开展外来农村劳动力需求或本地农村劳动力外出的统计分析和预测，建立常规化的流动就业信息预测预报制度，做好全年、半年和春节后3个月内的农村劳动力需求或外出信息的预测和预报。外出人员就业登记卡和外来人员就业证是搞好流动人口管理，掌握流动就业状况，开展流动就业管理服务的基础手段。要坚持在劳动力输出地发卡。外出人员就业登记卡应反映外出前职业培训情况，反映权益保障和就业服务等信息。外来人员就业证应记录外来后培训、就业、缴纳及享受社会保险等情况。同年，劳动和社会保障部培训就业司发布《农村就业促进政策高级研讨会会议纪要》，提到：今后一个时期，要逐步将城市化作为吸纳农村劳动力就业的主要渠道；完善社会保障制度，探讨有利于农民进镇的土地承包政策，降低门槛；加强流动就业农村劳动者权益保障工作，将流动就业人员逐步纳入社会保障范围，等等。

四、公平流动阶段

进入21世纪，特别是党的第十六次全国代表大会以来，为了促进城乡统筹发展，解决农民增收难的问题，政府对农民工采取了积极引导政策，实行短期速效措施和长期稳定相结合的政策。2003年12月发布《中共中央国务院关于促进农民增加收入若干政策的意见》，这是时隔18年后中央再次把农业和农村问题作为中央一号文件下发，充分体现了党中央、国务院在新形势下把解决"三农"问题作为全党工作的重中之重的战略意图，意见专门列出一项"改善农民进城就业环境，增加外出务工收入"，保障进城就业农民的合法权益。及时解决进城就业农民工资、改善劳动条件、解决子女入学等问题。2005年，《国务院关于印发2005年工作要点的通知》要求由国务院研究室牵头，制定和完善涉及农民工的各项政策，完善农民工进城务工就业环境，开展农民工职业技能培训，引导农民工合理有序流动，完善相关政策措施。接着各种有利政策如农民工职业技能培训，规范农民工劳务合同，提高农民工劳动报酬和福利，子女教育、社会保障等涉及农民工进入城市务工方方面面的政策相继出台。国家和政府已经把农民工和城市建设、把建设美丽新农村、城市融合和农业现代化作为党和国家的一项整体布局来做。

五、全面推进阶段

2006年国务院5号文件颁布，标志着我国农民工工作进入了一个新的历史阶段。5号文件充分阐述了解决农民工问题的重大意义，提出了做好农民工工作的指导思想和基本原则，并在农民工工资、劳动管理、就业服务和培训、社会保障、公共服务、权益保障、转移就业、领导机制等方面提出系统全面可操作性的指导意义。为落实5号文件精神，成立了由国务院办公厅等31个部门组成的农民工工作联席会议制度，制定了分工和工作方案，明确各成员单位当年的工作任务和总体要求。2008年发布《国务院办公厅关于切实做好当前农民工工作的通知》，鼓励各级政府、国务院各部委、直属机构采取多种措施促进农民工就业。2010年国务院办公厅发布了第一个专门针对农民工培训的政策性文件——《国务院办公厅关于进一步做好农民工培训工作的指导意见》。2013年中央政治局召开会议，分析研究了2014年经济工作，提出走新型城镇化道路，2014年中共中央国务院下发了《国家新型城镇化规划（2014—2020年）》，这是指导我国城镇化发展的宏观性、战略性规划，是解决"三农"问题的重要途径，其中设立了农民工职业技能提升计划，包括5类培训：一是农民工就业技能培训，二是在岗农民工岗位技能提升培训，三是开展高技能人才培训和创业培训，四是开展社区的公益性培训，五是面向农村未继续升学的初高中毕业生开展劳动预备制培训。

第二节　国家关于农民工的政策

一、强化就业服务，让农民工就业有门路，求职有信息

一方面，要求各地加强信息搜集和发布工作，在输出地和输入地之间搭建劳务对接平台，引导农民工有序外出。另一方面各地要大力开发本地岗位，促进返乡农民工就地就近就业。

2003年发布的《国务院办公厅关于做好农民进城务工就业管理和服务工作的通知》要求：进一步提高对做好农民工就业管理和服务工作的认识；解决好拖欠和克扣农民工工资问题，监督用人单位必须依法与农民工签订劳动合同。劳动合同履行期间，农民工享有《劳动法》《劳动合同法》规定的各项权利；改善农民工的生产生活条件，用农民工的单位，要为农民工提供必要的安全生产设施、劳动保护条件及职业病防治措施。从事矿山、建筑和危险物品生产经营作业的农民工上岗前必须依法接受培训。要严格执行安全生产规章制度，加大生产安全监察工作力度，严防重大生产安全事故的发生。要做好将农民工纳入工伤保险范围的工作。

2004年12月，发布的《国务院办公厅关于进一步做好改善农民进城就业环境工作的通知》强调：要积极清理和取消针对农民工就业等方面的歧视性规定及各种不合理限制，逐步实行暂住证制度；积极开展有组织的劳务性输出，充分调动各级政府有关职能部门、农村基层组织及社会各方面的积极性、主动性；进一步完善对农民工职业介绍与服务工作，

引导农村劳动力有序向城市流动，防止盲目流动事件的发生；积极做好对农民工咨询服务工作，建立规范、快捷的咨询反馈信息系统，确保信息的畅通；加强对农民工就业培训，引导和鼓励农民工自主参加职业教育和培训，调动农民工培训的积极性。

国务院在2005年印发了《国务院2005年工作要点》，要求制定和完善涉及农民工的各项政策。对改善农民进城务工就业环境，开展农民工职业技能培训，引导农村劳动力合理有序流动等涉及农民工的问题，进行深入研究，制定和完善各项相关政策。

2014年下发的《国务院关于进一步做好为农民工服务工作的意见》指出："到2020年，每年开展农民工职业技能培训2000万人次，农民工综合素质显著提高、劳动条件明显改善、工资基本无拖欠并稳定增长、参加社会保险全覆盖"。确定了坚持以人为本、公平对待；坚持统筹兼顾、优化布局；坚持城乡一体、改革创新；坚持分类推进、逐步实施的基本原则。提出了实施农民工职业技能提升计划、加快发展农村新成长劳动力职业教育、完善和落实促进农民工就业创业的政策。

2016年发布的《国务院办公厅关于全面治理拖欠农民工工资问题的意见》提出了银行代发工资制度，农民工的工资由企业委托银行代发，分包企业的农民工工资由总承包企业直接代发，分包企业负责对农民工的考核，负责为农民工造工资表，由总承包企业通过银行将农民工工资发到农民工在银行申办的个人工资账户中。完善工资保证金制度，首先在建筑等工程领域全面实行，并逐步将范围扩大到其他行业，防止出现拖欠农民工工资问题。实行工资保证金差异化缴存办法，对于在一定期间内没有拖欠农民工工资的企业可以减免缴纳保障金的比例，相反对于在一定期间内有拖欠农民工工资行为的企业要提高其缴存工资保证金的比例。严格规范工资保证金动用和退还办法。探索推行业主担保、银行保函等第三方担保制度，积极引入商业保险机制，保障农民工工资支付，成为保障农民工工资的指导意见。

二、开展大规模的农民工职业培训，提高农民工就业技能，储备技术人才

2003年发布了《国务院办公厅关于做好农民进城务工就业管理和服务工作的通知》，要求："各地区、各有关部门应把农民工的培训工作作为一项重要任务来抓，结合实际，制定专门的培训计划，提高农民工素质。流出地政府在组织劳务输出时，要搞好农民工外出前的基本权益保护、法律知识、城市生活常识、寻找就业岗位等方面的培训，提高农民工遵守法律法规和依法维护权益的意识。流出地和流入地政府要充分利用全社会现有的教育资源，委托具备一定资格条件的各类职业培训机构为农民工提供形式多样的培训。为农民工提供的劳动技能性培训服务，应坚持自愿原则，由农民工自行选择并承担费用，政府可给予适当补贴。用人单位应对所招用的农民工进行必要的岗位技能和生产安全培训。劳动保障、教育等有关部门要对各类培训机构加强监督和规范，防止借培训之名，对农民工乱收费。"2004年中央一号文件《中共中央国务院关于促进农民增加收入若干政策的意见》明确指出："加强对农村劳动力的职业技能培训。这是提高农民就业能力、增强我国产业竞争力的一项重要的基础性工作，各地区和有关部门要作为一件

大事抓紧抓好。要根据市场和企业的需求，按照不同行业、不同工种对从业人员基本技能的要求，安排培训内容，实行定向培训，提高培训的针对性和适用性。要调动社会各方面参与农民职业技能培训的积极性，鼓励各类教育培训机构、用人单位开展对农民的职业技能培训。各级财政都要安排专门用于农民职业技能培训的资金。为提高培训资金的使用效率和培训效果，应由农民自主选择培训机构、培训内容和培训时间，政府对接受培训的农民给予一定的补贴和资助。要防止和纠正各种强制农民参加有偿培训和职业资格鉴定的错误做法。"

2010年国务院发布36号文件——《国务院关于加强职业培训促进就业的意见》，强调要大力开展各种形式的职业培训，健全职业培训制度、大力开展就业、创业等方面的培训，积极展开技能提升培训。提出要切实提高培训质量，大力推行就业导向的培训模式，加强职业技能考核评价和竞赛选拔，强化职业培训基础能力建设，切实加强就业服务工作，鼓励社会力量开展职业培训工作，完善政府购买培训成果机制。加大职业培训资金支持力度，完善职业培训补贴政策，加大职业培训资金投入，落实企业职工教育经费，加强职业培训资金监管。同时，对不同的人群提出了不同的目标，提出了要坚持以就业为导向，强化操作技能训练和职业素质培养；鼓励没有继续升学的初高中应届毕业生参加1~2个学期就业前的岗位培训，以提高其就业能力和市场竞争力。

三、清理整顿人力资源市场，保障农民工求职的合法权益

2003年11月国务院发布《国务院办公厅关于切实解决建设领域拖欠工程款问题的通知》，要求各地要认真贯彻执行《国务院办公厅关于做好农民进城务工就业管理和服务工作的通知》（国办发〔2003〕1号），加强监察执法，严厉打击以各种名目拖欠、克扣农民工工资的违法违规行为，帮助农民工追讨工资。要对农民工集中的建筑业企业，在建工地进行逐一排查，检查用人单位支付农民工工资情况和与农民工签订劳动合同情况。对有拖欠和克扣行为的企业，责令其立即补发；不能立即补发的，要制订清欠计划，限期补发。凡因工程项目业主拖欠建筑业企业工程款，致使建筑业企业不能按时发放农民工和工人工资的，要严肃追究业主的责任，责令其限期付清工程款，并向社会公布。已获得工程款的建筑业企业，要优先偿付拖欠农民工和工人工资。对恶意拖欠、克扣农民工和工人工资的建筑业企业，要严格按照国家有关规定进行处罚，通过媒体予以曝光，并追究有关责任人的责任；涉嫌犯罪的，移交司法机关依法处理。

2004年12月，发布的《国务院办公厅关于进一步做好改善农民进城就业环境工作的通知》中规定进一步做好促进农民进城就业的管理和服务工作，清理和取消针对农民进城就业等方面的歧视性规定及不合理限制，开展有组织的劳务输出，做好对农民工的咨询服务工作，切实维护农民进城就业的合法权益。完善对农民进城就业的职业介绍服务，城市各级公共职业介绍机构要免费向农民工开放，积极为农民工免费提供就业信息和政策咨询，对求职登记的农民工免费提供职业指导和职业介绍服务。有条件的大中城市，要开设面向农民工的服务窗口或建立专门的服务场所，集中为农民工提供就业服务。并切实解决拖欠农民工工资问题；加强劳动合同管理和劳动保障监察执法；及时处

理农民工劳动争议案件；支持工会组织依法维护农民工的权益和做好农民工工伤保险工作。

2010年下发的《国务院办公厅关于切实解决企业拖欠农民工工资问题的紧急通知》，要求深入开展农民工工资支付情况专项检查，切实维护农民工的合法权益。集中力量重点解决建设领域企业拖欠农民工工资问题。要加强行政司法联动，加大对欠薪逃匿行为的防范、打击力度。对因拖欠工资问题引发的劳动争议，要开辟争议处理"绿色通道"，对符合立案条件的当即立案，快速调处，力争在春节前办结；对符合裁决先予执行的拖欠工资案件，可以根据劳动者的申请裁决先予执行。"督促企业落实清偿被拖欠农民工工资的主体责任。各类企业都应依法按时足额支付农民工工资，不得拖欠或克扣。建设工程承包企业追回的拖欠工程款应当优先用于支付被拖欠的农民工工资"。对于房地产开发等项目已拖欠的工程款，要督促建设单位限期还款；涉及拖欠农民工工资的，先行垫付被拖欠的工资；对不具备还款能力的项目，可采取资产变现等措施筹措还款资金。强调进一步完善预防和解决拖欠农民工工资工作的长效机制、健全应急工作预案。地方各级人民政府及有关部门要抓紧完善企业工资支付的法规和政策，建立健全企业劳动保障守法诚信制度、工资支付监控制度，完善工资保证金制度，强化劳动保障监察执法，切实保障农民工工资按月足额支付。要进一步规范建设工程分包行为，加强建设项目资金管理，从源头上防止发生拖欠工程款导致拖欠农民工工资的问题。

2016年《国务院关于建立完善守信联合激励和失信联合惩戒制度加快推进社会诚信建设的指导意见》中对加大违法失信惩戒提出了新要求。《国务院办公厅关于全面治理拖欠农民工工资问题的意见》《中共中央国务院关于构建和谐劳动关系的意见》中均提出加大对重大劳动保障违法行为的惩戒力度，发挥社会舆论监督作用，督促和引导用人单位遵守劳动保障法律、法规和规章；有利于加强对各地人力资源和社会保障（简称"人社"）行政部门开展社会公布工作的指导，进一步规范社会公布行为，促进依法行政。

2016年党中央、国务院在《国务院办公厅关于全面治理拖欠农民工工资问题的意见》中提出要落实农民工工资支付主体责任，依法督促企业全面实行农民工实名制管理，按月足额支付工资；要完善工资支付保障机制措施，推行工资保证金、专用账户管理、银行代发等制度；要全面排查化解欠薪风险隐患，加大对欠薪违法行为的处置力度，提高企业违法成本；要开展工程建设等重点领域专项整治，解决好"去产能"过程中的欠薪问题。中共中央政治局委员、国务院副总理马凯于2016年5月13日在贯彻落实全面治理拖欠农民工工资问题的意见电视电话会议上强调加大清欠力度，完善长效机制，切实做好保障农民工工资支付工作。

四、逐步实施户籍制度改革，多渠道安排农民工子女就学

1958年《中华人民共和国户口登记条例》颁布实施以后，户籍制度带有深刻的身份烙印，城市户口和农村户口之间存在着等级差异，存在60多种城乡不平等的社会福利。《中华人民共和国居民身份证条例》于1985年9月6日全国人民代表大会常务委员会第十二次会

议通过，规定"居住在中华人民共和国境内的年满十六周岁的中国公民应当依照本条例的规定，申请领取中华人民共和国居民身份证"。1994年以后，国家对户口制度进行了改革，取消了按照商品粮来划分农业户口和非农业户口，建立以常住户口、暂住户口、寄住户口三种管理形式。20世纪90年代中后期，上海、广州等沿海开放城市，对户口制度进行了进一步深入改革，推行了"蓝印户口"，就是在户籍上加盖公安机关的蓝色印章的户口，这是一种非正式户口，各地政策对取得蓝印户口的要求不一致，如天津市政府规定在天津使用一定现金购买住房的，可取得蓝印户口，一般想取得蓝印户口的都是为了子女上学，享受购买地高考录取上的优惠政策。最后停止办理蓝印户口的是天津，天津于2015年5月31日起正式停办蓝印户口。

2006年《国务院关于解决农民工问题的若干意见》（国发〔2006〕5号）提出深化户籍制度改革，规定要有条件地解决农民工在城市的户籍问题。要根据城市的类别采取不同的办法，分步实施。对于中小城市和小城镇要适当放宽农民工落户条件；对于在大城市工作的农民工劳动模范、先进工作者、高级技工、技师及其他有突出贡献的农民工，应优先准予落户。具体落户条件，由各地根据城市规划和实际情况自行制定。同时，要改进农民工居住登记管理办法。2000～2014年，城乡居民恩格尔系数分别从39.4%和49.1%下降到30.0%和33.6%，产生于计划经济、短缺经济时代的城乡二元户籍制度不仅成为解决"三农"问题的主要障碍，而且抑制了内需潜力，尤其是严重抑制农业转移人口消费潜力的释放。2013年11月12日，《中共中央关于全面深化改革若干重大问题的决定》指出要进一步推进农民工的市民化，促进农民工与城市的融合，进一步加快户籍制度改革的步伐，探索适应新形势下的户籍制度管理办法，积极开放在城市落户的各方面限制，科学合理确定农民工在大城市落户的条件，使部分优秀的农民工通过自己努力可以实现在城市的落户。

2014年7月国务院发布了《国务院关于进一步推进户籍制度改革的意见》，意见进一步调整了户口迁移政策，全面放开了小城市落户限制，如有合法稳定住所的，本人及其共同居住生活的配偶、未成年子女、父母等可以申请当地常住户口；对于在人口为50万～100万的中等城市工作的，如果有稳定的工作和合法稳定住所，并按有关规定缴纳社会保险符合一定年限的，其本人和共同居住生活的配偶、未成年子女、父母等也可以申请当地的常住户口；对于在人口为100万～300万的大城市工作的，如果有稳定的工作并且达到一定年限，同时有合法稳定住所，按照有关规定缴纳社会保险符合规定年限的，其本人及共同居住生活的配偶、未成年子女、父母等仍可以申请当地的常住户口。对人口为300万～500万的大城市，有关条件的规定比较严格，如缴纳社会保险的年限的要求不得低于5年。对于人口在500万以上的特大城市，国家基本上采取的是控制的政策，和中小城市相比，落户更难，条件更苛刻，国家主要考虑的是社会经济发展的需要和城市的承载能力。

2016年1月1日，国家实施了《居住证暂行条例》，居住证条例规定了持有人拥有的权利及享有的便利，分别是拥有劳动就业，参加社会保险，缴存、提取和使用住房公积金的权利。还享有接受义务教育、就业服务、计划生育服务、公共文化体育服务、法律援助等基本公共服务。同理，享有办理出入境证件、换领补领居民身份证、机动车登记、申领机动车驾驶证、报名参加职业资格考试、办理生育服务登记等便利。《居住证暂行条例》的实施标志着居住证制度突破户籍制度的身份等级划分，实现身份平等。到2020年基本建立全国统一的居住证制度。按照十八届五中全会提出的"实施居住证制度，努力实现基本公共服务常住人口全覆盖"的目标要求，"十三五"期间需要重点推进五个方面的改革。

保障农民工子女平等接受义务教育。流入地政府应采取多种形式，接收农民工子女在当地的全日制公办中小学入学，在入学条件等方面与当地学生一视同仁，不得违反国家规定乱收费，对家庭经济困难的学生要酌情减免费用。要加强对社会力量兴办的农民工子女简易学校的扶持，将其纳入当地教育发展规划和体系，统一管理。

2008年《国务院办公厅关于切实做好当前农民工工作的通知》中规定及时妥善安排返乡农民工子女入学，属于义务教育阶段的要按照就近入学的原则安排，并享受当地义务教育阶段学生的有关待遇，学校不得以任何借口拒绝接收返乡农民工子女入学。教育督导部门要将返乡农民工子女入学情况列入当地教育督导、评估的重要内容。

2012年9月，中华人民共和国国务院新闻办公室举行《国家中长期教育改革和发展规划纲要（2010—2020年）》发布会，时任教育部部长袁贵仁透露，"异地高考"需要在家长、学生和所在城市三方面符合基本条件。家长在流入地要有稳定的工作、稳定的住所、稳定的收入，交纳了各种保险，尽管不是户籍人口，但是常住人口，学生本人在流入地就读的时限不同，各地根据实际情况制定政策，什么样的学生跟本地生享受相同的升学考试政策。

2012年教育部、发展和改革委员会（简称"发展改革委"）、公安部、人力资源社会保障部等四部委发布了《关于做好进城务工人员随迁子女接受义务教育后在当地参加升学考试工作意见的通知》，要求充分认识做好随迁子女升学考试工作的重要性，提出了做好随迁子女升学考试工作要坚持的基本原则，要有利于保障农民工随迁子女公平受教育权利和升学机会，要有利于人口合理有序流动，要积极稳妥推进随迁子女升学考试工作。"要因地制宜制定随迁子女升学考试具体政策。各地政府要根据城市功能定位、产业结构布局和城市资源承载能力，根据进城务工人员在当地的合法稳定职业、合法稳定住所（含租赁）和按照国家规定参加社会保险年限，以及随迁子女在当地连续就学年限等情况，确定随迁子女在当地参加升学考试的具体条件"。统筹做好随迁子女和流入地学生升学考试工作，对符合在当地参加升学考试条件的随迁子女净流入数量较大的省份，教育部、发展改革委采取适当增加高校招生计划等措施，保障当地高考录取比例不因符合条件的随迁子女参加当地高考而受到影响。对不符合在流入地参加升学考试条件的随迁子女，流出地和流入地要积极配合，做好政策衔接，保障考生能够回流出地参加升学考试；经流出地和流入地协商，有条件的流入地可提供借考服务。各地要加强对考生报考资格的审查，严格规范、公开透明地执行随迁子女升学考试政策，防止"高考移民"。

2014年10月，发布的《国务院关于进一步做好为农民工服务工作的意见》，提出要保障随迁农民工子女平等接受教育的权利，对输入地政府提出了具体的要求，要求输入地政府要合理规划学校的整体布局，核定好学校的教师编制，加大学校的教育经费投入,切实保障进程务工随迁的农民工子女能够享受到城里的教育资源,平等地接受到城里的九年义务教育。对进城务工子女在学校的编班也有了明确的规定,要求不能把农民工子女单独编班,要和城镇户籍学生在一起编班,统一接受学校的教育和各项管理,更不能歧视农民工子女。并制定和完善农民工子女在务工地接受九年义务教育后在务工地参加中考、参加高考的相关政策,实现上学和考试的统一,不能让农民工子女有寄读的感觉,要让他们感觉到父母务工地学校是他们的真正学校,不能和城市居民子女有任何的不同。

2015年3月5日李克强总理在第十二届全国人民代表大会第三次会议上所做的政府工作报告中强调:"继续促进教育公平,实行义务教育免试就近入学政策。""输入地政府要承担起农民工同住子女义务教育的责任,将农民工子女义务教育纳入当地教育发展规划,列入教育经费预算,以全日制公办中小学为主接收农民工子女入学,并按照实际在校人数拨付学校公用经费。城市公办学校对农民工子女接受义务教育要与当地学生在收费、管理等方面同等对待,不得违反国家规定向农民工子女加收借读费及其他任何费用。输入地政府对委托承担农民工子女义务教育的民办学校,要在办学经费、师资培训等方面给予支持和指导,提高办学质量。"

五、制定落实扶持政策,鼓励农民工返乡创业,促进以创业带动就业

将返乡农民工纳入创业政策扶持范围,在贷款发放、税费减免、工商登记、信息咨询等方面提供支持;对有资金技术和创业意愿的返乡农民工,组织开展创业培训,提供各种创业服务。

2015年国务院办公厅印发《关于支持农民工等人员返乡创业的意见》(国办发〔2015〕47号),指出:"支持农民工、大学生和退役士兵等人员返乡创业,通过大众创业、万众创新使广袤乡镇百业兴旺,可以促就业、增收入,打开新型工业化和农业现代化、城镇化和新农村建设协调发展新局面"。加强产业转移升级步伐、积极引导一、二、三产业协调发展,采取多种措施支持农民工返乡创业。加强网络平台建设,提高网络对农民工创业的支持效果,强化农民工创业的制度建设和设施保障,不断完善农民工创业服务体系,加强对农民工创业的培训,激发农民工创业兴趣,提高农民工创业能力,增进农民工创业效果,促进以农民工创业带动农民工就业,最终实现农民工的自我提升、自我改进、自我创造、自我进步。同时,提出了支持农民工返乡创业的政策措施,主要包括降低返乡创业门槛、实施定向减税降费政策、加大财政支持力度、强化创业金融服务及创业园支持政策。落实注册资本登记制度改革,优化返乡创业登记方式;实行税费减免政策,减征企业所得税、免征增值税、营业税等;对符合农业补贴政策支持条件的创业人员给予政策性补贴,特殊情况的给予社会保险补贴。依托电子商务进农村综合示范县建设,积极开展电子商务培训,加强对农民工网络应用能力的培训,提升农民工网上营销水平,促进农民工通过网络实现营销来节约成本,提高创业的成功概率,以便鼓励更多的农民工返乡创业。在《鼓励农民工等人员返乡创业三年行动计划

纲要（2015—2017年）》中列出了具体的行动计划名称、工作任务实现路径和责任单位（表2-1）。

表2-1 鼓励农民工等人员返乡创业三年行动计划纲要（2015—2017年）

序号	行动计划名称	工作任务	实现路径	责任单位
1	提升基层创业服务能力行动计划	加强基层就业和社会保障服务设施建设，提升专业化创业服务能力	加快建设县、乡基层就业和社会保障服务设施，2017年基本实现主要输出地县级服务设施全覆盖。鼓励地方政府依托基层就业和社会保障服务平台，整合各职能部门涉及返乡创业的服务职能，建立融资、融智、融商一体化创业服务中心	发展改革委、人力资源社会保障部会同有关部门
2	整合发展农民工返乡创业园行动计划	依托存量资源整合发展一批农民工返乡创业园	以输出地市、县为主，依托现有开发区和农业产业园等各类园区、闲置土地、厂房、校舍、批发市场、楼宇、商业街和科研培训设施，整合发展一批农民工返乡创业园	发展改革委、人力资源社会保障部、住房城乡建设部、国土资源部、农业部、人民银行
3	开发农业农村资源支持返乡创业行动计划	培育一批新型农业经营主体，开发特色产业，保护与发展少数民族传统手工艺，促进创业	将返乡创业与发展县域经济结合起来，培育新型农业经营主体，充分开发一批农林产品加工、休闲农业、乡村旅游、农村服务业等产业项目，促进农村一、二、三产业融合；面向少数民族农牧民群众开展少数民族传统工艺品保护与发展培训	农业部、林业局、国家民族事务委员会、发展改革委、民政部、扶贫开发领导小组办公室（简称"扶贫办"）
4	完善基础设施支持返乡创业行动计划	改善信息、交通、物流等基础设施条件	加大对农村地区的信息、交通、物流等基础设施的投入，提升网速、降低网费；支持地方政府依据规划，与社会资本共建物流仓储基地，不断提升冷链物流等基础配送能力；鼓励物流企业完善物流下乡体系	发展改革委、工业和信息化部、交通运输部、财政部、国土资源部、住房城乡建设部
5	电子商务进农村综合示范行动计划	培育一批电子商务进农村综合示范县	全国创建200个电子商务进农村综合示范县，支持建立完善的县、乡、村三级物流配送体系；建设改造县域电子商务公共服务中心和村级电子商务服务站点；支持农林产品品牌培育和质量保障体系建设，以及农林产品标准化、分级包装、初加工配送等设施建设	商务部、交通运输部、农业部、财政部、林业局

续表

序号	行动计划名称	工作任务	实现路径	责任单位
6	创业培训专项行动计划	推进优质创业培训资源下县乡	编制实施专项培训计划，开发有针对性的培训项目，加强创业培训师资队伍建设，采取培训机构面授、远程网络互动等方式，对有培训需求的返乡创业人员开展创业培训，并按规定给予培训补贴；充分发挥群团组织的组织发动作用，支持其利用各自资源对农村妇女、青年开展创业培训	人力资源社会保障部、农业部会同有关部门及共青团中央、全国妇联等群团组织
7	返乡创业与万众创新有序对接行动计划	引导和推动建设一批市场化、专业化的众创空间	推行科技特派员制度，组织实施一批"星创天地"，为返乡创业人员提供科技服务。充分利用国家自主创新示范区、国家高新区、科技企业孵化器、大学科技园和高校、科研院所的有利条件，发挥行业领军企业、创业投资机构、社会组织等作用，构建一批众创空间。鼓励发达地区众创空间加速向输出地扩展，帮助返乡人员解决创业难题	科技部、教育部

  2016年阿里研究院发布：福建石狮、江苏常熟、河北白沟、浙江桐乡、广东普宁、浙江温岭、浙江天台、浙江永康、福建晋江和江苏海门是2015~2016年全国返乡电商创业最活跃的10个县。浙江、江苏、福建、广东、河北是返乡网商最多的省份。截至目前，全国返乡创业人数累计超过480万。2016年9月12日中国农民工返乡创业创新发展高层论坛在遵义市汇川区举行，论坛由国务院发展研究中心中国农村劳动力资源开发研究会、国家农业部农村社会事业发展中心、中共遵义市委、遵义市人民政府主办，全国农业科技创业创新联盟、中共汇川区委、汇川区人民政府承办。论坛期间，领导专家结合各自研究领域和工作实践，围绕农民工返乡创业创新与推进供给侧结构性改革、新型城镇化建设、城乡均衡发展、区域经济协调发展，以及政府如何提供良好创业环境破解农民工返乡创业的政策短版、难点等问题进行主题发言。

  2016年9月14日农业部总农艺师孙中华在中国农民工返乡创业创新发展论坛上要求积极支持和鼓励农民工返乡创业创新，为现代农业发展增添内生动力。孙中华要求，各地要加大政策支持力度，铺设一条绿色通道，成为他们的知心人；要加强资金扶持，解决融资难，成为他们的投资人；要完善公共服务，提供全方位的创业服务，成为他们的贴心人；要强化宣传引导，营造良好的舆论氛围和社会环境，激发他们的创业热情，成为他们的指路人。

  随着供给侧结构性改革深入，不断完善的基础设施使农村吸引力大大增强，农民工返乡创业呈现不断增长的趋势。据农业部统计，目前全国农民工返乡创业人数累计已超过450万，占外出农民工的2%以上。

第三节 部委关于农民工的政策

一、农民工岗位培训方面

农业部、劳动和社会保障部、教育部、科技部、建设部、财政部共同制定了《2003—2010年全国农民工培训规划》,认为"农村劳动力中受过专业技能培训的仅占9.1%。在2001年新转移的农村劳动力中,受过专业技能培训的只占18.6%"。确定了"逐步扩大培训规模、营造良好的社会氛围和政策环境、提高培训质量"的培训目标,计划2003~2005年,主要开展引导性培训、职业技能培训及岗位培训,其中开展引导性培训1000万人次,主要针对向非农产业和城镇转移的农村劳动力开展,开展职业技能培训500万人次,开展岗位培训5000万人次。2006~2010年,开展引导性培训5000万人次,对3000万人次开展职业技能培训。

2006年,劳动和社会保障部、国家开发银行联合下发《关于实施农民工培训示范基地建设工程的通知》,确定了培训目标及保障措施,一是从3000所技工学校中优选100所基础好、社会认可度高的学校,充分发挥他们在农民工职业培训中的示范作用;二是从300个地级以上城市中,优选100个人口区域性中心城市,在较短时间内建立、完善公共实训基地,带动职业培训集约化。同时制定了"制定农民工培训示范基地建设规划、建立协调机制和工作管理平台、对工程提供资金支持、加大政策扶持力度"等保障措施。确定了工程启动和试点阶段、试点总结和工程推动阶段、工程全面推进阶段分步实施步骤,并具体安排了每个阶段的主要任务。

2011年,文化部、人力资源社会保障部、中华全国总工会联合下发《关于进一步加强农民工文化工作的意见》,要求切实保障农民工基本文化权益,丰富农民工精神文化生活,确定了加强农民工精神文化生活的基本原则,即政府主导、社会参与;权责清晰、责任到位;保障基本、尊重特性;整合资源、共建共享。确定了工作目标,"形成相对完善的农民工文化工作机制,建立相对稳定的农民工文化经费保障机制;农民工文化服务切实纳入公共文化服务体系,农民工文化活动常态化、有特色"。

2011年,教育部等9个部门联合下发了《关于加快发展面向农村的职业教育的意见》,明确提出了要加快发展农村职业教育,加强农业职业学校和涉农专业建设,培育有文化、懂技术、会经营的新型农民。重点办好一批农业职业学校和涉农专业,组建一批农业职业教育集团,增强农业职业教育吸引力,加强三教统筹,推进农科教结合,健全县域职业教育培训网络,实施分类培训,增强培训实效性。

二、做好农民工服务工作

2004年劳动和社会保障部、建设部、全国总工会《关于加强建设等行业农民工劳动合同管理的通知》要求，用人单位招聘农民工过程中，应依法与农民工签订书面劳动合同，劳动合同一式两份，用人单位一份，农民工一份，用工单位不得以任何理由收取农民工的劳动合同或代为农民工保存，劳动合同应交给农民工自己保存，一旦发生劳动争议，农民工可以向有管辖权法院提请法律诉讼。用工单位应按要求向劳动保障行政部门进行用工备案，进行登记。用工单位在农民工签订劳动合同时应当遵循合法的原则、公平的原则、平等自愿的原则和协商一致的原则。用工单位和与农民工签订的劳动合同不得违反国家法律的强制性规定，用人单位不得采取欺骗、威胁等方式或乘农民工之危与其签订劳动合同，在和农民工签订劳动合同时不得收取农民工任何抵押金、违约金等。对劳动合同的期限、工作时间、工作地点、工作内容、休息时间、劳动保护和劳动条件、劳动报酬、违约责任、社会保障、职业危害防护等方面都做了明确的规定，使农民工的权益得到了有效的保障。

2014年，为贯彻落实《国务院关于进一步做好为农民工服务工作的意见》（国发〔2014〕40号），推动农民工平等享受城镇基本公共文化服务，国务院在大连召开了农民工工作座谈会，研究探讨了当前我国在开展农民工工作中存在的问题及解决问题的具体对策。全国各地都纷纷采取措施，研究制定做好农民工服务工作。浙江实施了"文化低保工程"，积极创建"农民工文化家园"；云南组织农民工文化节，连续3届参加创作和演出的农民工人数达2万；重庆设立了农民工日，专门接待农民工，解决农民工生活、工作中遇到的实际问题；江苏为农民工阅读创造条件，积极引导农民工阅读，提高农民工的综合素质，丰富农民工的精神家园。其他地方如大连、青岛、深圳、珠海等地也都纷纷采取措施，积极做好农民工服务工作。

2004年9月，劳动保障部《关于印发〈建设领域农民工工资支付管理暂行办法〉的通知》要求积极探索建立解决建筑业企业拖欠或克扣农民工工资问题的长效机制，大力推进农民工工资支付监控制度及信用制度建设，在有条件的地区探索建立工资支付保障制度。要加强同各级工会组织、企业联合会、企业家协会（企业组织）的协调和沟通，指导、推动企业建立集体协商制度，充分发挥劳动关系三方协商机制在解决拖欠或克扣农民工工资问题中的作用。

2014年12月，人力资源和社会保障部、住房和城乡建设部、安全生产监督管理总局、全国总工会印发了《关于进一步做好建筑业工伤保险工作的意见》（人社部发〔2014〕103号），规定了建筑施工企业应依法为相对固定的职工参加工伤保险，或者是按建筑项目为农民工参加工伤保险，同时提出可以优先办理工伤保险手续，要求建设单位在办理施工许可手续时，要提交建设项目工伤保险参保证明，对于安全施工措施未落实的项目，建设主管部门不能核发施工许可证。同时，对项目施工期内全部施工人员实行动态实名制管理，以便在项目施工过程中，将临时或后续参与施工并符合相关条件的人员，也能纳入工伤保险覆盖范围。在工伤保险制度体系建设方面，目前，我国已经形成以《社会保险法》为基础、以《工伤保险条例》等相关法规、规章及规范性文件相配套的、比较健全的工伤保险制度体系。针对大量农民工从事工伤风险较高的岗位工作、但参保率较低的问题，自2006年以来，在全国范围内组织实施促进农民工参加工伤保险的"平安计划"，重点促进全部煤矿企业和大部分建筑企业农民工参加工伤保险。在此基础上，2009年组织开展"平安计划"二期工作，将工伤保险覆盖到新开工建设项目，全面推进商贸、餐饮、住宿、文体、娱乐等各类服务业企业参保，实现半数以上有较稳定劳动关系的服务业行业农民工参加工伤保险。通过实施"平安计划"，在推进农民工参保方面取得显著成效。据国家审计署公布，到2015年末，参加工伤保险的农民工人数达到7489万，基本实现了将有较稳定劳动关系的农民工都纳入工伤保险范围的发展目标。

2016年6月，人力资源和社会保障部办公厅、全国妇联办公厅《关于印发〈巾帼家政服务专项培训工程实施方案〉的通知》对已经或拟从事家政服务的农村转移就业女性劳动者尤其是建档立卡的农村贫困妇女、城镇登记女性失业人员、毕业年度高校女毕业生、劳动年龄内的城乡未继续升学的应届初高中女毕业生进行专项培训。2016年5月，来自农民工工作司的报道发改委要多措并举解除农民工进城后顾之忧，对农民工进城后住房问题、工作问题及后顾之忧问题进行了布置。对于农民工进城后住房问题，提出了建立购租并举的城镇住房体系，使得能够买得起房的人就买房；对于买不起房的，政府要提供公租房、廉租房。有关农民工进城工作问题，政府为进城农民工就业提供便利的条件，提供全面的就业服务，在农民工输出地区和输入地区之间建立信息化就业服务平台，同时为大约2000万农民工，特别是新生代农民工提供免费职业培训。有关如何解决农民工的后顾之忧问题，提出要加强对农村留守儿童、老人及妇女的支持和保护，不断推进农民工的市民化，推进农民工城市融合，确保农民工家属进城之后和市民享有同样的受教育和医疗服务等基本公共服务。

2016年8月，人力资源和社会保障部发布《人力资源和社会保障部事业发展"十三五"规划纲要》："十三五"时期要全面加强为农民工服务工作，保障农民工合法权益；健全劳动关系协调保障机制，企业劳动合同签订率要达到90%以上；完善劳动人事争议调解和仲裁制度，劳动人事争议调解成功率达到60%以上，仲裁结案率达到90%以上；加强劳动保障监察执法能力建设，劳动保障监察举报投诉案件结案率达到95%以上。

2017年1月1日起实施的《重大劳动保障违法行为社会公布办法》中明确规定要向社会公布的内容，包括劳动报酬、社会保险、工作时间和休息时间、劳动保护、使用童工等方面。对于以上情节严重的或已受到法律追究的都要向社会公布，接受社会的监督。主要有："克扣、无故拖欠劳动者劳动报酬，数额较大的；拒不支付劳动报酬，依法移送司法机关追究刑事责任的；不依法参加社会保险或者不依法缴纳社会保险费，情节严重的；违反工作时间和休息休假规定，情节严重的；违反女职工和未成年工特殊劳动保护规定，情节严重的；违反禁止使用童工规定的。"规范了向社会公布重大劳动保障违法行为应当列明的事项有违法主体全称、法定代表人或者负责人的姓名、主要违法事实及相关处理情况等。

三、创业方面

人力资源和社会保障部办公厅、农业部办公厅、国务院扶贫办行政人事司、共青团中央办公厅、全国妇联办公厅联合下发《关于实施农民工等人员返乡创业培训五年行动计划（2016—2020年）的通知》，提出"到2020年，力争使有创业要求和培训愿望、具备一定创业条件或已创业的农民工等人员都能参加一次创业培训，有效提升创业能力"。国务院《关于支持农民工等人员返乡创业的意见》要求全国创建200个电子商务进农村综合示范县，积极开展电子商务培训。

人社部与河南省政府在郑州签署共同推进河南省农民工返乡创业工作备忘录。尹蔚民指出，做好农民工返乡创业工作，有利于构建多层次、全方位的创业创新格局，有利于促进创业带动就业，有利于培育经济增长新动能，是一件"一举多得"的好事。河南省是农民工输出大省，促进农民工返乡创业正当其时、正应其势、措施得力，工作抓到了点子上。

四、农民工子女入学与异地中高考政策

开放异地高考，是为了进一步解决外来务工子女的升学问题，让非户籍地考生享有与本地考生相同的高考资格，使越来越多的农民工子女能够更好地享受与城市居民相同的教育资源，让非户籍地考生享有与本地考生相同的高考资格。异地高考的核心问题在于：本地生源权益、招生指标如何分配、带来的城市压力、户籍制度能否联动、是否引起新的高考移民，等等。2008年有人大代表提出解决外来务工人员子女就地高考问题；2010年12月，国家教改试点中，解决异地高考首次列入试点，山东、湖南、重庆是首批试点；2012年3月，时任教育部部长袁贵仁表示：异地高考方案将在10个月内出台；2012年7月教育部公布了《国家教育事业发展第十二个五年规划》；2012年9月教育部公布农民工子女异地高考需要在家长、学生和所在城市三方面符合基本条件，并要求各地区在2012年底前必须出台异地高考方案。

五、二元制户籍制度改革

产生于计划经济、短缺经济时代的城乡二元户籍制度不仅成为解决"三农"问题的主要障碍，而且抑制了内需潜力，尤其是严重抑制农业转移人口消费潜力的释放。2014年7月下发了《国务院关于进一步推进户籍制度改革的意见》，对原有的户籍制度进行了较大的改革，建立了城乡统一的户口登记制度，由此衍生的蓝印户口等将成为历史，今后每一位中国公民的户口均统一登记为居民户口。2016年1月1日，《居住证暂行条例》正式开始施行，条例规定，居住证所有人可以享有6项服务，同时，居住证持有人在居住地可享受7项便利。《居住证暂行条例》的实施标志着居住证制度突破户籍制度的身份等级划分，实现身份平等，到2020年基本建立全国统一的居住证制度。

第四节　地方关于农民工的政策

一、服务工作

辽宁省沈阳市政府2005年发布的《关于切实做好改善农民进城就业环境工作的通知》中要求做好农民进城就业管理和服务工作；农民进城务工就业，可凭本人身份证、暂住证和上岗培训证或职业资格证书，到沈阳市各级公共职业介绍机构求职，各级公共职业介绍机构应为农民工提供求职登记、推荐介绍、政策咨询、就业指导、上岗前培训等多项服务。用人单位使用农民工必须依法签订劳动合同，建立劳动关系；用人单位在招用农民工时，要严格按照劳动和社会保障部颁发的《劳动力市场管理规定》（劳社部〔2000〕10号）的有关规定，自招用农民工之日起30日内，到劳动保障行政部门就业服务机构办理录用备案手续。用人单位办理录用备案手续，应持被录用农民工的身份证、劳动合同、上岗培训证或职业资格证书等有关证件。要按照财政部《关于将农民工管理等有关经费纳入财政预算支出范围有关问题的通知》（财预〔2003〕561号）有关规定，将农民工的管理和服务等有关经费纳入财政预算支出范围，合理核定就业管理服务部门用于农民工管理和服务的支出成本，按照现行财政供给渠道，在预算中予以安排；用人单位应当将工资直接发给农民工本人，不得将工资发放给"包工头"、其他承包人等组织或个人；用人单位应按照国家有关规定及时为农民工缴纳社会保险。农民工缴纳养老保险应按照《沈阳市城镇从业人员养老保险规定实施细则》（沈劳发〔1999〕1号）第二条规定："外埠在沈从业人员、农业户口从业人员在我市各类企业从业的，均参加我市养老保险统筹"。在沈阳市各类企业从业的农民工与用人单位签订劳动合同后，享受城镇户口职工同等的养老保险待遇，即企业按农民工实发工资总额的20%，个人按缴费工资的8%缴纳养老保险费；实行暂住证一证管理制度。凡在沈阳市行政区域内居住的农民工，在来沈阳3日内持有效身份证件，近期1寸免冠照片两张到暂住地公安机关办理暂住证。

湖北省襄阳市通过《关于进一步做好为农民工服务工作的实施意见》，提出各级各部门要用更管用的办法，加快发展面向农村新成长劳动力的职业教育，要规范用工管理，积极推进农民工参加养老保险、工伤保险、医疗保险、生育保险和失业保险，积极缴纳住房公积金，加强对农民工安全生产教育和职业危害防护，保障农民工身心健康，土地和集体经济权益，让维权渠道更加通畅；积极推进农民工享有平等的服务，促进农民工的城市融合，重点是心理融合和文化的融合，保障农民工子女在城市具有平等的受教育权利，享有城里优质的教育服务，积极改善农民工的住房条件，积极推进廉租房建设；采取各种措施，积极丰富农民工精神文化生活。

陕西省西安市政府出台《进一步做好为农民工服务工作实施意见》：到2020年每年针

对农民工开展职业技能培训10万人次，建立62个农村劳动力就地就近转移就业示范镇（街办）、吸纳100个左右农村劳动力就地就近转移就业示范基地，实行农民工实名制管理制度，保障城乡劳动者平等的就业权利，健全城乡就业失业登记制度。

2016年北京市出台《关于进一步做好为农民工服务工作的实施意见》，指出："牢牢把握首都城市战略定位，按照以人为本、公平对待、统筹兼顾、优化布局、城乡一体、改革创新、分类推进、逐步实施的基本原则，着力引导农民工稳定就业，着力促进农民工融入社会"。同时，明确了总体目标，"到2020年，在京农民工综合素质显著提高、劳动条件明显改善、工资基本无拖欠并稳定增长、依法参加社会保险"，并提出了六个方面21条政策措施。

宁夏人力资源和社会保障厅认真贯彻《国务院办公厅关于全面治理拖欠农民工工资问题的意见》和人社部及自治区党委、政府关于治欠保支工作安排部署，多措并举抓推进，形成了自治区、市、县三级联动全面治理拖欠农民工工资工作新格局，取得了明显成效。

湖北省委、省政府高度重视农民工工作，连续4年开展"我为农民工办实事"活动，在省委、省政府的统一领导和省政府农民工工作领导小组各成员单位的共同努力下，为农民工办实事计划取得了良好的效果，唤起了全社会关心、关爱农民工的热情，改善了农民工融入城市的大环境。湖北省人民政府农民工工作领导小组第一次全体会议明确，20个各相关职能部门拟再为农民工办成33件实事。根据《最低工资规定》，最低工资标准每两年至少调整一次。

2014年，全国[①]共有19个地区调整了最低工资标准，平均调增幅度为14.1%；2015年，全国共有28个地区调整了最低工资标准，平均增幅约14%；2016年9月，中国劳动保障科学研究院主办的《中国劳动保障发展报告（2016）》指出，到目前为止全国共有32个省市调整了最低工资标准，平均增加了14.9%。其中2016年全国月最低工资标准最高的是上海的2190元，天津为1950元，广东为1895元，北京最低工资标准每月不低于1890元（表2-2）。

表2-2　2016年全国最低工资标准排行榜

排名	省（自治区、直辖市）	月最低工资标准/元	小时最低工资标准/元	实施时间
1	上海	2190	19	2016-4-1
2	深圳	2030	18.5	2015-3-1
3	天津	1950	19.5	2016-7-1
4	广东	1895	18.3	2016-2-29
5	北京	1890	21	2016-9-1
6	浙江	1860	17	2015-11-1
7	江苏	1770	15.5	2016-1-1
8	山东	1710	17.1	2016-6-1

---

① 未包含港澳台地区的相关数据，本章余同。

续表

排名	省（自治区、直辖市）	月最低工资标准/元	小时最低工资标准/元	实施时间
9	新疆	1670	16.7	2015-7-1
10	河北	1650	17	2016-7-1
11	内蒙古	1640	13.3	2015-7-1
12	山西	1620	17.7	2015-5-1
13	河南	1600	15	2015-7-1
14	贵州	1600	17	2015-10-1
15	云南	1570	14	2015-9-1
16	湖北	1550	16	2015-9-1
17	江西	1530	15.3	2015-10-1
18	辽宁	1530	15	2016-1-1
19	安徽	1520	16	2015-11-1
20	重庆	1500	15	2016-1-1
21	福建	1500	16	2015-8-1
22	四川	1500	15.3	2015-7-1
23	吉林	1480	13.5	2015-12-1
24	黑龙江	1480	14.2	2015-10-1
25	陕西	1480	14.8	2015-5-1
26	宁夏	1480	14	2015-11-1
27	甘肃	1470	15.5	2015-4-1
28	海南	1430	12.6	2016-5-1
29	广西	1420	13.5	2015-1-1
30	西藏	1420	13	2015-1-1
31	湖南	1400	13.5	2015-1-1
32	青海	1270	12.9	2014-1-1

注：数据来源于中商产业研究院

二、农民工就业职业培训工作

结合农民工就业的实际制定符合农民工实际情况的培训方案，精心组织农民工参加培训，切实提高农民工的业务素质和文化素质，增强农民工的就业能力和市场竞争力。积极对进城务工人员开展《劳动法》《劳动合同法》《安全生产法》《职业病防治法》《消费者权益保护法》《治安管理处罚条例》《民事诉讼法》《保险法》等法律法规教育，通过教育培训增强农民工法制观念和依法维护权益意识。鼓励农民工积极参加职业技能教育培训，提高农民工技能和综合素质，增强农民工市场竞争能力。对农民工开展职业技能培训要以培养初级职业技能为重点，本着实际、实效的原则，以城市用工量较大的餐饮、保健、建筑、制造、家政服务等行业的岗位基本知识和基本技能及操作规程为主要内容。鼓励农民工参加人力资源和社会保障部统一组织的国家职业技能鉴定，考取职业资格证书。吉林省要求实施好《吉林省2004—2010年农村劳动力转移培训规划》，各级农业、财政、劳动保障、教育、科技、建设等部门及妇联、共青团等组织要认真组织实施好农村劳动力转移培训阳光工程，组织各类有条件的培训基地对农民开展引导性培训和职业技能培训，提高农民转移就业能力。积极鼓励农民工参加职业技能培训和鉴定，职业技能鉴定要本着自愿的原则，充分尊重农民工的意愿，任何单位不得强制农民工参加鉴定，更不得强制收费。有关费用要由政府、用人单位和农民工个人共同负担。

哈尔滨市总工会组织和邀请大专院校农业专家和农技专家对来自全市8区8县的1500名农民工、合作社带头人、种植养殖专业户及农村转移劳动力、农民劳模等进行种植养殖技术、家政服务、餐饮服务、工业技术提升、新型农业经营主体带头人、"互联网+营销"、设施蔬菜栽培、葡萄生产技术等10个方面的教学和实训。

江苏省决定到2020年，对50万新生代农民工开展补贴性职业技能培训，力争使进入人力资源市场的新生代农民工都有机会接受一次培训，对于有创业愿望的农民工有机会接受创业培训，提高农民工的创业能力。实行培训成本补贴政策，对农村初高中毕业生免费提供培训，并发给培训补贴和生活费补贴，实施学徒培养计划，实行招工与招生同时进行，校企联合培训农民工。

三、做好农民进城就业的社会保险工作

用人单位应按照国家有关规定及时为农民工缴纳社会保险。沈阳市农民工缴纳养老保险应按照《沈阳市城镇从业人员养老保险规定实施细则》（沈劳发〔1999〕1号）第二条规定："外埠在沈从业人员、农业户口从业人员在我市各类企业从业的，均参加我市养老保险统筹"。在沈阳市各类企业从业的农民工与用人单位签订劳动合同后，享受城镇户口职工同等的养老保险待遇，即企业按农民工实发工资总额的20%，个人按缴费工资的8%缴纳养老保险费。农民工在缴纳养老保险后中断就业的，根据农民工本人的意愿，可以一次性将保险返还给农民工，还可以保留。操作起来比较灵活，彻底打消农民工缴纳养老保险的后顾之忧，提高农民工缴纳养老保险的积极性。

据承德市工伤保险中心负责人介绍，承德市农民工参保人数是164 392人。为扩大覆盖面，他们开展了促进中小微企业参加工伤保险"春雨行动"，发放工伤保险宣传资料，对不依法参保和不按规定为职工缴纳社保费的单位不能评优评先，单位法人不能评为先进和劳动模范，不得兑现目标奖和年薪奖。

"十三五"期间辽宁省将实施全民参保计划，扩大各项社会保险覆盖面，以个体从业人员、灵活就业人员、自由职业者、城乡居民、农民工等群体为重点，实现法定人员全覆

盖,并全面发放社会保障卡,在社会保险、就业服务及其他人力资源和社会保障领域广泛应用。

四、做好农民进城就业子女就学、升学工作

(一)农民工子女义务入学政策

沈阳市规定农民工子女在城镇义务教育阶段就学学校,不得收借读费等规定之外费用,并保证农民工子女顺利入学,以维护来沈务工就业农民工子女受教育的权利。青海省开通"绿色通道",简化进城务工的农民工子女入学手续,与当地学生统一报名,实行统一管理、统一教学、统一要求,确保农民工子女顺利入学。中小学校对进城务工农民工子女在教育教学、奖励、评优评先、入团入队等方面与当地学生一视同仁,不得单独编班,确保教学质量。另外,因进城务工农民工居住地教育资源短缺,学校生源过多,班额过大,无法容纳农民工子女的学校(学区),由当地教育行政部门统筹安排,保证农民工子女顺利进入城市学校接受教育。

陕西省委、陕西省人民政府印发了《关于贯彻落实〈中共中央国务院关于落实发展新理念加快农业现代化实现全面小康目标的若干意见〉》,包含六大类33项具体内容。2012年教育部、国家发展和改革委员会、公安部、人力资源和社会保障部《关于做好进城务工人员随迁子女接受义务教育后在当地参加升学考试工作意见》(国办发〔2012〕46号),提出农民工子女在农民工务工地接受教育遵循的原则,坚持公平的受教育权利和升学机会、坚持人口的合理有序流动、坚持统筹结合、坚持需求和承载能力相结合等原则,积极稳妥地推进随迁子女升学考试工作,有序放开中等城市落户限制,合理控制人口规模。

河北省积极落实以输入地政府管理为主,以全日制公办中小学为主保障农民工随迁子女在平等接受义务教育政策,全省城镇义务教育学校接收进城务工人员随迁子女入学总人数达到46.13万,90%在公办学校就读。

(二)农民工子女在农民工务工地参加中考和高考

2014年北京市政府发布了《进城务工人员随迁子女接受义务教育后在京参加升学考试工作方案》,该方案作为《随迁子女在京升学考试办法》正式出台前的过渡实施办法。出台异地高考过渡方案,满足条件的农民工随迁子女2014年可在北京借考。2013年,非京籍子女在符合北京市居住证明、父母在京稳定住所证明、合法稳定职业证明、父母在京缴纳社保并已满相关年限证明(至少满3年)、子女在京就读学籍证明(至少满3年)的条件下,可以在北京参加考试,有权被北京市中等职业学校录取。从2014年开始,符合以下六个条件的外地学生可以在北京参加高考,被北京市高职学校录取,这六个条件分别是:有效的在北京市居住的居住证明、有合法稳定的住所、有合法稳定的职业并满6年、在京连续缴纳社会保险满6年、具有北京市学籍且已在京连续就读高中阶段教育3年学习(表2-3)。

表2-3　全国各地异地高考方案汇总

省（自治区、直辖市）	开放时间	具体细则
北京	2014年起实施	随迁子女可在京考高职，父母须在京有稳定工作并连续缴社保满6年
上海	2014年起实施	综合考虑外来务工者在沪的职业情况与其随迁子女的就读年限
广东	2016年起实施	缴社保累计3年以上，在广东参加中考并具有3年完整高中学籍
天津	未定	在津连续就读达一定年限，父母有合法稳定职业并依法纳税等
福建	2014年起实施	凡在福建高中有3年完整学习经历的均可参加高考
山东	2014年起实施	3年完整高考学习经历，具有山东高中阶段学籍，缺一不可
江西	2014年起实施	具有1年以上高中学习经历并取得学籍的，可就地高考
安徽	2013年起实施	符合3年完整学籍及学习经历的可在安徽参加高考
黑龙江	2013年起实施	累读3年，父母拥有合法职业和合法固定住所
湖南	2013年起实施	自高一在流入地就读，取得学籍，并参加学业水平考试等
重庆	2013年起实施	3年连续完整高中学籍，父母有稳定合法工作等
新疆	2013年起施行	高中在疆连续就读3年，并有在疆就读3年的学籍档案等
河北	2013年起实施	在河北有两年以上连续就学记录，并提供相关证明即可参加高考
辽宁	2013年起实施	3年高考学籍，完整学习经历，可参加高考
吉林	2013年起实施	父母有合法职业稳定住所，缴社保3年以上，子女有完整学习经历
浙江	2013年起实施	须有连续高中学习经历和学籍并完成高中学业
内蒙古	2013年起实施	具有高中学籍且连续就读满两年；家长拥有合法稳定住所等
江苏	2013年起实施	具有高中学籍及完整学习经历，其监护人在江苏有合法稳定职业等
四川	2014年起实施	四川异地高考要有居住、学籍证明等
广西	2013年起实施	广西异地高考方案以学籍条件为主
陕西	2016年起实施	高中在陕西连续学籍满3年，并取得高中毕业证
湖北	2013年起实施	考生须在湖北读完3年高中且有学籍，监护人有合法稳定职业等

续表

省（自治区、直辖市）	开放时间	具体细则
河南	2013年起实施	父母一方在河南具有合法稳定工作和住所，有当地学校正式学籍等
云南	2013年起实施	考生户籍入云南满3年，在云南高中连续就学满3年等
贵州	2014年起实施	高中阶段在贵州连续就读3年且有学籍，父母有合法职业等
甘肃	2013年起实施	进城务工人员本人及子女均具有3年以上甘肃省户籍等
山西	2014年起实施	在父母常居地连续3年接受高中教育并有正式学籍等
海南	2014年起实施	初一至高三在海南就读，监护人有合法稳定职业并缴社保满6年
宁夏	2014年起实施	宁夏异地高考对随迁子女考生父母有要求
青海	2012起实施	外省考生可在青海借考，考生必须提供户口簿、身份证等
西藏	暂无	

（三）农村与城市二元制户籍制度改革

2014年7月底，国务院发布《国务院关于进一步推进户籍制度改革的意见》，要求"各省、自治区、直辖市人民政府要根据本意见，统筹考虑，因地制宜，抓紧出台本地区具体可操作的户籍制度改革措施，并向社会公布"，截至2016年9月，全国已有31个省（自治区、直辖市）正式公布了本地区的户籍制度改革意见，都明确了本地区进一步放宽户口迁移的有关政策，细化了具体的实施细则，具有较强的操作性，都取消了农业户口和非农业户口的区分，统一建立了城乡户口登记制度，为进一步做好农民工的城市融合及推进我国城镇化步伐奠定了坚实的基础。公布了户籍制度改革的31个省（自治区、直辖市）分别是新疆维吾尔自治区、黑龙江省、河南省、河北省、四川省、山东省、安徽省、贵州省、山西省、陕西省、江西省、湖南省、吉林省、福建省、广西壮族自治区、青海省、北京市、天津市、上海市等。

五、维护农民进城就业的合法权益

要积极解决拖欠农民工工资问题，加大对用人单位的检查，尤其是对拖欠农民工工资情况的检查，要高度重视企业拖欠农民工工资问题，发现一起查处一起，对于农民工的投诉，有关部门要积极介入，果断处理，提高处理的效率并加大力度，坚决打击各种拖欠农民工工资行为的发生。建立便利的信息反馈机制，有关部门要积极作为，深入一线进行督导检查，为农民工依法维权创造有利条件。从制度上彻底解决企业拖欠农民工工资问题，落实好最低工资制度，建立农民工工资支付保障金制度，让企业没有空子可钻。同时研究探讨适合农民工实际情况的工资支付方式，体现出便捷可靠的原则；加大对拖欠农民工工资企业的打击力度，加强处罚措施，并将有关信息向社会公开，接受社会的监督，除必要的处罚措施外，必要时可以采取责令关闭等强制性措施。

辽宁省规定要严格执行省政府令第166号《辽宁省劳动合同规定》，监督用人单位与农民工签订合法的劳动合同。加强对重点行业监督和检查，通过媒体等方式公布监督举报电话。加强对违法行为的处罚力度，对不及时签订合同、不认真履行劳动合同的用人单位严惩。加强对企业的检查，对侵害农民工合法权益尤其是拖欠工资的案件启动应急程序，快速处理，绝不姑息各种违法案件的发生。对随意延长农民工工作时间、克扣农民工工资等侵害农民工利益的行为在处理上绝不手软。

山东省人民政府印发了《关于贯彻国办发〔2016〕1号文件全面治理拖欠农民工工资问题的实施意见》，提出要进一步强化拖欠工资责任人的责任，依法严厉打击拖欠农民工工资行为，明确目标，落实责任。到2020年，从根本上解决拖欠农民工工资问题，努力实现基本无拖欠。

安徽省六安市建立了农民工工资"一卡通"发放制度。同时对"一卡通"执行情况进行专项检查，对执行不力的加大处罚力度并积极推进整改，并及时通报不执行或执行不力的施工企业，列入重点巡查整改对象，加大整改力度，明确各方责任，确保将工资直接发给农民工，严禁将工资发给"包工头"等不具备用工主体资格的组织或个人，如有违反规定，拖欠农民工工资的，由总承包企业负责支付。严格奖惩制度，对推行"一卡通"表现突出、且无工资拖欠投诉的施工企业，可享受农民工工资无拖欠资格预审免检扶持政策，对不按规定落实，进而引起群体性讨薪突发事件的建设发包企业，责令整改并予以曝光。

黑龙江省出台了《关于全面治理拖欠农民工工资问题的实施意见》，明确了支付农民工工资的主体责任，提出构建支付工资监控网络，建立拖欠农民工工资台账，加强检查，实际发现问题，尽快处理好由于拖欠农民工工资引发的争议，明确了处理拖欠农民工工资案件可以适用简易程序，确定了解决拖欠农民工工资问题应坚持的原则，即"属地管理、分级负责、谁主管谁负责"，规定各级政府为保障支付农民工工资工作的总责任人。

六、户籍制度改革

截至2016年9月21日，全国已有30个省（自治区、直辖市）出台户籍制度改革方案，包括河北省、河南省、山东省、山西省、陕西省、江西省、湖南省、湖北省、广东省、广西壮族自治区、黑龙江省、吉林省、辽宁省、重庆市、云南省、甘肃省、青海省、福建省、江苏省、安徽省、贵州省、四川省、新疆维吾尔自治区、宁夏回族自治区、浙江省、海南省、内蒙古自治区、天津市、上海市、北京市。取消了农民村户籍和城镇户籍，建立了居住证制度，同时一些大城市也降低了门槛，允许符合条件的人员落户，特大城市提出通过取得积分落户的政策。

山西省朔州市2016年出台政策,采取五项措施,积极引导支持农民工和农民进城购房、落户。2013年以来,济南市共有8996户农民工家庭取得公租房摇号资格,占申请总数的36%。近万名农民工在济南市农民工综合服务中心住房保障窗口的帮助下,住上了公租房。

七、创业方面

河南省于2016年8月下发了《关于支持农民工返乡创业的实施意见》,提出"到2020年每年扶持100万名农民工返乡创业,预计带动1000万人就业,促进农村劳动力实现就地就近就业,并创建一批农民工返乡创业示范县,重点培育一批农民工返乡创业示范项目"。要建立多样化农民工返乡创业格局,鼓励农民工根据家乡的实际情况积极发展观光农业、绿色农业、有机农业,有条件的地方开发乡村旅游业,积极推动农村发展电商,形成"互联网+"的创业模式。加大对返乡创业农民工的财政支持力度,制定相应的支持方案,对于符合农业补贴政策的,享受同等的优惠政策。对创业农民工给予贷款政策的支持,鼓励金融机构为创业农民工提供贷款,降低贷款利率。

2016年8月25~26日,云南省人力资源和社会保障厅召开全省人社信息化、宣传暨打通服务群众"最后一公里"现场推进会。会上举行了"云南人社12333手机客户端上线仪式",16个州市人力资源和社会保障局局长对各地落实打通服务群众"最后一公里"工作与省厅签订了承诺书。

第三章

农民工的需求调查

中国是一个农业大国，中国农业人口众多，农村剩余劳动力转移是中国现代化进程中一个必经阶段，影响着中国经济发展进程，是城市化过程中必须要解决好的重要问题。从某种意义上说，中国农民的城市化进程决定着中国现代化的进程。中国农民工问题在中国城市化进程中具有十分重要的地位，直接关系到农民转移就业、农民增收、农村发展，关系到我国工业化、城镇化、城乡一体化的发展进程。

就业培训在人力资本理论中是企业进行人力资本投资的一条重要途径。根据西奥多·舒尔茨的观点，农业人口的质量高低是决定国家农业水平和农民生活质量水平的重要因素。农民水平高则该国家农业水平高，因此通过对农民进行培训提高农民掌握农业技术水平，是政府解决农民、农业、农村"三农"问题的根本措施，是帮助农民发家致富的最好方法。现阶段，对于我国来说，要解决好农民等"三农"问题，先要解决好农民工问题。要想解决农民工的问题，政府就得先要想农民工之所想，急农民工之所急。周明华（2011）研究认为农民工受教育程度较低、适宜开展农民工就业培训的机构少、培训机构诚信缺失、缺乏农民工就业培训费用的分担机制、培训效果不显著是影响农民工就业培训的几个重要因素。

第一节　农民工需求调查方法

一、调查问卷的设计

登陆中国期刊网，对当前有关农民工教育培训方面的研究成果进行全面检索，掌握目前有关专家、学者对农民工需求的研究进展及提出的各种较新的观点，并对政府有关部门进行调查研究，掌握国家关于农民工教育培训、社会保障、子女教育、城市融合等方面的制度。作者在不同地区选取农民工，召开座谈会，了解农民工的所思、所想、所忧及折射出来的问题，并认真听取专家的意见和建议。在深入调研和广泛征求意见的基础上，编制了调查问卷（见附录），在试调查的基础上，发现存在的问题并经几次修订，使调查问卷更具有合理性和科学性。

二、样本的选取

选取河北省秦皇岛市、唐山市、石家庄市、保定市、邯郸市、张家口市等6个地区，并在每个地区从不同的单位选取150名左右的农民工进行问卷调查。

三、调查时间和调查方式

本调查集中在2012年3～4月进行，这段时间大部分农民工已经返回自己的工作岗位。

采用自制的调查问卷，采取直接调查的方式，即以用人单位为整体，将随机抽选出的调查对象集中在一个会议室里，由事先经过认真培训的课题组人员现场向被调查人员发放调查问卷，并具体说明有关农民工方面调查的目的、意义、调查问卷的填写方式及填写注意的问题，并特别强调了调查问卷填写真实性的重要意义，要求被调查人在30分钟内现场回答问卷问题，问题答好后，由调查人员当场收回调查问卷。

四、数据统计分析方法

通过问卷中验证性问题验证后，将无效的调查问卷剔除，将有效的调查问卷编好序号后，调查数据采用Excel 2007和SPSS17.0进行统计分析。

五、样本分布情况

本次农民工需求调查研究共发出930份调查问卷，共收回882份有效问卷，有效率为94.8%，其中男性农民工471人，占53.4%，女性农民工411人，占46.6%；年龄在20岁以下的有126人，占14.3%，年龄在21～25岁的有349人，占39.6%，年龄在26～30岁的有287人，占32.5%，年龄在31岁以上的有120人，占13.6%；学历在小学文化以下的有86人，占9.8%，学历水平为初中的有349人，占39.6%，学历为高中、高职、中专的有256人，占29.0%，学历水平在专科以上的有191人，占21.7%；独生子女647人，占73.4%，非独生子女235人，占26.6%；政治面貌是团员的有623人，占70.6%，党员86人，占9.8%，群众173人，占19.6%；479人未婚，占54.3%，368人已婚，占41.7%，35人已婚离异，占4.0%；务工年限在1年以下（含1年）的有106人，占12.0%，务工年限在1～3年（含3年）的有469人，占53.2%，务工年限在3～5年（含5年）的有223人，占25.3%，务工年限在5年以上的有84人，占9.5%；在政府机关工作的有65人，占7.4%，在事业单位工作的有78人，占8.8%，在国有企业工作的有135人，占15.3%，在合资企业工作的有168人，占19.0%，在私营企业工作的有436人，占49.4%；来自秦皇岛市的有153人，占17.3%，唐山市的有162人，占18.4%，保定市的有141人，占16.0%，石家庄市的有156人，占17.7%，邯郸市的有137人，占15.5%，张家口市的有133人，占15.1%（高玉峰等，2012；赵洁琼等，2012）。样本详细分布情况见表3-1。从表3-1可以看出，调查对象具有十分广泛的代表性。结果显示调查抽样误差为±3.5%，调查结果可置信度达到95%的水平。

表3-1　农民工调查样本

调查内容	项目	人数	比例/%
性别	男	471	53.4
	女	411	46.6

续表

调查内容	项目	人数	比例/%
年龄分布	20岁以下	126	14.3
	21~25岁	349	39.6
	26~30岁	287	32.5
	31岁以上	120	13.6
文化程度	小学及以下	86	9.8
	初中	349	39.6
	高中（高职、中专）	256	29.0
	专科及以上	191	21.7
是否独生子女	是	647	73.4
	否	235	26.6
政治面貌	团员	623	70.6
	党员	86	9.8
	群众	173	19.6
婚姻状况	未婚	479	54.3
	已婚	368	41.7
	离异	35	4.0
务工年限	1年以下（含1年）	106	12.0
	1~3年（含3年）	469	53.2
	3~5年（含5年）	223	25.3
	5年以上	84	9.5
单位性质	政府机关	65	7.4
	事业单位	78	8.8
	国有企业	135	15.3
	合资企业	168	19.0
	私营企业	436	49.4
地区分布	秦皇岛市	153	17.3
	唐山市	162	18.4
	保定市	141	16.0
	石家庄市	156	17.7
	邯郸市	137	15.5
	张家口市	133	15.1

第二节 农民工就业培训需求

一、农民工教育培训愿望调查

针对"您近几年是否有接受教育培训计划"这一问题，在882名调查人员中有647人选择了"有"，占调查人数的73.4%，选择"不确定"的有126人，占14.3%，选择"没有"的只有109人，占调查总数的12.4%，可见农民工具有强烈的学习愿望。从对男女性的对比分析来看，有培训需求的男性占全部男性的79.8%，比女性高出14个百分点，男性对教育需求比女性更强烈，这可能和男性的社会责任有关；从不同年龄段来分析，总体上呈现随着年龄的增长，农民工对教育培训的需求越强烈，这可能随着农民工年龄的增长，社会阅历的提高，越来越认识到学习的重要性；从不同学历层次的分析来看，初中、高中（高职、中专）毕业的农民工对培训的需求相对更强烈些，分别占调查人群的79.1%和88.7%，而小学以下文化和专科以上学历的对培训的需求较低，分别占52.3%和39.3%；从外出务工年限的分析比较来看，随着外出务工年限的增加，培训需求越强烈，详见表3-2。

表3-2 不同人群教育需求对比

调查内容	项目	人数	比例/%
性别	男	376	79.8
	女	271	65.9
年龄分布	20岁以下	56	44.4
	21~25岁	246	70.5
	26~30岁	235	81.9
	31岁以上	110	91.7
文化程度	小学及以下	45	52.3
	初中	276	79.1
	高中（高职、中专）	227	88.7
	专科及以上	75	39.3
务工年限	1年以下（含1年）	62	58.5
	1~3年（含3年）	350	74.6
	3~5年（含5年）	168	75.3
	5年以上	67	79.8

虽然农民工的培训需求较强烈，但是，如果让自己出钱去培训，往往都大打折扣，当问及"您是否愿意自己花钱参加培训"时，选择"愿意"的只有536人，占调查总数的60.8%，下降了约14个百分点，这可能和农民工的工资待遇低有关。农民工工资情况和每月工资扣除各种开支剩余情况见表3-3。农民工的工资水平都不高，每月扣除开支以外剩余的更少，月工资在2000元以上的占45%左右，每月剩余1000元的也不到一半。

表3-3 农民工月收入和结余统计

调查内容	项目	人数	比例/%
月工资	1000元以下	61	6.9
	1001~1500元	116	13.2
	1501~2000元	309	35.0
	2001~2500元	206	23.4
	2501~3000元	101	11.5
	3001元以上	89	10.1
月结余	没有剩余	12	1.4
	500元以下	87	9.9
	501~1000元	344	39.0
	1001~1500元	312	35.4
	1501~2000元	106	12.0
	2001元以上	21	2.4

二、农民工教育培训内容需求

通过对"如果您有机会参加培训，您最想学习的内容是什么"问题调查，在文化教育、专业技术、法律法规、生活常识、休闲娱乐、其他等6个选项中，选择"文化教育"的共116人，占调查总数的13.2%，选择"专业技术"的344人，占调查总数的39.0%，选择"法律法规"的233人，占调查总数的26.4%，选择"生活常识"的101人，占调查总数的11.5%，选择"休闲娱乐"的88人，占调查总数的10.0%，总体上看，选择"专业技术"的人最多，其次是"法律法规"，可见农民工对技术的需求及对法律知识的渴望，这也是他们在实际生活中悟出的道理。

从不同性别农民工对教育培训内容需求比较分析可以看出，不同性别农民工之间对培训内容需求差异很大，他们虽然都比较看重专业技能培训，但男性比女性要高出约10个百分点，而在法律法规知识需求方面，男性比女性高出了约15个百分点，但对文化教育、生活常识、休闲娱乐三方面的需求男性远不如女性高，女性分别高于男性7.2%、8.2%和8.7%（表3-4）。

表3-4　不同性别农民工教育培训内容需求

调查项目	男		女	
	人数	比例/%	人数	比例/%
文化教育	46	9.8	70	17.0
专业技术	205	43.5	139	33.8
法律法规	156	33.1	77	18.7
生活常识	36	7.6	65	15.8
休闲娱乐	28	5.9	60	14.6

从对不同文化水平的农民工分析来看，对教育培训内容需求也有较大的差异，学历为高中、初中的农民工首选的是专业技术，初中、高中（高职、中专）分别占47.0%、46.5%，均占一半左右，而小学及以下学历人员首选的是生活常识，占29.1%，专科以上人员首选的是法律法规，占36.1%（表3-5）。

表3-5　不同文化水平农民工教育培训内容需求

调查项目	小学及以下		初中		高中（高职、中专）		专科及以上	
	人数	比例%	人数	比例%	人数	比例%	人数	比例%
文化教育	10	11.6	32	9.2	30	11.7	44	23.0
专业技术	23	26.7	164	47.0	119	46.5	38	19.9
法律法规	15	17.4	98	28.1	51	19.9	69	36.1
生活常识	25	29.1	39	11.2	29	11.3	8	4.2
休闲娱乐	13	15.1	16	4.6	27	10.5	32	16.8

三、农民工教育培训时间需求

农民工对教育培训时间要求比较苛刻，一般希望安排在休息的时间，且每个培训的周期最好不超过5天，但问及"如果您参加培训，您可以接受的培训时间为多长"问题时，选择了"1天及以下"有455人，占调查总数的51.6%，有280人选择了"2～5天"，占调查总数的31.7%，选择"6～10天"的有123人，占13.9%，选择"11～20天"的24人，占2.7%，没有任何人选择连续培训超过20天，可见农民工不希望培训时间太长，多集中在5天以下。这可能和他们的工作时间有直接关系，他们一般都从事着基层最苦最累的工作，时间要求比较紧，拿不出更多的时间接受培训，调查发现每天工作8小时的有94人，占调查总人数的10.7%，每天工作9～10小时的有436人，占调查总人数的49.4%，每天工作11～12小时的有294人，占调查总人数的33.3%，每天工作在12小时以上的共58人，占调查总人数的6.6%。他们中每周能休息一天的共229人，占调查总人数的26.0%，能休息2天的有103人，占调查总数的11.7%，其余62.4%的人没有双休日，或实行三班倒，没有固定的休息时间。国家法定假期正常休息的有190人，占调查总数的21.5%，完全不休息的有508人，占调查总数的57.6%，视情况而定的有184人，占调查总数的20.9%。在培训时间段的选择上，选择在双休日的有322人，占调查总数的36.5%，选择在晚上的202人，占调查总数的22.9%，选择在上班时间的最少，只有60人，占调查总数的6.8%，其余298人选择了不确定的时间，占调查总数的33.8%（表3-6、表3-7）。

表3-6 农民工培训时间需求

调查项目		男		女		合计	
		人数	比例/%	人数	比例/%	人数	比例/%
培训时间长短	1天以下	239	50.7	216	52.6	455	51.6
	2~5天	138	29.3	142	34.5	280	31.7
	6~10天	83	17.6	40	9.7	123	13.9
	11~20天	11	2.3	13	3.2	24	2.7
	21天以上	0	0	0	0	0	0
培训时间段	上班时间	32	6.8	28	6.8	60	6.8
	双休日	159	33.8	163	39.7	322	36.5
	晚上	134	28.5	68	16.5	202	22.9
	不固定	146	31.0	152	37.0	298	33.8

表3-7 农民工休息和工作时间

调查项目		男		女		合计	
		人数	比例/%	人数	比例/%	人数	比例/%
每天工作时间	8小时	56	11.9	38	9.2	94	10.7
	9~10小时	235	49.9	201	48.9	436	49.4
	11~12小时	138	29.3	156	38.0	294	33.3
	12小时以上	42	8.9	16	3.9	58	6.6
每周休息时间	1天	123	26.1	106	25.8	229	26.0
	2天	54	11.5	49	11.9	103	11.7
	不休息或无固定休息时间	294	62.4	256	62.3	550	62.4
国家法定假	正常休息	102	21.7	88	21.4	190	21.5
	完全不休息	265	56.3	243	59.1	508	57.6
	视情况而定	104	22.1	80	19.5	184	20.9

四、农民工教育培训方式需求

调查中设计了"如果您参加培训,您最喜欢下列哪种培训方式",共有四个答案:传统课堂讲授、边学边实践、多媒体教学、综合培训。通过对调查结果的统计分析来看,他们比较倾向于边学边实践的培训方式,占调查总人数的53.2%,其次是多媒体教学,占调查总数的25.3%,最不受认可的是传统的课堂教学,占调查总数的9.5%。

从男女不同的性别分析来看,他们之间的差别不大。在座谈中也证明了这一点,正如他们自己所说的:"边学边实践,在干中学,在学习过程中干,这样既不耽误我们的工作,同时,也便于我们学习,如果到课堂上学习,如果老师讲的理论深了,我们听不懂。我们需要的是如何操作,知道怎么能干好,我们需要的是一技之长,至于为什么,我们就没必要知道了"。这个问题也在另一调查问题中得到了验证,即"您认为通过什么途径学习到的知识效果更好",在"培训机构、边学边干、讨论交流、自学"四个备选答案中,44.1%的人选择了"边学边干",选择在"培训机构"的占24.6%,选择"讨论交流"的占20.6%,选择"自学"的最少,只占10.7%,这与农民工的学历层次较低、自学能力不强有着直接关系。从男女不同性别的对比分析来看,没有任何差异(表3-8、表3-9)。

表3-8 农民工教育培训形式需求

调查项目	男		女		合计	
	人数	比例/%	人数	比例/%	人数	比例/%
传统课堂讲授	28	5.9	56	13.6	84	9.5
边学边实践	256	54.4	213	51.8	469	53.2
多媒体教学	127	27.0	96	23.4	223	25.3
综合培训	60	12.7	46	11.2	106	12.0

表3-9 农民工教育培训途径

调查项目	男		女		合计	
	人数	比例/%	人数	比例/%	人数	比例/%
培训机构	120	25.5	97	23.6	217	24.6
边学边干	206	43.7	183	44.5	389	44.1
讨论交流	89	18.9	93	22.6	182	20.6
自学	56	11.9	38	9.2	94	10.7

五、农民工教育培训目的研究

农民工参加教育培训的目的差异很大,具体受他们的年龄、学历层次、性别等多方面的影响,他们更看重的是短期培训。从性别上来看,男性更看重的是提高技能,女性更看重的是提高学历,分别占调查总人数的41.0%和45.3%,其次,男女看重的都是更新观念,分别占33.1%和26.5%,男性对提高学历方面、女性在扩大交往方面不十分重视,在各组中所占的比例都是最小的,分别占7.2%和6.8%,可见性别不同参加培训的目的差异很大,这可能和男女分工不同有关(表3-10)。

表3-10 不同性别农民工教育培训目的

调查项目	男		女		合计	
	人数	比例/%	人数	比例/%	人数	比例/%
提高学历	34	7.2	186	45.3	220	24.9
提高技能	193	41.0	88	21.4	281	31.9
更新观念	156	33.1	109	26.5	265	30.0
扩大交往	88	18.7	28	6.8	116	13.2

不同学历层次的农民工参与教育培训的目的也有较大差异,从统计结果来看,小学及以下学历的农民工非常看重"提高技能",占其总数的61.6%,明显高于其他几个选项,初中学历层次的农民工的参与教育培训的目的比较均衡,"更新观念"相对高一点,占35.5%,其次是"提高技能",占31.2%,第三是"提高学历",占25.2%,但这三者之间没有十分明显的差异,可以说具有初中学历层次的农民工的参与培训的目的发生了分流,但他们需要提高交往能力的人不多,可能是初中毕业生的学生在学校就是一个活跃分子,学习成绩不是太好,但他们的社会交往能力比较强。高中(高职、中专)学生有32.0%的人选择了"提高学历",29.7%的人选择了"提高技能",26.6%的人选择了"更新观念",11.7%的人选择了"扩大交往",可以看出具有高中(高职、中专)学历的农民工已经意识到知识的重要性,他们把提高学历层次作为自己的教育培训目的。专科以上学历人员对四项选项的选择基本上没有任何差异,"提高学历、提高技能、更新观念、扩大交往"四项中每项选择人数都在25%左右,可见他们的参与教育培训的目的因人而异,与他们的学历没有明显关系(表3-11)。

表3-11 不同学历层次农民工教育培训目的

调查项目	小学及以下		初中		高中(高职、中专)		专科及以上	
	人数	比例%	人数	比例%	人数	比例%	人数	比例%
提高学历	3	3.5	88	25.2	82	32.0	47	24.6
提高技能	53	61.6	109	31.2	76	29.7	43	22.5
更新观念	25	29.1	124	35.5	68	26.6	48	25.1
扩大交往	5	5.8	28	8.0	30	11.7	53	27.7

不同年龄段的农民工的培训的目的也有较大差异,20岁以下的农民工,他们绝大多数是初中毕业的学生,少数是高中毕业生,他们把"提高技能"作为首选,占调查总数的

54.0%,其次是"扩大交往"和"更新观念",选择"提高学历"的人数极少,只有6人,占20岁以下人数的4.8%,这个调查结果和前面的对不同学历层次人的数据统计极为吻合。21~25岁人员选择"提高学历"和"提高技能"的分别占35.8%和36.7%,选择"更新观念"的占18.3%,选择"扩大交往"的最少,占9.2%。26~30岁人群更注重更新观念,基本上占这个年龄段人数的一半,这可能是在这个年龄段的农民工基本上外出打工3~5年,几年的城市生活,逐渐改变了农村传统的思想,接受到的新鲜事物越来越多,从中也得到了启发,逐渐认识到了思想观念决定着人的发展,为此他们中多数人选择了"更新观念",其次是"提高学历"和"提高技能"。而过了而立之年的农民工,在重视更新观念的同时,也重视扩大交往、提高技能和提高学历,这和他们本人的实际情况有关(表3-12)。

表3-12 不同年龄段农民工教育培训目的

调查项目	20岁以下		21~25岁		26~30岁		31岁以上	
	人数	比例%	人数	比例%	人数	比例%	人数	比例%
提高学历	6	4.8	125	35.8	66	23.0	23	19.2
提高技能	68	54.0	128	36.7	56	19.5	29	24.2
更新观念	25	19.8	64	18.3	135	47.0	41	34.2
扩大交往	27	21.4	32	9.2	30	10.5	27	22.5

六、农民工对教育培训机构的需求

培训机构直接决定着培训的效果,在调查中共列举了四类培训机构,根据农民工对各类培训机构的认同程度进行选择,其中比较被农民工认可的是正规的职业院校培训机构及企业或行业协会培训机构,选择这两个培训机构的分别有342人和389人,占调查总人数的38.8%和44.1%,选择有政府背景的人才市场培训机构和社会职业中介举办的培训机构很少,分别占调查总数的12.2%和4.9%,社会职业中介举办的培训机构最不受欢迎(表3-13)。

表3-13 农民工教育培训机构需求

调查项目	男		女		合计	
	人数	比例/%	人数	比例/%	人数	比例/%
有政府背景的人才市场培训机构	65	13.8	43	10.5	108	12.2
企业或行业协会培训机构	201	42.7	188	45.7	389	44.1
正规的职业院校培训机构	181	38.4	161	39.2	342	38.8
社会职业中介举办的培训机构	24	5.1	19	4.6	43	4.9

从不同性别、不同年龄、不同学历层次三方面的分析来看，几乎没有差异。座谈中，农民工表示最愿意到企业和行业举办的培训机构参加培训，因为在企业和行业培训机构培训最具有实用价值，学会就能用，紧跟工作实际，甚至有的就在工作岗位上培训，实践机会比较多，美中不足的是光会操作，至于为什么不清楚，不利于技能的提高；而正规的职业院校可信度比较高；既有理论又有实践，但和在企业培训相比实践相对少一些，操作的机会少，不利于动手能力的提高，相反，学到的理论多了一些，弥补了在企业或行业培训机构培训的不足。至于有政府背景的人才市场培训机构和社会职业中介举办的培训机构，培训费用相对比前边的两类培训费用高，同时效果也不是十分好，多数是以营利为目的，农民工多不愿到这两类培训机构参加培训。

七、农民工对教育培训重要性的认识

农民工对学习的重要性认识不足，认为参加培训没有用处的占38.5%，认为越来越重要的占43.7%，认为是一种投资的占14.2%，不知道的占3.6%。从男女性别对比分析来看，男性认为参加学习越来越重要占的比例较多，占男性总数的55.0%，而女性认为参加学习没有用处的多，占女性总数的56.2%。另外，男性有23.1%的人认为学习没有用处，有17.0%的人认为是一种投资，女性有30.7%的认为越来越重要，有10.9%的人认为是一种投资（表3-14）。

表3-14 不同性别农民工对教育培训重要性认识

调查项目	男		女		合计	
	人数	比例/%	人数	比例/%	人数	比例/%
没有用处	109	23.1	231	56.2	340	38.5
越来越重要	259	55.0	126	30.7	385	43.7
是一种投资	80	17.0	45	10.9	125	14.2
不知道	23	4.9	9	2.2	32	3.6

从不同年龄段农民工比较分析来看，20岁以下的农民工认为培训没有用处的比例大，占49.2%，认为越来越重要的占30.2%，认为是一种投资的占18.3%。21~25岁和26~30岁的农民工认为越来越重要，分别占调查人数的46.4%和49.8%，认为没有用处的分别占35.2%和35.5%。而31岁以上年龄段的农民工认为没有用处的占比例比较大，占44.2%，认为越来越重要的占35.0%。这可能是因为20岁以下的农民工刚刚从校门走出来，刚开始接触社会，对社会了解还不够，没有充分认识到学习的重要性，而21~30岁的农民工基本上都接触社会3年以上，他们在工作中逐渐认识到知识的重要性，越来越认识到没有知识在社会上基本只能从事最基层的靠出卖体力的工作，要想改变现状，提高工资待遇，过上美好的生活，必须提高自己的综合素质，教育在其中起到了至关重要的作用，因此，他们认为学习越来越重要。过了而立之年的农民工，一部分人已

经创建了自己的事业，学习对他们来说已经是过去式，对他们来讲学习不是最重要的了（表3-15）。

表3-15 不同年龄段农民工教育培训重要性

调查项目	20岁以下		21~25岁		26~30岁		31岁以上	
	人数	比例/%	人数	比例/%	人数	比例/%	人数	比例/%
没有用处	62	49.2	123	35.2	102	35.5	53	44.2
越来越重要	38	30.2	162	46.4	143	49.8	42	35.0
是一种投资	23	18.3	58	16.6	30	10.5	14	11.7
不知道	3	2.4	6	1.7	12	4.2	11	9.2

从不同学历层次的农民工比较分析来看，对培训的重要性认识呈现出一定的规律，即学历高的和学历低的都不重视，学历不高不低的相对比较重视，小学及以下、专科及以上学历层次的农民工不重视培训工作，分别占调查总数的48.8%和57.1%，而初中、高中高职中专学历层次的农民工非常重视培训工作，认为学习越来越重要的分别占47.0%和57.0%，这可能小学文化的农民工在工作中从事的是最基层的靠体力的工作，没有任何技术含量，不需要任何技术，因此他们认为学习不重要，专科生所学的知识能够满足他们从事的工作，因此也不需要学习，相反，初中生和高中生部分人从事的是技术工作，需要不断的充实文化知识，才能更好地适应工作，因此他们需要学习（表3-16）。

表3-16 不同学历层次的农民工教育培训重要性

调查项目	小学及以下		初中		高中（高职、中专）		专科及以上	
	人数	比例/%	人数	比例/%	人数	比例/%	人数	比例/%
提高学历	42	48.8	116	33.2	73	28.5	109	57.1
提高技能	23	26.7	164	47.0	146	57.0	52	27.2
更新观念	16	18.6	60	17.2	26	10.2	23	12.0
扩大交往	5	5.8	9	2.6	11	4.3	7	3.7

虽然农民工相对较重视培训工作，但通过对"您属于哪一种学习状态"问题的调查，经常学习的只占10.1%，偶尔学习的占8.6%，需要时候学习的占12.3%，有学习想法但没有实施的占36.8%，很少有学习想法的占32.2%。也就是说，大部分农民工没有真正地进入学习状态，这可能和他们繁忙的工作有关，有的农民工一天工作在10小时以上，没有双休日，没有节假日，调查数据表明，农民工每天工作8小时的只占总数的10.7%，工作在9~10小时的占49.4%，工作在11~12小时的占33.3%，还有6.6%的人工作在12小时以上，严重地超过了劳动法规定的每天工作时间，虽然他们也知道每天应该工作8小时，但为了多挣些钱，他们只好不得已而为之。

八、农民工教育培训投资情况调查

据调查,绝大多数农民工不愿意自己花钱参加培训,这类人占调查人数的70%左右,不论是从不同性别、不同学历层次还是从不同年龄段进行比较分析,都会得出同样的一个结果,这说明虽然他们有培训的需求,有参加培训的愿望,但让他们自己出钱去参加培训,非常不容易,这也是目前我国农民工素质一直不能得到提升的一个非常重要的原因,这可能和他们的工资待遇低有直接关系。对于"如果给你一笔资金,您最想做的是什么"问题的回答也证实了前面的结论,其中选择"继续上学"的占65.6%,选择"自己创业"的占18.3%,选择"日常消费"的占13.8%。对于自主创业最大障碍的认识上,仍有79.4%的人选择了"专业知识不够",选择"资金不足""经验不足""社会关系缺乏""不敢冒风险"等选项的总共不足20%。可见教育投资市场制约农民工教育培训的瓶颈(表3-17)。

表3-17 农民工教育培训投资意愿

调查项目	男		女		合计	
	人数	比例/%	人数	比例/%	人数	比例/%
愿意	76	16.1	63	15.3	139	15.8
不愿意	332	70.5	276	67.2	608	68.9
有用就参加	63	13.4	72	17.5	135	15.3

九、社会对农民工教育供给情况调查

在调查中还设计了"您所在单位重视职工培训吗"这样的一个调查问题,选择"重视,经常培训"的只占15.6%,选择"偶尔培训"的占16.7%,其余的人都选择了"不重视,从来不培训",占调查总数的71.3%。从对不同性质的单位的统计分析来看,对农民工培训重视程度有很大差异,总体上讲,政府机关、事业单位和国有企业非常不重视对农民工的培训,他们选择"不重视,从来不培训"的分别占调查人数的92.3%、91.0%和90.4%,而合资企业和私营企业对农民工的培训相对较重视,选择"重视,经常培训"的分别占20.8%和20.4%,选择"偶尔培训"的占25.6%和21.3%。结果的产生和单位的性质有很大关系,政府机关、事业单位和国有企业相对来讲人才比较多,单位比较好,一般招聘那些学历层次高、综合素质好的优秀大学毕业生,而农民工在这些单位从事的都是一些服务性的工作,要求技术含量不高,需要体力多的较低层次的工作,如单位的勤杂人员、服务人员及卫生清扫人员。而合资企业和私营企业,虽然每年也都招聘大量的优秀大学毕业生充实到企业中去,但这些人员大部分是技术人员和企业管理人员,真正到生产一线的人员不多,在生产一线的多数人员是职业院校的毕业生和农民工,应该说农民工是许多生产企业的主力军,他们需要农民工为他们创造价值,农民工的素质，技术掌握情况直接关系到这些企业的利益，为此他们比较重视农民工素质的提高（表3-18）。

表3-18　不同性质单位对农民工教育培训重视程度

调查项目		重视，经常培训	不重视，从来不培训	偶尔培训
政府机关	人数	3	60	2
	比例/%	4.6	92.3	3.1
事业单位	人数	3	71	4
	比例/%	3.8	91.0	5.1
国有企业	人数	8	122	5
	比例/%	5.9	90.4	3.7
合资企业	人数	35	90	43
	比例/%	20.8	53.6	25.6
私营企业	人数	89	254	93
	比例/%	20.4	58.3	21.3

通过调查表明农民工在教育培训就业方面具有以下需要，得出以下结论。

1. 农民工具有强烈的学习愿望　　从男女不同性别对比分析来看，男性对教育需求比女性更强烈；从对不同年龄段的农民工对比分析来看，随着年龄的增长，农民工对教育培训的需求越来越强烈；从不同学历层次对比分析来看，初中、高中（高职、中专）毕业的农民工对教育培训的需求相对更强烈些，小学以下文化和专科以上学历的对教育培训的需求较低；从外出务工年限不同分析来看，随着外出务工年限的增加，教育培训的需求越来越强烈。

2. 农民工对教育培训内容的需求　　农民工对技术的需求及对法律知识的渴望远比文化教育、生活常识和休闲娱乐强烈（王祥兵，2012）；从男女性别不同进行对比分析来看，男性对专业技术需求相对更多些，女性对于法律法规方面知识的需求更多些；从不同学历层次对比分析来看，高中（高职、中专）毕业、初中学历层次的农民工对专业技术需求的更多些，小学及以下学历人员对生活常识需求的更多些，而专科及以上学历层次人员对法律法规知识需求的更多些。

3. 农民工对培训时间的要求　　农民工对教育培训时间要求比较苛刻，一般希望安排在休息时间，且每个培训的周期最好不超过5天，在培训时间段选择上都不希望安排在上班时间，其中有近1/3的人不能确定自己的培训时间段，希望在双休日培训的人员最多，但女性不希望安排在晚上培训。

4. 农民工对培训方式上需求　　他们首先比较倾向于边学边实践的培训方式，其次是多媒体教学，最不受认可的是传统的课堂教学模式。不同性别、不同学历层次、不同年龄段之间没有明显的差异。

5．农民工参加教育培训目的调查　新生代农民工参加教育培训都有非常明确的目的。从男女不同性别对比分析来看，男性参加教育培训主要是为了提高技能，而女性主要是为了提高学历层次；从不同学历层次对比分析来看，小学及以下学历的农民工主要是为了提高技能，初中学历层次的人主要是为了提高交往能力；高中（高职、中专）学历的人主要是为了提高学历层次；从不同年龄段的农民工对比分析来看，20岁以下的农民工，主要是为了提高技能，21~25岁人员主要是为了提高学历和提高技能，26~30岁人员主要是为了更新观念，而立之年的农民工，在重视更新观念的同时，也重视扩大交往、提高技能和提高学历。

6．农民工对教育培训机构的选择　正规的职业院校培训机构和企业或行业协会培训机构都比较被农民工认可，而社会职业中介举办的培训机构、有政府背景的人才市场培训机构最不受欢迎。从不同性别、不同年龄、不同学历层次的对比分析来看，没有差异。

7．农民工对教育培训的重要性认识调查　多数农民工认为教育培训越来越重要。从男女对比分析来看，男性认为教育培训越来越重要的比女性多；从不同年龄段的农民工对比分析来看，20岁以下的农民工认为培训没有用处的占比例大，21~25岁和26~30岁的农民工认为越来越重要，31岁以上年龄段的农民工认为没有用处的占比例比较大；从对不同学历层次的农民工比较分析来看，小学及以下、专科及以上学历层次的农民工人认为教育培训不重要，而初中、高中（高职、中专）学历层次的农民工认为培训越来越重要。

8．对农民工自己花钱参加教育的调查　绝大多数农民工不愿意自己花钱参加教育培训，从不同性别、不同年龄、不同学历层次等方面对比分析，没有差异。

9．单位对农民工培训供给情况　不同单位对农民工教育培训重视程度不同，其中政府机关、事业单位和国有企业非常不重视对农民工的培训，而合资企业和私营企业对农民工的培训相对较重视。

第三节　农民工社会保障需求

一、农民工对从事工作满意度

农民工对自己所从事的工作满意度不高，只有19.3%的农民工对自己目前的工作满意和非常满意；38.8%的农民工认为自己的工作一般；41.9%的农民工对自己目前所从事的工作不满意和非常不满意。总体上来说，绝大多数农民工对自己当前所从事的工作不满意。从男女对比分析来看，总体上女性对自己的工作满意度高于男性，不满意度要低于男性，这可能是因为女性多从事服务性质的工作，一般待遇较高，工作环境和工作条件相对比男性从事的工作要好（表3-19）。

表3-19 农民工工作满意度

调查项目	男		女		合计	
	人数	比例/%	人数	比例/%	人数	比例/%
非常满意	23	4.9	19	4.6	42	4.8
满意	46	9.8	82	20.0	128	14.5
一般	189	40.1	153	37.2	342	38.8
不满意	156	33.1	137	33.3	293	33.2
非常不满意	57	12.1	20	4.9	77	8.7

二、农民工和单位签订劳动合同情况

农民工和用人单位整体签订劳动合同的比例不高，在调查的882名农民工中，和用人单位签订劳动合同的只有171人，占调查总数的19.4%，尚未签订劳动合同的711人，占调查总数的80.6%。从男女对比分析来看，男性签订劳动合同的比例要高于女性10多个百分点，这说明女性在求职过程中处于不利地位。在和农民工座谈时，他们表示，好多单位不愿意和他们签订劳动合同，这样可以规避由于签订劳动合同给单位带来的相应法律责任。有部分农民工由于对自己目前工作不满意，不愿意和单位签劳动合同，怕签订了劳动合同后在离职时受到限制，这表明了农民工对我国2008年颁布实施的《劳动合同法》不了解，劳动合同法规定，只要劳动者提前一个月以书面形式通知用人单位就可以解除劳动合同，解除劳动合同的权利在劳动者，而不是像1994年颁布的《劳动法》规定的那样，解除劳动合同的权利在用人单位，要求劳动者履行提前通知的义务。其实，农民工完全不必担心，和单位签订劳动合同对他们的权利保障会更好，出现各种情况更便于依靠法律的途径来解决（袁梅，2013）。通过对劳动合同法签订期限调查，绝大多数人和用人单位签订1年劳动合同，少数人签2年劳动合同，基本上没有任何人和单位签订3年或3年以上的劳动合同（表3-20，3-21）。

表3-20 农民工和单位签订劳动合同

调查项目	男		女		合计	
	人数	比例/%	人数	比例/%	人数	比例/%
已签订劳动合同	126	26.8	45	10.9	171	19.4
尚未签订劳动合同	345	73.2	366	89.1	711	80.6

表3-21　农民工和单位签订劳动合同期限

调查项目	男		女		合计	
	人数	比例/%	人数	比例/%	人数	比例/%
1年	103	81.7	32	71.1	135	78.9
2年	23	18.3	13	28.9	36	21.1
3年及以上	0	0	0	0	0	0
无固定期限	0	0	0	0	0	0

三、农民工生活情况

调查结果表明住在单位宿舍和临时工棚的农民工分别占农民工总数的34.2%和34.4%，自己租房和同别人合租的占25%左右，而自己买房的所占比例非常小，只占6.2%。从男女对比分析来看，45.4%的男性在临时工棚，46.0%的女性在单位宿舍（表3-22）。从居住面积来看，73.1%的农民工居住面积在10m^{2}以下，居住面积在10~20m^{2}的占调查总数的22.3%，居住面积在21~40m^{2}的占调查总数的4.5%，没有人居住面积超过40m^2。从男女对比分析来看，女性居住面积在10~20m^{2}的要比男性高出近10个百分点（表3-23）。

表3-22　农民工居住情况

调查项目	男		女		合计	
	人数	比例/%	人数	比例/%	人数	比例/%
和朋友合租	36	7.6	45	10.9	81	9.2
自己租房	85	18.0	56	13.6	141	16.0
自己买房	23	4.9	32	7.8	55	6.2
住单位宿舍	113	24.0	189	46.0	302	34.2
住临时工棚	214	45.4	89	21.7	303	34.4

表3-23　农民工居住面积

调查项目	男		女		合计	
	人数	比例/%	人数	比例/%	人数	比例/%
10m^{2}以下	356	75.6	289	70.3	645	73.1
10~20m^2	88	18.7	109	26.5	197	22.3
21~40m^2	27	5.7	13	3.2	40	4.5
40m^{2}以上	0	0	0	0	0	0

通过把农民工在务工地的居住条件和与家乡居住条件对比分析，100%的农民工一致认为在务工地的居住条件远远不如在家乡居住条件好，其中人均占有居住面积是最主要的问题。对居住状况比较满意的占4.0%，满意的占16.4%，不满意的占53.4%，非常不满意的占26.2%。从男女对比分析来看，女性的满意度要高于男性，女性认为比较满意和满意的分别占5.6%和21.7%，男性占2.5%和11.9%，女性比男性满意度高12.9个百分点。而男性不满意和非常不满意的分别比女性高7.5和5.3个百分点（表3-24，表3-25）。

表3-24 农民工在务工地居住情况与在家乡居住情况对比

调查项目	男		女		合计	
	人数	比例/%	人数	比例/%	人数	比例/%
比以前好	0	0	0	0	0	0
不如以前好	471	100.0	411	100.0	882	100.0
差不多	0	0	0	0	0	0
说不清	0	0	0	0	0	0

表3-25 农民工居住状况满意度

调查项目	男		女		合计	
	人数	比例/%	人数	比例/%	人数	比例/%
很满意	0	0.0	0	0.0	0	0.0
比较满意	12	2.5	23	5.6	35	4.0
满意	56	11.9	89	21.7	145	16.4
不满意	268	56.9	203	49.4	471	53.4
非常不满意	135	28.7	96	23.4	231	26.2

四、户籍制度对农民工生活的影响

户籍制度对农民工生活影响很大，在882名被调查者中，有145人认为户籍制度对农民工的影响非常大，占调查总数的16.4%，有450人认为影响比较大，占调查总数的51.0%，认为影响一般的有191人，占调查总数的21.7%，认为影响比较小和非常小的只占7.5%和2.5%，也就说只有约10%的农民工认为户籍制度对其生活影响小，可见户籍制度是影响农民工生活的一个主要的政策因素（表3-26）。

表3-26 户籍制度对农民工生活影响

调查项目	男		女		合计	
	人数	比例/%	人数	比例/%	人数	比例/%
非常大	79	16.8	66	16.1	145	16.4
比较大	256	54.4	194	47.2	450	51.0
一般	108	22.9	83	20.2	191	21.7
比较小	20	4.2	46	11.2	66	7.5
非常小	4	0.8	18	4.4	22	2.5
没有影响	4	0.8	4	1.0	8	0.9

五、农民工子女在城里受教育的需求

农民工子女教育问题是评价农民工城市融合的一个重要指标，也是限制农民工融入城市的一个主要因素。为此针对农民工子女教育问题设计了四个问题：一是子女在哪入学，二是孩子是否享受到了和务工地子女同样的教育机会，三是能否承担子女在务工地的读书费用，四是对享受务工地的教育资源的满意度。73.2%的农民工想把自己的子女送到务工地的学校接受教育，他们说，"虽然在务工地上学的学校不是最好的，但和家乡的学校相比要好得多，我们想让孩子多学些知识，争取考上大学，不要像我们这样，没有文化，给人打工，干脏活、累活、城里人不愿意干的活"。虽然他们希望自己的子女能够接受到城里的好的教育条件，但他们也有自己的担忧，有53.7%的人认为享受不到和城里的孩子同等的教育资源，这确实是事实，尽管几年来国家采取多项措施尽最大努力解决农民工子女在城市接受教育问题，在城里建立了农民工子女学校，但我国农民工进城人数较多，城里的学校一下子满足不了众多的农民工子女上学。有关农民工子女教育费用问题，认为自己能承担的占18.0%，差不多的占44.3%，认为不能承担的占34.8%（高玉峰等，2012）。总体上讲，农民工对教育资源的享受上表示不满意和很不满意的，占调查人数的70.1%，认为满意和比较满意的只占22.0%（表3-27～表3-30）。可见农民工子女教育问题是制约农民工城市化的一个重要因素，应引起有关部门的高度重视。

表3-27 农民工子女入学地点选择

调查项目	男		女		合计	
	人数	比例/%	人数	比例/%	人数	比例/%
务工地	359	76.2	287	69.8	646	73.2
家乡	86	18.3	95	23.1	181	20.5
不确定	26	5.5	29	7.1	55	6.2

表3-28 农民工子女是否享受到和务工地孩子同样的教育机会

调查项目	男		女		合计	
	人数	比例/%	人数	比例/%	人数	比例/%
享受到同样教育机会	189	40.1	156	38.0	345	39.1
享受不到同样教育机会	236	50.1	238	57.9	474	53.7
不知道	46	9.8	17	4.1	63	7.1

表3-29 农民工能否承担子女在务工地的教育费用

调查项目	男		女		合计	
	人数	比例/%	人数	比例/%	人数	比例/%
能承担	86	18.3	73	17.8	159	18.0
不能承担	169	35.9	138	33.6	307	34.8
差不多	208	44.2	183	44.5	391	44.3
说不清	8	1.7	17	4.1	25	2.8

表3-30 农民工对享受务工地的教育资源满意度

调查项目	男		女		合计	
	人数	比例/%	人数	比例/%	人数	比例/%
很满意	0	0.0	0	0.0	0	0.0
比较满意	16	3.4	23	5.6	39	4.4
满意	83	17.6	72	17.5	155	17.6
不满意	289	61.4	254	61.8	543	61.6
很不满意	47	10.0	28	6.8	75	8.5
不知道	36	7.6	34	8.3	70	7.9

六、农民工参加社会保险情况

(一) 单位为农民工缴纳五险一金情况

从表3-31可以看出,单位为农民工缴纳各种保险和住房公积金情况不乐观。单位普遍重视农民工的工伤保险,在调查的882人中,单位为418名农民工缴纳了工伤保险,占调查总人数的47.4%，其中为男性缴纳的比例高达61.4%，这和男性的工作性质有关，他们一般都从事体力活，工作危险性较大，企业一般为了降低自己的风险，主动为员工购买工伤保险。其次是医疗保险，占据调查总人数的21.9%，有关养老保险、生育保险、失业保险，单位为其购买的都比较少，有352人，占调查总人数的39.9%选择了单位没有为其购买任何保险。有关住房公积金缴纳情况更不乐观，由于住房公积金是由单位和员工共同缴纳，缴纳的数额较大，且单位缴纳占60%，导致绝大多数单位不愿意为员工缴纳住房公积金，调查中选择单位为员工缴纳住房公积金的只有51人，占调查总数的5.8%，住房公积金缴纳比例低的另一原因是员工自己不愿意缴纳，由于农民工自身工资本来就低，缴纳了住房公积金后剩余的工资会更低，再有，我国目前对公积金管理还不十分完善，公积金的接转问题还没有得到很好的解决，降低了其缴纳的积极性（表3-31）。

表3-31 单位为农民工缴纳社会保险和住房公积金情况

调查项目	男		女		合计	
	人数	比例/%	人数	比例/%	人数	比例/%
养老保险	38	8.1	21	5.1	59	6.7
工伤保险	289	61.4	129	31.4	418	47.4
失业保险	35	7.4	18	4.4	53	6.0
医疗保险	103	21.9	82	20.0	185	21.0
生育保险	21	4.5	38	9.2	59	6.7
完全没有缴纳	183	38.9	169	41.1	352	39.9
住房公积金	23	4.9	28	6.8	51	5.8

（二）农民工就医情况

通过对农民工生病就医情况调查研究表明，农民工生病后一般不到医院去治病，采取能忍则忍的办法。84.3%的男性和89.5%的女性在得了小病一般不去医院就医，得了小病能到医院就医的只占13.3%。如果得了大病24.8%的男性和18.0%的女性去医院就医，其中还包括10.4%的男性和6.1%的女性回到家乡的医院就诊，有78.3%的农民工想去就医，但是由于承受不起医药费用而不去医院就医（表3-32）。可见，农民工的医疗状况比较差，最基本的医疗得不到保障。

表3-32 农民工就医情况

调查项目	男		女		合计	
	人数	比例/%	人数	比例/%	人数	比例/%
小病能忍一般不去医院	397	84.3	368	89.5	765	86.7
小病去药店买药解决	74	15.7	43	10.5	117	13.3
大病时想就医但医药费高	354	75.2	337	82.0	691	78.3
大病去医院就医	68	14.4	49	11.9	117	13.3
大病回家乡就诊	49	10.4	25	6.1	74	8.4

（三）农民工对五险一金需求

"如果单位和个人各缴纳一部分费用，您是否愿意参加养老保险"，男性有256人选择了"愿意"，占调查总数的54.4%，女性有235人选择了"愿意"，占调查总数的57.2%。但还有185人选择了"不愿意"，占调查总数的21.0%，有206人选择了"没考虑过"，占调查总数的23.4%。可见多数人对于参加养老保险的积极性还是高的，其中没有考虑过的人可能是对我国的养老保险政策不了解。

工伤保险：调查发现农民工对工伤保险入保积极性非常高，96.8%的人选择了"愿意"，除此之外，有3.2%的人选择没考虑过，这可能和工伤保险不需要个人缴纳任何费用有直接关系（表3-33）。

生育保险：和工伤保险一样，农民工对生育保险入保积极性也非常高，97.5%的人选择了"愿意"，0.9%的人选择"不愿意"，剩下的1.6%的人没有考虑，这也可能和生育保险不需要农民工个人缴纳费用有直接关系（表3-33）。

医疗保险：和生育保险、工伤保险相比，农民工参加医疗保险的积极性有所下降，愿意自己缴纳部分的只占调查总数的77.3%，有9.0%的人选择"不愿意"，还有13.7%的人选择了"没考虑过"。但愿意缴纳医疗保险的人数比愿意缴纳养老保险的人数多，高出约22个百分点。正如农民工所讲，医疗保险缴纳得少，见效快，当年有病就能通过保险解决一部分，而养老保险要等到60岁以后才能有回报，本来现在的工资就低，不够花，60年以后不知道形势会发展成什么样（表3-33）。

失业保险：农民工普遍对失业保险投保积极性不高，只有23.2%的人愿意缴纳，66.3%的人不愿意缴纳，还有10.4%的人没有考虑过（表3-33）。

住房公积金：农民工对住房公积金缴纳的积极性非常低，只有27.8%的人愿意缴纳住房公积金，61.5%的人不愿意缴纳，10.8%的人没有考虑过。究其原因和养老保险类似，农民工表示，虽然有想在城市购买住房的愿望，但凭目前的工资水平很难在城市购买住房，缴纳住房公积金也没有用，还不如将微薄的工资用在急需要钱的地方（表3-33）。

表3-33 农民工对五险一金需求

调查项目		男		女		合计	
		人数	比例/%	人数	比例/%	人数	比例/%
养老保险	愿意	256	54.4	235	57.2	491	55.7
	不愿意	96	20.4	89	21.7	185	21.0
	没考虑过	119	25.3	87	21.2	206	23.4
工伤保险	愿意	456	96.8	398	96.8	854	96.8
	不愿意	0	0.0	0	0.0	0	0.0
	没考虑过	15	3.2	13	3.2	28	3.2
生育保险	愿意	449	95.3	411	100.0	860	97.5
	不愿意	8	1.7	0	0.0	8	0.9
	没考虑过	14	3.0	0	0.0	14	1.6
医疗保险	愿意	329	69.9	353	85.9	682	77.3
	不愿意	67	14.2	12	2.9	79	9.0
	没考虑过	75	15.9	46	11.2	121	13.7
失业保险	愿意	107	22.7	98	23.8	205	23.2
	不愿意	289	61.4	296	72.0	585	66.3
	没考虑过	75	15.9	17	4.1	92	10.4
住房公积金	愿意	109	23.1	136	33.1	245	27.8
	不愿意	288	61.1	254	61.8	542	61.5
	没考虑过	74	15.7	21	5.1	95	10.8

（四）农民工失业期间生活

通过对农民工在失业期间生活情况调查表明，我国的失业保险在农民工中没有起到任何作用。调查的问题是"如果失业了，您在失业期间靠什么生活"。78.1%的人选择了"靠以前积攒的钱维持生活"，其中女性高于男性15个百分点，14.3%的人选择了"靠向朋友同事借钱生活"，其中男性高于女性约11个百分点，7.6%的人选择了"靠亲戚朋友接济生活"，而选择"靠失业保险生活"和"靠单位发给的失业补偿"的为0。由此可见，农民工的社会保障极差，这也是制约其社会融合的重要原因之一（表3-34）。

表3-34 农民工失业期间生活情况

调查项目	男		女		合计	
	人数	比例/%	人数	比例/%	人数	比例/%
靠亲戚朋友接济生活	46	9.8	21	5.1	67	7.6

续表

调查项目	男		女		合计	
	人数	比例/%	人数	比例/%	人数	比例/%
靠以前积攒的钱维持生活	335	71.1	354	86.1	689	78.1
靠朋友同事借钱生活	90	19.1	36	8.8	126	14.3
靠失业保险生活	0	0	0	0	0	0
靠单位发给的失业补偿	0	0	0	0	0	0

第四节 农民工精神文化生活需求

对农民工主要从事的服务业、制造业、建筑业和事业单位四个行业进行了30个指标的调查。30个指标包括经济方面如经济收入、家庭负担等；农民工自身条件如年龄条件、务工年限、身体状况、个人素质、精神状况、文化程度、个人兴趣、性别差异等；企业工作环境如单位性质、工作时间、企业文化、社会保障、单位领导、单位条件、工作性质等；居住环境如社区供给、居住地点、社区文化、生活环境、户籍制度、交往对象、婚姻状况、社会环境、社会地位等；家族关系如生育愿望、朋友关系等；个人城市发展意愿如个人需求、居住条件、大众传媒（高玉峰等，2013）。

一、灰色关联分析过程

通过对影响农民工精神文化生活质量的30个指标数据整理，按影响非常大、影响较大、一般、影响较小、影响非常小分为5个等级，依次计为5分、4分、3分、2分、1分。将调查结果进行加权平均，运用灰色关联分析方法分别获得无量纲化表、灰色关联系数ζ和灰色关联度r_i。按灰色关联度r_i大小进行排序，值越大，说明该比较序列对农民工的精神文化需求的影响越大。

二、影响农民工精神文化需求的灰色关联分析方法

（一）确定参考序列和比较序列

本文选取能反映农民工精神文化需求影响的行为特征的数据序列作为比较序列，即表3-35中的影响因子一列的内容如加工时间、工作性质、单位性质等30个指标，所对应数值为调查指标所得的加权平均数，以所有指标对农民工精神文化需求影响非常大为参考序

列，即数值均为5分。其中，表3-35中Y1表示服务业农民工，Y2表示制造业农民工，Y3表示建筑业农民工，Y4表示事业单位农民工。

表3-35 主要影响因子的原始数据

影响因子	Y1	Y2	Y3	Y4
工作时间	4.077	4.091	4.071	4.333
工作性质	3.077	3.091	3.286	3.167
单位性质	2.846	2.909	3.071	3.083
务工年限	2.154	2.182	2.429	2.333
经济收入	4.385	4.364	4.214	3.667
婚姻状况	3.154	3.182	2.929	2.833
居住地点	3.923	3.909	3.714	3.583
居住条件	2.692	2.545	2.857	2.667
社会地位	2.846	2.909	2.857	3.083
交往对象	3.231	3.182	2.929	3.083
文化程度	2.846	2.727	2.857	2.583
身体状况	3.077	2.909	2.857	2.833
精神状况	2.692	2.545	2.643	2.583
个人兴趣	2.462	2.545	2.571	2.833
年龄条件	2.308	2.364	2.357	2.417
性别差异	2.385	2.364	2.571	2.417
生育愿望	2.538	2.818	2.786	2.417
个人需求	2.615	2.818	2.643	2.667
个人素质	2.846	3.091	2.714	2.833
家庭负担	3.923	3.455	3.429	3.667
生活环境	3.769	3.545	3.571	3.167
单位条件	3.692	3.818	3.643	3.583
单位领导	3.769	3.909	3.857	3.917
企业文化	4.154	4.182	3.929	4.167
社区供给	3.769	3.909	3.929	3.667
社区文化	3.462	3.636	3.643	3.667
社会保障	3.846	4.182	3.857	4.083
户籍制度	3.385	3.455	3.357	3.417
社会环境	2.923	3.182	3.071	2.917
大众传媒	2.615	2.909	2.643	2.833

（二）无量纲化处理

无量纲化的数据处理就是将各比较序列与参考序列进行比较，找到一个参考值，便于数据之间进行比较。按下列公式进行计算，即表3-35中各影响因子的数值均除以5，得到表3-36的数值。

$$x_i(k) = \frac{x_i(k)}{x_i(m)}, k = 1,2,3,\cdots,n; i = 0,1,2,3,\cdots,m$$

表3-36 无量纲化表

影响因子	Y1	Y2	Y3	Y4
工作时间	0.815	0.818	0.814	0.867
工作性质	0.615	0.618	0.657	0.633
单位性质	0.569	0.582	0.614	0.617
务工年限	0.431	0.436	0.486	0.467
经济收入	0.877	0.873	0.843	0.733
婚姻状况	0.631	0.636	0.586	0.567
居住地点	0.785	0.782	0.743	0.717
居住条件	0.538	0.509	0.571	0.533
社会地位	0.569	0.582	0.571	0.617
交往对象	0.646	0.636	0.586	0.617
文化程度	0.569	0.545	0.571	0.517
身体状况	0.615	0.582	0.571	0.567
精神状况	0.538	0.509	0.529	0.517
个人兴趣	0.492	0.509	0.514	0.567
年龄条件	0.462	0.473	0.471	0.483
性别差异	0.477	0.473	0.514	0.483
生育愿望	0.508	0.564	0.557	0.483
个人需求	0.523	0.564	0.529	0.533
个人素质	0.569	0.618	0.543	0.567
家庭负担	0.785	0.691	0.686	0.733
生活环境	0.754	0.709	0.714	0.633
单位条件	0.738	0.764	0.729	0.717
单位领导	0.754	0.782	0.771	0.783

续表

影响因子	Y1	Y2	Y3	Y4
企业文化	0.831	0.836	0.786	0.833
社区供给	0.754	0.782	0.786	0.733
社区文化	0.692	0.727	0.729	0.733
社会保障	0.769	0.836	0.771	0.817
户籍制度	0.677	0.691	0.671	0.683
社会环境	0.585	0.636	0.614	0.583
大众传媒	0.523	0.582	0.529	0.567
参考数列	1	1	1	1

（三）灰色关联系数 ξ 的计算

分别找出比较序列与参考序列的比值中的最大值和最小值，求参考数列与比较数列的灰色关联系数 ξ。从表3-36中Y1、Y2、Y3、Y4各列中分别找出最大值和最小值，计算出二者差值的绝对值，按下列公式进行计算，得到表3-37中的数值。

$x_0(k)$ 与 $x_i(k)$ 的关联系数 $\xi_i(k) = \dfrac{\min\limits_{i}\min\limits_{k}|y(k)-x_i(k)| + \rho\max\limits_{i}\max\limits_{k}|y(k)-x_i(k)|}{|y(k)-x_i(k)| + \rho\max\limits_{i}\max\limits_{k}|y(k)-x_i(k)|}$

设 $\Delta_i(k) = |y(k)-x_i(k)|$，则

$$\xi_i(k) = \dfrac{\min\limits_{i}\min\limits_{k}\Delta_i(k) + \rho\max\limits_{i}\max\limits_{k}\Delta_i(k)}{\Delta_i(k) + \rho\max\limits_{i}\max\limits_{k}\Delta_i(k)}$$

式中，ρ 为分辨系数，取值范围在0~1，通常取0.5。

表3-37　比较序列的灰色关联系数 ξ

影响因子	Y1	Y2	Y3	Y4
工作时间	0.868	0.873	0.866	0.975
工作性质	0.608	0.61	0.648	0.624
单位性质	0.568	0.578	0.607	0.609
务工年限	0.476	0.479	0.509	0.497
经济收入	1	0.99	0.922	0.738
婚姻状况	0.622	0.627	0.582	0.566
居住地点	0.814	0.81	0.751	0.716

续表

影响因子	Y1	Y2	Y3	Y4
居住条件	0.545	0.524	0.57	0.541
社会地位	0.568	0.578	0.57	0.609
交往对象	0.637	0.627	0.582	0.609
文化程度	0.568	0.55	0.57	0.529
身体状况	0.608	0.578	0.57	0.566
精神状况	0.545	0.524	0.538	0.529
个人兴趣	0.513	0.524	0.528	0.566
年龄条件	0.494	0.5	0.5	0.507
性别差异	0.503	0.5	0.528	0.507
生育愿望	0.523	0.564	0.559	0.507
个人需求	0.534	0.564	0.538	0.541
个人素质	0.568	0.61	0.548	0.566
家庭负担	0.814	0.685	0.679	0.738
生活环境	0.767	0.707	0.713	0.624
单位条件	0.745	0.781	0.732	0.716
单位领导	0.767	0.81	0.793	0.812
企业文化	0.898	0.909	0.816	0.903
社区供给	0.767	0.81	0.816	0.738
社区文化	0.687	0.73	0.732	0.738
社会保障	0.79	0.909	0.793	0.87
户籍制度	0.669	0.685	0.663	0.677
社会环境	0.581	0.627	0.607	0.58
大众传媒	0.534	0.578	0.538	0.566

（四）求关联度r_i

将Y1、Y2、Y3、Y4四个行业的灰色关联系数ξ按下列公式求取平均值即得表3-38中的数值。将影响因子的灰色关联度按数值大小进行排序，即可比较出农民工精神文化需求与30个影响因子间的关联程度大小。

$$r_i = \frac{1}{n}\sum_{k=1}^{n}\xi_i(k), k=1,2,3,\cdots,n$$

表3-38 影响因子关联度及排序

影响因子	灰色关联度	排序
工作时间	0.896	2
工作性质	0.623	13
单位性质	0.59	17
务工年限	0.49	30
经济收入	0.912	1
婚姻状况	0.599	15
居住地点	0.773	7
居住条件	0.545	23
社会地位	0.581	18
交往对象	0.614	14
文化程度	0.554	21
身体状况	0.581	18
精神状况	0.534	26
个人兴趣	0.533	27
年龄条件	0.5	29
性别差异	0.51	28
生育愿望	0.538	25
个人需求	0.544	24
个人素质	0.573	20
家庭负担	0.729	9
生活环境	0.703	11
单位条件	0.744	8
单位领导	0.795	5
企业文化	0.881	3
社区供给	0.783	6
社区文化	0.722	10
社会保障	0.841	4
户籍制度	0.674	12
社会环境	0.599	15
大众传媒	0.554	21

三、影响农民工精神文化生活质量的因素分析

影响农民工精神文化生活质量的因素与灰色关联度关系密切，关联度数值越大，说明关联程度越大。如果两因素的关联程度大于0.6，便认为其关联性显著，也就是说关联度大于0.6的因素是制约农民工精神文化生活质量的关键性因素。

在30项影响农民工精神文化生活质量因素中，经过统计分析，灰色关联度大于0.6的有14项，灰色关联度小于0.6的有16项。关联度小于0.6的16项因素分别是：婚姻状况、社会环境、单位性质、社会地位、身体状况、个人素质、文化程度、大众传媒、居住条件、个人需求、生育愿望、精神状况、个人兴趣、性别差异、年龄条件、务工年限；关联度大于0.6的14项因素依次为经济条件如经济收入、家庭负担；工作环境如单位领导、工作时间、社会保障、企业文化、单位条件等和居住环境、社区供给等。

（一）经济条件是影响农民工精神生活质量的首要因素

在筛选出的14项影响指标中，经济收入灰色关联度最高为0.912。对农民工月平均工资数据统计表明：月平均工资在1000元以下的农民工占6.9%，月平均工资在1001～1500元的农民工占13.2%，月平均工资在1501～2000元的农民工占总人数的35.0%，月平均工资2001～2500元的农民工比例为23.4%，月平均工资2501～3000元的农民工比例占11.5%，只有10.1%的农民工月工资超过3000元。除去日常开支，约80%的人每月能结余500元以上，结余在1000～1500元的人数最多，结余在1501～2000元的人占12%，结余2000元以上的仅占2.4%。经济基础决定上层建筑，工资水平不高和家庭负担重严重影响农民工的精神追求，他们在城市工作的目的还停留在解决生活生计问题，除去自己生活日常开支，需要把工资的大部分寄回老家，供养生活在家乡的父母和孩子。这对于他们融入城市成为城市人的愿望还有很大差距，因此他们大多数人对自己的工作现状不满意。特别是新生代农民工与传统的农民工相比，更是想要通过打工改变自己的生存现状，由单纯的生存需要转向精神生活的追求，他们想和城里年轻人一样追求更多的精神文化内容，但由于收入不多，扣除各种生活和居住开支以外，真正用于精神文化方面的消费已少得可怜，甚至几乎为零。因此，农民工较低的经济收入和沉重的家庭负担严重制约了农民工的精神文化生活质量。要想让农民工将来真正融入城市生活，就需要在政府提高最低工资标准的基础上，企业通过提高壮大自己的规模，为农民工工资收入的提高留出保证金，这样才有可能真正提高农民工的精神文化生活的质量。

（二）工作环境和状态直接决定农民工精神文化生活质量高低

农民工的工作环境特别是工作时间和工作性质对农民工精神文化生活质量的影响的灰色关联度分别为0.896和0.623，调查数据表明：农民工每天工作时间平均在9～12小时，特别是建筑业，法定节假日工作时间比市民长。农民工工作时长为8小时的占10.7%；每天工作9～10小时的占49.4%；工作时间11～12小时占33.3%；每天工作12小时

以上的占6.6%；双休日正常休息的占11.7%，26.0%的农民工每周只休息一天；62.4%的农民工没有双休日，或实行三班倒，没有固定的休息时间。国家法定节假日有57.6%的农民工没休息过，也没拿过双倍或三倍的工资；大多数农民工从事的工作属于繁重的体力劳动，体力超支再加上过长的劳动时间，以及休息时间也没有规律已经让农民工的精神文化生活受到了严重影响。

（三）企业文化间接影响农民工的精神文化生活质量

企业文化的灰色关联度系数为0.881，单位领导灰色关联系数为0.795，单位条件的灰色关联系数为0.744。从这三个方面看，农民工的工作单位对职工精神文化的重视程度，间接影响着农民工的精神文化生活质量。因为企业文化是一个企业的名片，是经过几任甚至几十任领导的建设才逐步形成的，体现了一个企业的价值观、信念、仪式、符号、处事方式，是一个企业特有的文化形象。企业文化不仅包含着现代经营理念，还包含着员工和管理层共同遵守的价值观，如英雄人物、企业环境、文化网络等。一个企业的管理者如果重视员工的精神文化生活如开办读书会、体育比赛、技能比赛、野餐会等，让员工通过这些活动增强凝聚力，同时调动员工的积极性、主动性、创造性，才能形成良好的企业文化。

（四）生活环境更是农民工精神文化生活的重要决定因素

除了工作单位要重视农民工的精神文化生活以外，农民工生活环境更是影响农民工精神文化生活质量的重要因素。一个家庭如果喜欢参与文化生活如读书、唱歌、跳舞等，可能在城市里更容易融入当地居民的环境中。通过关联分析表明，社区的文化氛围如居住地点的文化建设、交往对象的文化水平等都对附近的农民工的精神文化生活有重要的影响。一个家庭是社会的一个"细胞"，一个社区是社会的一个"组织"，社区环境关系到置身其中的家庭特别是农民工家庭精神生活质量高低。农民工通过参与到所住社区的文化活动，逐步提高自己的精神文化生活质量，才能真正地融入当地社区，融入当地居民的生活中。

（五）国家政策是提高农民工精神文化生活的根本保障

政府对农民工精神文化质量高低会提供制度保障，最低工资保障、社会保险保障、户籍制度改革、带薪休假等制度都会对提高农民工精神文化水平有促进作用，如社会保障的灰色关联度为0.841，排在第4位，户籍制度的灰色关联度为0.674，排在第12位。国家政策在满足和提高农民工精神文化生活质量中起着决定性的作用，一直是制约农民工社会融合的关键因素，同时也是制约农民工精神文化生活质量的关键因素。目前国家和各级政府正在制订这些保障农民工切身利益的制度，用人单位要为农民工购买"五险一金"，包括养老保险、工伤保险、生育保险、失业保险、医疗保险和住房公积金。对于城乡二元户籍制度,我国正在加快改革,农民工子女可以就近进入城里的公办学校上学,可以参加务工地的中高考等,这样才能逐步提高农民工的精神文化生活。

第五节　农民工融入城市的需求

农民工在城市融合中表现出四种身份,分别是:制度性身份、社会性身份、他人认同的身份和自我感知性身份,人的社会角色转换可以通过后天努力来实现,如自致角色,这点每个人包括农民工都可以做到,农民工可以通过自己的努力,由农民转变成市民,最终实现与城市的融合。

一、农民工城市适应性调查

调查表明,有100人选择了对城市生活适应,占调查人数的11.3%,有355人选择了"一般",占调查人数的40.2%,选择"不适应"的有363人,占调查总数的41.2%,选择"不知道"的有64人,占调查总数的7.3%。从男女对比分析来看,男性选择"适应"的比女性高7个百分点左右,而女性选择"一般"的比男性高近14个百分点,但男性选择"不适应"的比女性高14个百分点左右,总体上来看,男性对城市生活的适应性不如女性(表3-39)。从表3-40可以看出,不同文化水平的农民工的城市适应性有很大区别,总体上讲,专科及以上学历的农民工城市适应性较强,他们选择"适应"的占专科生总数的18.8%,选择"一般"的占55.0%,选择"不适应"的比例最低,占26.2%,而高中及以下学历层次的农民工选择"不适应"的所占比例最大,小学及以下、初中、高中(高职、中专)分别占同类群体的44.2%、49.3%和40.2%,可以说有近一半人员不适应城市生活,这足以说明农民工城市融合度还不高。

表3-39　农民工城市适应性

调查项目	男		女		合计	
	人数	比例/%	人数	比例/%	人数	比例/%
适应	68	14.4	32	7.8	100	11.3
一般	159	33.8	196	47.7	355	40.2
不适应	225	47.8	138	33.6	363	41.2
不知道	19	4.0	45	10.9	64	7.3

表3-40 不同文化水平农民工城市适应性

调查项目	小学及以下		初中		高中（高职、中专）		专科及以上	
	人数	比例/%	人数	比例/%	人数	比例/%	人数	比例/%
适应	12	14.0	23	6.6	29	11.3	36	18.8
一般	33	38.4	128	36.7	89	34.8	105	55.0
不适应	38	44.2	172	49.3	103	40.2	50	26.2
不知道	3	3.5	26	7.4	35	13.7	0	0.0

二、农民工人际交往情况

调查表明，有近一半的农民工没有务工地市民朋友，在务工地有1～5名市民朋友的占34.7%，有6～10名市民朋友的占11.5%，有11名以上市民朋友的占1.4%，可见农民工还没有和务工地的市民"打成一片"。在和农民工座谈时也得到了证明，他们绝大多数和自己的工友是朋友，而且多数工友来自农村，或者是自己的老乡，他们在城市的交往对象比较单一，没有融入市民生活中，仍然保留着家乡的生活习惯和文化特点。从男女对比分析来看，没有城市朋友的女性农民工所占比例更多些，占女性总数的57.7%，而男性占48.0%（表3-41）。农民工与市民关系总体上讲是不错的，他们认为和市民关系不好的共有30人，占调查总数的3.4%，认为比较好和很好的分别占10.7%和3.5%，有677人认为和市民的关系一般，占调查总数的76.8%，这可能是农民工和市民接触的机会不多，互相之间了解不深造成的（表3-42）。

表3-41 农民工是否有市民朋友

调查项目	男		女		合计	
	人数	比例/%	人数	比例/%	人数	比例/%
没有	226	48.0	237	57.7	463	52.5
1～5人	189	40.1	117	28.5	306	34.7
6～10人	56	11.9	45	10.9	101	11.5
11人以上	0	0.0	12	2.9	12	1.4

表3-42 农民工与附近居民关系

调查项目	男		女		合计	
	人数	比例/%	人数	比例/%	人数	比例/%
很不好	0	0	0	0	0	0

续表

调查项目	男		女		合计	
	人数	比例/%	人数	比例/%	人数	比例/%
不好	12	2.5	18	4.4	30	3.4
一般	356	75.6	321	78.1	677	76.8
比较好	56	11.9	38	9.2	94	10.7
很好	19	4.0	12	2.9	31	3.5
说不清	28	5.9	22	5.4	50	5.7

三、户籍制度对农民工生活的影响

16.4%的农民工认为户籍制度对其生活影响非常大，51.0%的农民工认为户籍制度对生活有较大影响，21.7%认为影响比较小，可见户籍制度是影响农民工生活的一个主要的政策因素（表3-26）。

四、农民工社会认同情况调查

（一）农民工自我认同情况

调查数据分析结果表明，有48.1%的农民工认为自己是城市人，有45.6%的人认为自己不是城市人，有6.3%的人不清楚。农民工对自己的认同远比市民对农民工的认同比例高，调查结果显示有74.0%的市民不认为农民工就是市民，调查得到证实，他们认为"农民工充其量是一个到城里混口饭吃的打工仔，他们和市民有很大的差别，在市里没有住房，流动性大，整体素质低，没有文化，享受不到市民的福利政策，他们仍保留着农民的传统的保守思想，文明程度差，不注意个人形象"（表3-43～表3-45）。

表3-43 农民工对自己是不是城市人的看法

调查项目	男		女		合计	
	人数	比例/%	人数	比例/%	人数	比例/%
是	186	39.5	238	57.9	424	48.1
不是	253	53.7	149	36.3	402	45.6
不清楚	32	6.8	24	5.8	56	6.3

表3-44 市民对农民工是不是城市人的看法

调查项目	男		女		合计	
	人数	比例/%	人数	比例/%	人数	比例/%
是	89	18.9	63	15.3	152	17.2
不是	356	75.6	297	72.3	653	74.0
不清楚	26	5.5	51	12.4	77	8.7

（二）市民对农民工的认同情况

随机选取119名市民，对以下个问题进行了问卷调查：①当农民工有困难时，您是否会提供帮助？②公共场所遇到农民工时，您如何做？③您是怎样看待农民工犯罪的？④您是否愿意自己的子女与农民工子女做同学？⑤您认为农民工子女是否享受到和本地孩子同样的教育机会？⑥很多农民工希望成为与您一样拥有本市户籍时，您如何看待？⑦您认为农民工是否应该享有与本地居民同等的政治权利和义务？⑧您认为农民工难融入本地社会的原因是什么？调查结果见表3-45～表3-46。在农民工有困难的时候，有80.7%的市民表示可以提供帮助，只有15.1%的人表示不会提供帮助，视情况而定的占4.2%，这说明市民对农民工非常友好。市民在公共场所遇到农民工时有59.7%的人表示无所谓，有24.4%的人选择了"敬而远之"，只有10.9%的人选择了"警惕"，这足以证明市民并不讨厌农民工，相反还有5.0%的人选择了"与之亲近"。

表3-45 市民在农民工有困难时是否提供帮助

调查项目	男		女		合计	
	人数	比例/%	人数	比例/%	人数	比例/%
会	48	77.4	48	84.2	96	80.7
不会	12	19.4	6	10.5	18	15.1
视情况而定	2	3.2	3	5.3	5	4.2
说不清	0	0	0	0	0	0

表3-46 市民在公共场所遇到农民工时态度

调查项目	男		女		合计	
	人数	比例/%	人数	比例/%	人数	比例/%
敬而远之	13	21.0	16	28.1	29	24.4
警惕	8	12.9	5	8.8	13	10.9
亲近	6	9.7	0	0.0	6	5.0
无所谓	35	56.5	36	63.2	71	59.7

从市民对农民工犯罪的看法上评价,有68.9%的人将其归结到农民工的素质低。市民对自己的子女与农民工子女做同学的调查上来看,有42.9%的市民选择了"无所谓",有17.6%的市民选择了"愿意",有12.6%的市民选择了"视情况而定",只有26.9%的市民选择了"不愿意",从男女对比分析来看,女性选择"不愿意"的要比男性高出25个百分点左右(表3-47、表3-48)。

表3-47 市民对农民工犯罪的看法

调查项目	男		女		合计	
	人数	比例/%	人数	比例/%	人数	比例/%
生活所迫	12	19.4	9	15.8	21	17.6
自身素质低	40	64.5	42	73.7	82	68.9
不知道	10	16.1	6	10.5	16	13.4

表3-48 市民是否愿意子女与农民工子女做同学

调查项目	男		女		合计	
	人数	比例/%	人数	比例/%	人数	比例/%
愿意	13	21.0	8	14.0	21	17.6
不愿意	9	14.5	23	40.4	32	26.9
视情况而定	6	9.7	9	15.8	15	12.6
无所谓	34	54.8	17	29.8	51	42.9

有一半的市民认为农民工子女没有享受到和市民子女同等的教育机会,认为享受到同等的教育机会的占33.6%(表3-49)。市民对农民工拥有城市户口比较认同的占34.5%,认为应该视情况而定的占31.9%,认为不可以的只占17.6%(表3-50)。同时42.6%的市民认为农民工应该和市民享有同等的权利和义务(表3-51)。市民普遍认为农民工融入城市难最主要的问题是自身素质原因,此外户籍制度等其他原因也起到了一定的作用(表3-52)。

表3-49 市民对农民工子女是否享受了与本地孩子同等教育的看法

调查项目	男		女		合计	
	人数	比例/%	人数	比例/%	人数	比例/%
享受到了同等的教育	21	33.9	19	33.3	40	33.6
没有享受到同等的教育	32	51.6	28	49.1	60	50.4
说不清楚	9	14.5	10	17.5	19	16.0

表3-50　市民对农民工拥有城市户口的看法

调查项目	男		女		合计	
	人数	比例/%	人数	比例/%	人数	比例/%
可以	23	37.1	18	31.6	41	34.5
视情况而定	16	25.8	22	38.6	38	31.9
不可以	9	14.5	12	21.1	21	17.6
无所谓	14	22.6	5	8.8	19	16.0

表3-51　市民对农民工享有与本地居民同等政治权利和义务的看法

调查项目	男		女		合计	
	人数	比例/%	人数	比例/%	人数	比例/%
应该	29	46.8	26	45.6	55	46.2
不应该	17	27.4	18	31.6	35	29.4
视情况而定	16	25.8	13	22.8	29	24.4

表3-52　农民工难融入本地社会原因

调查项目	男		女		合计	
	人数	比例/%	人数	比例/%	人数	比例/%
户籍制度	9	14.5	12	21.1	21	17.6
自身素质问题	33	53.2	26	45.6	59	49.6
本地人的排斥	5	8.1	6	10.5	11	9.2
其他	15	24.2	13	22.8	28	23.5

结果表明：目前农民工城市融合愿望十分强烈，制约农民工城市融合因素较多，导致农民工城市融合进程缓慢，城市融合度不高，但同时也应看到，存在农民工城市融合潜在的有利因素，将会加速我国农民工城市融合进程。

五、农民工城市融合制约因素分析

（一）就业和经济收入是制约农民工城市融合的最主要原因

一般市民和大学毕业生都在工资高、待遇好的部门工作，而那些工资低、待遇差的工作基本上都是由农民工来完成。因此，农民工一般在工资待遇低、劳动强度大、工作环境不好、需要劳动时间长的工作岗位上，单位不和他们签订劳动合同，工作没有保障，流动性大，农民工的合法权益经常受到侵害，由于没有签订劳动合同，当合法权益受到侵害时，无法用法律的武器来保护。他们工作收入低，收入不稳定，更有甚者干了活却拿不到工资（高玉峰等，2013）。他们有限的工资结余既要抚养孩子，又要赡养老人，还要在城市中解决居住问题，等等。所有开支都要从微薄的工资结余中支出，本来城市消费水平就比农村高，这样更会加剧了农民工的负担。即使农民工有在城市长期定居的想法，但受到经济条件的制约，他们的想法也很难实现。

（二）居住问题是制约农民工城市融合的另一重要原因

农民工在务工地居住状况也是衡量其城市融合的一个非常重要指标，如果农民工和市民在一起居住，说明其融合程度很高，如果农民工是集中居住，说明其城市融合程度很低；如果农民工居住在市区，说明其城市融合程度高，如果农民工居住在郊区，说明其城市融合程度低；如果农民工有自己的住房，说明其融合度高（高玉峰等，2012）。调查结果表明，农民工的居住条件极差，多数人住在工棚或是单位提供的宿舍，少数人自己租房或与人合租，只有极少数的人才有能力在城市购置自己的住房，由于没有自己的住房，他们长期和市民分离，严重地制约了农民工和市民的融合。

（三）农民工自身素质不高是影响其城市融合的另一主要原因

人力资本迁移理论认为劳动力迁移过程实际上就是自然选择的过程，是有规律可循的，一般是接受过较高的教育、具有较高的综合素质、社会适应能力较强、接受新鲜事物较快的人最先迁移。而社会融合是社会迁移过程中的一个重要环节，同样年轻的、受教育与培训多、综合素质较高的农民工更易融入城市社会，实现社会融合（曹卓等，2011）。农民工的素质低下是制约其城市融合的重要原因。调查研究表明，有近一半的农民工仅有初中或初中以下文化水平，有一部分人连小学都没有毕业，这样文化层次的人很难适应大城市的生活，他们和城市高素质的人群相比有很多大的差距。俗话说，物以类聚，人与群分，这些低文化水平的人员很难融入城市生活。调查表明，越是学历层次高的人员越容易融入城市这个大集体中。

（四）社会保障体系不健全是制约农民工城市化的非常重要的原因

新中国成立后，我国在一定的时期内由于实行城乡二元户籍制度，人为地把人们分为农村户籍和城镇户籍，由于户籍制度的存在，限制了人口的自由流动，由农村户籍变为城镇户籍十分难，除了考学改变身份外，其他方式不容易，户籍制度成为了农民工融入城市的一道制度壁垒。由于受城乡二元户籍制度的影响，农民工融入城市面临着许多障碍，如农民工住房问题、农民工婚恋问题、农民工子女教育问题及社会保障问题等，因此农民工享受不到与市民相同的待遇，如同工不同酬、不能带薪休假、没有节假日、不能购买廉租房和经济适用房、子女享受不到城里的教育资源等（刘祖云等，2015）。调查发现农民工住房问题是个大问题，农民工子女教育问题面临着许多困境，农民工的劳动保障问题更是糟糕，用人单位不和他们签订劳动合同，使农民工一直没有归属感，工作处于游离状态，没有主人翁责任意识，工作积极性不高，不是为了自己的前程而努力工作，工作目的非常清楚，就是换取劳动报酬（高玉峰，2015）。各种保险基本上没有落实，住房公积金更是提不起来，他们不能和市民享有同等的权益。最终形成具有中国特色的管理体制，将人们区分成两类人群，即市民和农民工。由于各种权益得不到有效的保护，本来就是弱势群体的农民工更是处于劣势地位，竞争力不强，工作中只能干些技术含量不高、操作不复杂的、简单机械的任务，社会保障体系不健全，严重地影响着农民工的利益，从而制约了其城市化进程。

特别是农民工往往举家外迁，融入打工城市的愿意较第一代农民工强烈，他们更希望在就业、社会保障、户籍、子女教育等方面与市民同一化对待。因此，在城镇化建设过程中如何将农民工市民化还有许多问题需要考虑。

第四章

中国城镇化建设与农民工市民化影响因素分析

当前，学术界针对农民工的研究主要是基于经济学和社会学的视角。从经济学的视角出发，农民工被看作一种人力资本要素，农民工的流动是劳动力的流动，且流动与否主要取决于这种劳动力转移的成本和收益。因此，经济学者多注重农民工的人力资本，认为人力资本是农民工融入城市的关键因素。从社会学的视角出发，农民工被看作社会个体，其流动被认为是一种社会的流动，从而影响社会的结构（包括职业结构、阶层结构、地域结构等），因此，社会学者多关注农民工的社会流动所带来的社会结构变动，以及这种变动最后是如何影响农民工个体的经济社会行为和社会资本。其中，社会资本（主要体现在社会关系网络方面）对调节农民工进入城市的各种成本起着非常重要的作用。本书主要应用的是人口迁移及社会融合的相关理论，其中前者是站在经济学的角度，后者主要基于社会学的理论；对待农民工问题，除了上述两个视角外，本书还应用了福利经济学理论，也即本书所涉及的基本公共服务均等化理论。

第一节　人口迁移的相关理论

从经济学的视角出发，农民工的社会融合与人口迁移密切相关，这是城市化发展的必经阶段。农民工迁移到城市、要融入城市必然与其自身的人力资本素质紧密相连。

一、人口迁移与城市化发展之间的关系

经济学视角下关于人口迁移与城市化进程之间关系的理论，主要是由泽林斯基（Zhnsky）和诺瑟姆（Northam）提出的两种论述。

（一）泽林斯基的五阶段论

泽林斯基（1966）根据发达国家20世纪70年代的人口迁移实践，将人口迁移的进程分为五个阶段，分别是：工业革命前的社会阶段、工业革命的早期、工业革命晚期、后工业发达时期、未来更发达社会。

1. 工业革命前的社会阶段　　在这个阶段，人口的出生率高，死亡率也高，所以人口的自然增长速度缓慢，因此很少有迁移和流动现象。

2. 工业革命的早期　　在这个阶段，由于受到工业革命影响，社会发生较大的变化，技术的进步、机器的应用，使人口的死亡率逐渐下降，人口数量逐渐增多，农村剩余劳动力也逐渐增加，出现了由农村向城镇的人口迁移。

3. 工业革命晚期　　在这个时期，人口的出生率下降了，人口自然增长速度缓慢，由农村向城市迁移速度变得缓慢。

4. 后工业发达时期　　在这个时期，由农村向城镇迁移的人口较少，城市与城市之间的人口迁移的数量增加了，人口的出生率和人口的死亡率都很低。

5. 未来更发达社会　　大多数的人口迁移都发生在城市之间，基本上很少见乡—城迁移。

该理论为我国的农民工进城现象提供了理论视角。当前，我国正处于大规模的乡—城人口迁移时期，这是工业社会发展的必经之路，必须正确地、妥善地解决农民工问题。等到我国生产力水平更上一个新台阶的时候，农民工问题便会慢慢消亡，但这一历史时期会比较长。

（二）诺瑟姆的"S曲线"理论

诺瑟姆（1975）认为，从世界范围内来看，各国的城市化发展基本上都经历了"S"形轨迹，形象地表明了城市化发展是由慢到快，再到慢的过程，最后停滞不前。其实该理论的含义是，各国的城市化进程均与各国自身的经济社会发展水平紧密相关。

1. 初始阶段　　一般为农业经济社会时期，社会生产率很低，农业生产需要手工劳作，因此需要大量的农村劳动力来保证粮食的生产。工业处于起步阶段，只能提供约10%的就业机会，因此，这一时期的城市化进程非常慢。

2. 经济社会快速发展时期　　如果一个国家的经济进入快速发展时期，则劳动生产率迅速提高，迅速出现大量的农村剩余劳动力，各种因素"推着"这些剩余劳动力寻找其他出路；与此同时，城市工业的迅速发展则正好提供了大量的就业机会，"吸引着"这些农村剩余劳动力进入城市，这一"推"一"拉"正好形成一股很强的合力，使农村剩余劳动力的城市化进入了高速发展时期。一般在这一阶段内，城市化率会迅速从10%左右提高到70%左右。

3. 城市化停滞阶段　　当一国的城市化率超过70%之后，城市和农村都已经高度发达了，生活质量差距已经不太大了，"推拉合力"逐渐消失，人口的乡—城迁移也就慢慢停止了。

以上两个理论有相通之处：都认为一国的经济社会发展阶段决定了人口迁移的阶段；大量的乡—城人口迁移（在我国表现为农民工群体）现象是城市化进程中的必经环节；经济社会的发展最终会实现城市和乡村的无差别化。这为本书研究农民工的社会融合提供了基础性的理论支撑，也印证了该研究主题的现实意义。我国经济社会的发展必然会导致人口迁移，主要是农村剩余劳动力向城市迁移。因此，在我国城市融合进程中最先实现的群体可能是农民工群体。只有当这部分剩余劳动力分期分批地完全实现了社会融合，最终才会实现城乡真正融合。

二、人力资本迁移理论

斯加斯塔（Sjaastad）（1962）和贝克尔（Becker）（1975）最早提出了人力资本理论。所谓人力资本即指人后天获得的具有经济价值的知识、技能、健康等因素之和，人力资本是依附于人体而存在的。为了获得人力资本，人们必须付出一定的成本，包括直接成本、因接受教育和培训而损失的机会成本及为了转移到较好的环境中所花费的各种费用。这些付出的成本统称为人力资本投资。人力资本投资越多，其存量就越大，可以获得的经济价值也就越大，这一点与物质资本的投资相似。要做出一项人力资本投资决策，就必须比较该投资的成本与收益。

农民工由农村向城镇迁移可以认为是农民工人力资本投资。舒尔茨（Sclruitz）（1962）认为人的迁移行为是人所做的一种决策，这种决策主要是根据迁移的成本和收益相比较而做出，为了实现收益的最大化。迁移的成本包括货币成本和非货币成本，迁移的收益就包括了货币收入和非货币收入。若迁移的收益大于迁移成本，则迁移就会发生。这一理论的突出特点表现为将人的心理影响纳入经济学的收入——成本分析中，更能贴近现实。

后来学者认为迁移是人力资本的函数：第一，人力资本决定着劳动者的工资，并呈现正相关性，劳动者就业情况也与其人力资本状况有关。第二，年龄小的劳动力比年龄大的劳动力更可能发生迁移（年龄小意味着迁移后的高收入能持续更长的时间，故迁移的预期收益的增加使得迁移的可能性增加），文化程度高的劳动力比文化程度低的劳动力更可能发生迁移（文化程度高的在流入地更易找到比以前收入更高的工作，工资差别不大就不会导致迁移）。第三，迁移的地理距离和成本越大则越不可能发生迁移，因为这意味着预期收益的减少。第四，原居住地的发展状况越好则越不会出现迁移现象。因为原居住地的收入预期越高，则迁移发生的机会成本就越大，迁移的净收益就越小（杨萍等，2015）。

由此可见，年龄较小的、受教育程度高的、掌握技能较多的农村剩余劳动力，因为其人力资本相对雄厚，总是最先迁移的，因此，新生代农民工相对于老一代农民工而言，迁移动机更强、更能适应城市生活、更易实现社会融合。

三、二元劳动力市场理论

二元劳动力市场理论即按照劳动力市场上的工资福利、环境条件、升迁机制等的不同，将劳动力市场分为两类，一是首属劳动力市场，二是次级劳动力市场。首属劳动力市场和次级劳动力市场上的劳动力供求关系不一样，另外在就业的行业、职业的层次等方面也是不一样的。一般而言，首属劳动力市场对劳动力的知识、技能等要求较高，这样使其具有了排他性；而次级劳动力市场则对劳动力的人力资本要求相对较低，该市场是开放的、竞争的，工资水平由市场的供求关系决定。发展中国家和地区的次级劳动力市场上的就业主体是由农村向城镇迁移人口，在中国，这一群体就是我们所说的"农民工"。

在次级劳动力市场上农民工就业主要原因是城乡分割的户籍制度及农村低下的教育水平。农民工大多既不能取得城市户口，也没有高学历文凭，除了个别人"跳出农门"跻身于首属劳动力市场外，大多数农民工只能在次级劳动力市场上寻求生存。特别是目前，教育经历作为一种人才的筛选机制越来越得到重视和广泛应用，文化程度低的农民工进入首属劳动力市场的可能性非常小。当然，次级劳动力市场还是有它存在的合理性，首先是农民工自身在次级劳动力市场得到了就业机会，还能锻炼自身的能力；其次次级劳动力市场对一些地区的发展来讲是不可或缺、功不可没的。例如，我国的珠三角地区——特殊的制造业基地，进一步强化的二元劳动力市场的分割，这里的次级劳动力市场提供了较多的、能够满足需要的、较低成本的劳动力，不仅满足了当地工业化进程的需要，同时也为其工业化的实现做出了不可磨灭的贡献。但同时，珠三角也是农民工问题最突出的地区。

鲍尔（1986）从不同的视角解释了首属和次级劳动力市场上的供求关系，认为出现二元劳动力市场是由城市经济本身的二元结构及城市的劳动力需求决定的。造成这种现象的原因大致有以下几个方面：一是身份和地位的影响。本地居民不仅追求高工资，而且注重名声和社会地位，因此，他们不愿意在次级劳动力市场上就业，只好由农民工来从事城市里的脏、累、苦、险的活。二是城市经济本身的二元性。城市中的首属劳动力市场多是技术密集型的行业，这就要求员工具有一定的人力资本的积累，就业要稳定，而次级劳动力市场对人力资本的要求低，不要求有很强的就业稳定性，因此，农民工多进入了次级劳动力市场，而本地居民则在首属劳动力市场（徐紫晨，2014）。三是劳动力供给结构问题。城市经济的发展使得首属劳动力市场和次级劳动力市场都需要补充新的劳动力，因此，原来在次级劳动力市场上就业的本地居民更易转到首属劳动力市场，而次级劳动力市场则需要更多的农民工来补充劳动力。

第二节　社会网络理论

从社会学的视角出发，农民工的流动被看作一种社会流动和社会结构的变化，而这种变化会影响农民工个体的经济社会行为和社会资本。当前社会融合理论建构还缺乏一贯性。社会关系网络理论虽然不是发源于我国，且我国的实际情况与西方发达国家也有很大差异，但是，人口的流动，特别是乡—城流动人口普遍处于弱势地位。这一共性决定了外来的理论对我国农民工的社会融合具有重要的借鉴作用。

一、社会融合理论

社会融合研究的一个新理论趋向就是对社会网络分析方法的应用，这种方法的引扩为社会融合的研究提供了一种独特的视角。

所谓社会网络，即人们在社会交往互动过程中，所形成的个体与个体之间、个体与组织之间、组织与组织之间关系的总和。这些关系可以是正式的，也可以是非正式的，人们可以利用这些关系给自己带来一些社会资源。由于社会网络对个体的行为、态度、价值观等的形成、引导、维持和发展有着非常重要的影响，而社会融合正是对外来移民与本地居民的行为、态度、价值观的研究。因此，社会网络对于社会融合的研究具有重要作用。

社会网络理论发展出了"强关系力量"和"弱关系力量"两种理论假设。强关系一般是建立在血缘基础上的或者建立在地域基础上的即血缘关系、地缘关系，弱关系一般是建立在共同的兴趣爱好基础上的关系即业缘关系、趣缘关系等。强关系虽然可以维持组织结构的稳定，但是弱关系可以在不同层次群体或者不同组织之间建立起相互联系纽带，起到信息桥梁的作用，会收到意想不到的效果，在某些关键时刻弱关系比强关系更有用（边燕杰等，2013）。通过对中国就业市场调查研究发现，中国人更注重社会关系，特别是强关系在工作搜寻的过程中往往能发挥更重要的作用，而弱关系则一般对找到一份好工作不会有太大作用。

社会网络分析方法以网络中个体的行为及其关系为分析起点，进而研究整个网络的结构及该网络结构对个体行为的影响。因此，应用社会网络分析方法就相当于架起了一座桥梁，既可以研究个人的理性与社会制约之间的互动，也可以研究个体的微观行为与社会的宏观现象。社会融合的程度可以通过外来移民社会互动关系的对象、数目和亲密程度来表示。

二、迁移网络与累积效应理论

所谓迁移网络，其实就是一种信息网络，是迁移者与他周围的人群出于血缘关系、领导关系或老乡关系而在流出地与流入地之间建立的。具体到农民工的迁移网络，即农民工与农村老家、与先到城市打工的老乡或同学之间建立起来的信息联盟。这样，还未迁移的农民工可以通过这个网络来打探城市的生活信息和就业信息，了解在城市找工作情况，一旦农民工成功地进入城市打工，他本身又会为其他还未进城的农民提供相关信息。由此以来，老农民工带新农民工，一批又一批的农民工，不断积累进城经验，不断扩大由农村到城市的迁移网络，使后来进城的农民工更容易迁移到城市（杨萍等，2015）。迁移网络是一种社会资本，由于网络的不断积累，使网络越来越大，网络的迅速扩张就会逐渐降低农民工向城市转移的成本，同时也降低了转移的风险，加速了农民工的城市融合进程；除了影响农民工个体之外，同时也会影响流出地农村和流入地城市的发展。这种迁移网络一旦形成就会越来越大，如同"滚雪球"一样很难停止，这种累积效用的发挥，使农民工向城市流动，融入城市社会成为可能（国务院研究室课题组，2006），也正因如此，政府想要控制移民的速度和规模也很难。

特别是在发展中国家，劳动力市场还不健全，信息的发布与接收之间还有很多障碍，这些使得农民工单靠社会公开发布的信息很难顺利就业。因此，在我国，农民工进入城市在很大程度上依赖迁移网络，而且，为了在迁移网络中获得更多的信息，个体都愿意贡献自己所掌握的信息，通过众多的个体信息，汇集成更多的信息，促进农民工社会融合。

第三节　基本公共服务均等化理论

实现基本公共服务均等化是政府的基本责任之一，是公民的基本权利，是人类文明的表现。农民工在流入城市过程中享受不到城市政府提供给市民的公共服务，已经成为当前农民工向城市流动中的最大障碍,农民工脱离农村生活,到城市打拼的目标是最终融入务工城市,享受到城市的公共服务,子女接受到城市的高质量的教育,从心理上和城市居民融合,逐步获得与城镇居民相当的生活质量,而公共服务差距与生活质量之间存在因果关系,基本公共服务均等化是解决农民工社会融合问题的基本原则、普遍标准和行动框架。

一、基本公共服务均等化的理论来源

(一)正义理论

公平与正义是政治经济和法律领域中最为重要的价值取向,是人类永恒的价值追求。按照我国古代儒家的"仁义"观念,如果每个人都能安分守己、尽职尽责,也就做到了"仁",按现在的观念叫做"正义",其最终目的是实现社会和谐。而在西方,古希腊柏拉图首次提出比较完整的正义理论,他首先将正义看作社会和谐的表现。社会公平和正义是一种理想的社会关系,而判断一种制度好坏的依据即这种制度是否有利于社会公平与正义的实现。基本公共服务均等化是各国政府公共政策的基本内容,是政府实现分配正义、促进社会和谐发展的重要途径,要让公平、正义深入每个人的心中,让社会公平、充满正义成为社会主义核心价值,是人类的追求和美好的夙愿,社会正朝着这个方向发展,在不久的将来,公平、正义会体现在社会生活的各个角落(刘笑,2014)。从这个角度出发,基本公共服务均等化是社会发展的必然要求,是人类历史发展的必然趋势,是农民工融入城市生活,与市民心理融合,在城市生活融洽幸福、社会和谐的必然要求。

(二)公共产品理论

基本公共服务具有非排他性和非竞争性,也即个体在消费该产品时不能排除其他人同时享用,或者排除的成本很高;某个体在消费该产品的时候,并不影响其他人消费该产品的效用。这样,基本公共服务都会具有很强的外部性(徐大建,2006)。然而,市场机制所决定的公共产品供给量会远小于帕累托最优状态,因此,纯粹的市场机制肯定会导致公共产品的供给失灵。成本的承担者与利益的获得者并不对称,既然一人购买,其他人也可以享用,那么一般人都不会自愿地、主动地去购买,都会处于等的状态,等他人去买,把成本转嫁给他人或转嫁给社会。最终,集体行为不理性直接产生"公众的悲剧"。既然市场机制在提供公共物品方面是失灵的,就要充分发挥政府的作用,通过政府的介入协调各种关系,平衡各种利益,调整各种不合理的因素,促进社会公平。实现基本公共服务均等化是政府的基本责任,是衡量一个政府成效的基本标准,同时也是每个公民的基本权利。

(三)福利经济学基础

福利经济学是基本公共服务均等化的重要理论基础,福利经济学在不断地发展与完善,基本公共服务均等化理论也在不断完善。

1. 福利经济学思想　　按照庇古的思想,福利即效用,人们总是追求福利最大化,而社会福利的增加取决于两个条件:第一,国民收入总额越大,社会福利越大;第二,国民收入分配得越均等,社会福利就越大。

该理论奠定了基本公共服务均等化理论的基础,一是国民收入通过公共服务的中介作用,使得社会福利增大。因为国民收入越多,公共财政越有能力来满足社会公众共同的和最紧迫的需求,个体所获得的效用也就增加了,社会福利自然增加。二是公共服务越是均等,特别是基本公共服务越是均等,表明了社会分配越均等,社会福利也就越大。国民收入的分配不是一次完成的,基本公共服务均等化属于再次分配,那么社会的弱势群体通过基本公共服务的均等化可以获得更大的效用,从而增加了全社会的总福利。

2. 补偿原则　　旧福利经济学提出的帕累托最优原则过于严苛,在现实经济社会中,很少存在"任何人的处境都不变坏"的情形,随着经济社会的多元化,任何一项政策的出台不可能照顾到所有群体的利益。更进一步来看,即使真的存在这样一种最优政策,全体社会成员的利益都不会变坏,穷人的境况变好了,富人的境况也变好了,但如果富人的境况改变幅度比穷人得更大,该政策的实质是进一步地破坏了社会公平与正义,损毁了社会和谐的基础。补偿原则的提出正好弥补了帕累托最优原则的这一缺陷,它允许一部分人的境况变差,但全体社会福利不会变得更差。

我国正处于向高收入国家迈进的阶段,发展中的矛盾与问题在这几年集中显现出来了,而基本公共服务均等化正是利用了补偿原则,让社会弱势群体也能拥有基本的生存权和发展权,也能享受到经济社会发展的成果。政府利用公共财政向贫穷地区和贫穷群体倾斜,从而更加公正地进行社会财富的再次分配,这样贫穷地区和贫穷群体获得的效用增量是大于富裕地区和富裕群体的效用减量的。

3. 社会福利函数理论　　随着新福利经济学的发展,部分学者对补偿原则也提出了质疑,到底贫穷地区和贫穷群体获得的效用增量和富裕地区和富裕群体的效用减量如何安排才是合理的?预测的难度很大。于是,伯格森、萨娜尔森、阿罗等构造了社会福利函数,将影响社会福利的各种因素作为自变量,将社会福利作为因变量,也能同时兼顾公平与效率。后来,阿罗又证明了该社会福利函数是不存在的,但是构造该函数的理念仍可以应用于基本公共服务均等化理论。一方面,该函数的自变量包含了所有影响全体社会福利的因素,政府可以权衡各个影响因素的权重大小,从而制定出相对合理的基本公共服务均等化政策;另一方面,该函数的自变量之间存在相互影响,对于不同的个体,其函数形式是不同的,也即不同的人有不同的效用偏好,不同的个体有不同的基本公共服务需求。因此,基本公共服务均等化并不是从结果上显现出来的数量的完全相等,而是相对的、合理的均等。

4. "能力"中心观　　"能力"中心观是阿马蒂亚·森于1998年提出来的,该观点是针对效用指标的不足而提出的。旧福利经济学认为福利即效用,效用来自于商品;但阿马蒂亚·森却认为效用来源于商品背后的生产与创造活动,而这种生产与创造活动则基于个人的人力资本状况。总而言之,要提高全社会的福利水平,只有通过提高全体社会成员的人力资本来实现。而基本公共服务均等化正是出于维护全体社会成员机会和起点的公平而提出的，强调每个公民的基本生存权和发展权，特别是其中基本的健康与教育公共服务，这两者是提高全体社会成员人力资本的基础（宋承，2012）。也正是基于此种观点，基本公共服务均等化成为政府的基本职责，要从长远出发来提高全体社会成员的人力资本，从而提高社会福利总量。

二、基本公共服务均等化的几种均等观

基本公共服务的"均等化"程度与合理性，是个复杂的问题。学者的观点不一样，有人认为"均等"主要包括机会均等，或者是起点公平、结果公平，实现过程的均等和结果的均等，是过程和结果的高度统一，只有过程和结果都均等了，才是真正的均等；还有人认为由于人的爱好不同，人的需求不一，均等还必须考虑人的不同爱好和不同的需求，要充分考虑每个人的选择，从这个角度讲，均等又不是完全的均等，和每个人的偏好、需求密切相关；也有学者认为这个"均等"是条件的均等，是人们生存和发展最基本均等，是人的生存底线的平等（柳叶青，2011）。按照我国目前的实际情况，充分考虑到社会经济社会发展阶段及当前的财力，公共服务中最先实现的均等应该是最基本的公共服务，这是最起码的均等，是实现其他均等的前提条件，只有基本的公共服务实现了均等，其他更高级的均等才有可能实现。"均等"同时应该体现在结果的均等和起点的均等，也应该表现在过程的均等。

农民工进城，除了涉及户籍制度改革外，很重要就是土地制度的改革。让城市的要素注入农村，让农村的资源进入城市，从而实现城乡资源双向流动的新型城镇化。农民工问题的关键是社会融合问题。农民工社会融合得好快直接关系到我国经济快速、持续和健康发展，直接关系到我国科学发展观的落实与和谐社会构建，直接关系到我国"三农"问题能否得到根本解决，直接关系到我国现代化进程，直接关系到我国农民素质的提高。要解决好农民工城市融合问题，一方面是靠政府制定相关政策进行宏观调控，另一方面是通过教育培训提高农民工素质，提高其社会竞争力。

第四节 中国的城镇化

一、中国城镇化标准

不少农民工希望通过自己的努力留在城市，却面临着就业、教育、医疗、住房、养老等诸多方面的压力。田翠杰等（2015）在对北京、天津、上海、山东、江苏、浙江、广东7个省（直辖市）进行大量调研的基础上，采用宏观统计资料与微观调研数据

相结合的方式，构建多维度的就业转型城镇化质量评价指标体系，根据评价结果将城镇化与农民就业转型协同发展划分为协同型、基本协同型、城镇化超前型和滞后型4种类型。国家统计局公布城镇化的标准是农民的就业转型与城镇化的协同程度，即将各省市的产业经济、就业数量、就业质量、收入分配和农民市民化这5个维度城镇化水平的排名与产业经济城镇化的排名进行对比。在这4个维度中，如果有3个以上维度的排名与产业经济城镇化的排名一致，则认为该省市为城镇化与农民就业转型协同型，如浙江；如果有2个维度落后，2个维度超前，则认为该省市为城镇化与农民就业转型基本协同型，如天津、上海和江苏；如果有3个以上为度的排名落后于产业经济城镇化的排名，则认为该省市为城镇化超前型，如北京；如果有3个以上维度的排名超前于产业经济城镇化的排名，则认为该省市为城镇化滞后型，如广东和山东（郭俊芳等，2015）（表4-1～表4-3）。

表4-1 就业转型城镇化指数及权重

综合指标	二级指标	三级指标		
		名称	权重	目标值
就业转型城镇化综合指数	产业经济	城镇人均产业产值	0.356	新兴经济体——18.54万元/人
		城镇第三产业产值占城镇产业产值的比重	0.130	新兴经济体——73.5%
	就业数量	城镇亿元产业产值就业率	0.078	新兴经济体——11%
		城镇常住人口就业率（1-调查失业率）	0.031	98%
		第三产业就业比	0.026	新兴经济体——76.4%
	就业质量	进城农民工平均受教育年限	0.079	各省城镇职工受教育年限
		进城农民工技术技能水平	0.022	各省城镇职工技能水平
		进城农民工就业转型度	0.024	100%
	收入分配	进城农民工收入水平	0.071	各省城镇职工工资
		城镇人均财政支出	0.032	新兴经济体——4.10万元/人
		农民工工资水平/城镇职工工资水平	0.044	100%
	农民市民化	城镇常住人口/地区总人口	0.068	新兴经济体——85.1%
		进城农民市民化率（保险、教育、住房）	0.040	100%

注：数据来源于国家统计局统计科学研究所，发布时间为2015年11月12日

表4-2 各省市就业转型城镇化评价结果

指标		北京	天津	山东	上海	江苏	浙江	广东
综合指数	得分	66.15	64.42	58.65	64.23	62.40	60.28	57.71
	排名	1	2	6	3	4	5	7
产业经济城镇化	得分	33.35	31.08	26.22	30.08	29.35	28.15	24.62
	排名	1	2	6	3	4	5	7
就业数量城镇化	得分	9.40	7.87	8.42	8.12	7.90	8.16	8.11
	排名	1	7	2	4	6	3	5
就业质量城镇化	得分	9.13	11.63	11.25	11.51	11.95	11.22	10.80
	排名	7	2	4	3	1	5	6
收入分配城镇化	得分	6.99	6.37	6.99	6.42	7.05	6.51	7.06
	排名	3	7	4	6	2	5	1
农民市民化	得分	7.28	7.47	5.77	8.11	6.15	6.24	7.12
	排名	3	2	7	1	6	5	4

表4-3 农民工就业转型评价指标体系

一级指标	二级指标	三级指标
工作条件	工作岗位	岗位类型
		岗位技能要求
	收入水平	收入水平
	劳动强度	日劳动时间
		劳动力再生产状况
工作稳定性	就业稳定性	累计打工年限
		工作转换频率
	就业机会	再就业培训效果
		再就业所需时间
劳动权益	社会保险	社会保险
	同工同酬	同工同酬
	劳动安全保护	劳动安全风险
		职业病风险
		劳动防护措施
	加入工会情况	加入工会情况

续表

一级指标	二级指标	三级指标
劳动关系	劳动合同签订	劳动合同签订
	工资要价能力	工资要价能力
	劳动争议处理	劳动争议处理
生存状况	配偶情况	配偶情况
	子女情况	子女情况
	居住条件	居住环境
		住房状况
职业发展	学历水平	学历水平
	职业培训	年参训时间
		技能培训效果
	打工生涯进步	打工生涯进步
	工作自主性	工作自主性
	职业声誉	职业声誉
	同事关系	同事关系

二、影响城镇化建设的因素

（一）农民工市民化意愿分析

农民工市民化是指到城镇务工的具有农村户籍的人口，在从农村向城镇转移过程中，在经历城乡地理位置的变化和人口的流动，实现身份和职业转变的同时，通过各方面因素协调发展和自身素质的提高，在适应城镇生活、与城市居民心理融合的同时，获得在城镇永久居住的权利，和城镇居民享有同等的社会福利和政治权利，最终成为真正的城镇居民的过程，这是一个漫长的渐进过程，需要几代人的共同努力来实现。李晓阳等（2013）认为城市非农产业的发展，以及私营企业大量增加，对劳动力产生了巨大需求，是农民工到城市务工的主要动因，也是城市吸引农民工到城市务工的重要力量，更是农民工城市化的必然趋势，是实现农民工市民化的关键所在。国家统计局统计科学研究所的调查报告显示年龄、教育水平和家中有无务工人员对农民是否愿意到城镇居住具有显著性影响。郭俊芳等（2015）对广东、山东、四川、河南、浙江和北京6省（直辖市）农民工进行调研结果表明：个人特征方面，受教育水平较高、年龄较小及打工收入较高人员，多选择离家较远的外省市务工；家庭特征方面，家庭资产越少、家庭负担系数越小及人均拥有耕地数量越少者，越倾向于选择外省市务工；家庭社会关系方面，家里在外打工人数越多和亲戚朋友介绍找到工作者，多选择外省市打工；家乡所在地资源禀赋方面，家乡位于山区和丘陵地区人员，偏向于选择外省市务工，户籍所在地属于东北、华北和西北地区的多选择外省市务工，而户籍属于华南、华东和西南地区的倾向于本省市务工。梅建明等（2016）对31个省（自治区和直辖市）农民工市民化意愿调查后表明教育水平与市民化意愿存在正相关。从农民工就业行业来说，市民化愿望强的人，从事商业、交通运输业、地产物业的比例最高。国务院农民工办课题组（2016）就农民工市民化意愿的理由、原因和农村的宅基地、承包地等内容调查研究后显示超过一半的农民工想在城镇定居。就业收入、子女教育、发展前途是农民工城镇化定居的主要原因（周彦兵，2016）。

不同行业的农民工城市化意愿存在严重分化。在农民工就业最多的四个行业中，批发零售业农民工城市化意愿最高，占68.37%，社会服务业、制造业和建筑业，分别为62.23%、55.91%和46.81%。其中66.67%的中高级管理人员市民化意愿最高，其次是一般行政人员，占62.01%；技术人员占55.67%；一线生产人员占55.03%。评估农民工是否完成了市民化的最后转变，主要依据以下四个指标：一是要有固定的非农职业，这是农民工典型的职业特征，之所以称之为农民工，身份上讲他们是农民，但是从职业上讲，他们从事的是工人的职业；二是户籍由农村变更为城市（城镇），完成法律意义上的转变，农民工的户籍都在农村，虽然他们都在城镇打工，但他们的"根"没有变，如果户籍不改变，不论他在城镇居住多长时间，并不可能成为真正的市民，充其量是一个过客，迟早要回到农村；三是具有和市民较为相似的行为方式，只有行为方式一致了，城市居民才不至于排斥他们，相反会慢慢地从心里接受农民工，彻底脱掉农村环境下的一些坏习惯，如封建思想严重、小农意识强；四是具有和市民相似的生活理念，人与人的最大区别在于思想不同，思想不同的外部表现是人与人的生活理念不同，当前由于受到各种因素的影响，农民工和市民的最大区别还是表现在生活理念上，只有农民工和市民的生活理念大体相同，农民工才是真正地与市民融合，只有心理和文化的融合，才是真正的融合（表4-4）。

表4-4　农民工市民化现状

分类总人数	成为真正市民数量	比例/%	返乡数量	比例/%	中间人群数量	比例/%
农民工总体	33 751 473	43.64	1242	36.80	660	19.56
新生代农民工	1 578 782	49.56	454	28.77	342	21.67

（二）影响农民工市民化社会因素调查分析

2012年3~4月，对930名不同地区、不同行业、不同年龄段、不同性别比例的农民工进行问卷调查，总共发出调查问卷930份，回收有效调查问卷882份，有效率为94.8%。本次调查采取问卷调查和座谈相结合的调查方式。问卷调查采用直接调查方式，在不同的单位选取一定比例的农民工，以一个用人单位为一个整体，将随机抽选出的调查对象集中在一个教室里，由调查人员首先说明调查的目的、意义，强调调查工作的重要性及被调查人员如实填写调查问卷对调查结果的重要性，请求被调查人员如实填写问卷。在说明以上基本情况之后，由调查人员现场发放调查问卷，并说明调查问卷填写方式及应注意的问题，一切准备就绪后，由被调查人现场填答问卷，并当场收回调查问卷，不给被调查人员商量的时间，让他们尽快地填写、如实地填写，避免过多地修改使得调查结果不具有真实性。整个调查要在30分钟内完成，防止调查时间过长使被调查人员产生厌恶情绪，而影响调查问卷的真实性，从而影响调查结果。调查是整个研究的基础性工作，尽可能地取得真实、可靠、有效的调查数据，提高调查准确度。被调查的农民工主要分布于事业单位、建筑业、服务业、制造业、零售业等行业，分别占调查总数的18.6%、23.7%、24.2%、16.3%和17.2%。其中男性471人，占53.4%，女性411人，占46.6%；年龄在20岁以下的126人，占14.3%，年龄在21~25岁的349人，占39.6%，年龄在26~30岁的287人，占32.5%，年龄在31岁以上的120人，占13.6%；学历在小学文化以下的86人，占9.8%，学历水平为初中的349人，占39.6%，学历为高中、高职、中专的256人，占29.0%，学历水平在专科以上的191人，占21.7%；独生子女647人，占73.4%，非独生子女235人，占26.6%；政治面貌是团员的623人，占70.6%，党员86人，占9.8%，群众173人，占19.6%；479人未婚，占54.3%，368人已婚，占41.7%，35人已婚离异，占4.0%；务工年限在1年以下（含1年）的106人，占12.0%，务工年限在1~3年的469人，占53.2%，务工年限在3~5年的223人，占25.3%，务工年限在5年以上的84人，占9.5%；在政府机关务工作的65人，占7.4%，在事业单位工作的78人，占8.8%，在国有企业的工作的135人，占15.3%，在合资企业工作的168人，占19.0%，在私营企业工作的436人，占49.4%；来自秦皇岛市的153人，占17.3%，唐山市的162人，占18.4%，保定市的141人，占16.0%，石家庄市的156人，占17.7%，邯郸市的137人，占15.5%，张家口市的133人，占15.1%（表3-1）。从表3-1可以看出，调查对象具有十分广泛的代表性。本次调查抽样误差为3%，调查结果可达到95%的置信度水平。

（三）调查内容

本次调查除对农民工基本情况进行调查外，还对影响农民工社会融合因素进行了详细的问卷调查，影响农民工社会融合的因素共包括37项指标，分别是：工作满意度、工作环境满意度、劳动报酬满意度、工作时间满意度、职工培训满意度、对劳动合同签订满意度、缴纳社会保险重要性、缴纳保险满意度、政府救助满意度、务工地购房愿望、居住满意度、与农村居住条件比较、在务工地定居欲望、把户籍迁到务工地愿望、户籍对生活影响、子女享受务工地教育资源满意度、子女享受务工地教育机会满意度、承担子女在务工地教育费用情况、社区服务满意度、参与社区活动满意度、与附近居民关系、务工地朋友数量、与工友关系、融入务工地程度、城市生活适应性、自己认为自己是城市人、市民认为自己是城市人、与市民的友好程度、城市生活满意度、对务工地文化了解程度、对务工地语言掌握程度、在务工地是否有家的感觉、务工地安全感、得到老乡的帮助、得到政府和市民帮助、是否在意别人的看法、市民异样看法的承受力（全国总工会农民工问题课题组，2010）。每个问题具有5个选项，分别是非常满意、满意、一般、不满意、非常不满意。

（四）灰色关联分析方法

灰色关联度分析对于一个系统发展变化态势提供了量化的度量，非常适合动态历程分析（钱明霞等，2008；郗润平等，2009），灰色系统关联分析的具体计算步骤如下。

（1）确定反映系统行为特征的参考数列和影响系统行为的比较数列。要选取反映系统行为特征的数据序列，即把各影响因素中某一项因素的最优值作为理想化样本的标志，从各个影响因素因子中选取最优值组成参考数据序列。

（2）对参考数列和比较数列进行无量纲化处理，无量纲化的数据处理是为了便于因素间比较。

$$x_i(k) = \frac{x_i(k)}{x_i(m)}, k=1,2,3,\cdots,n; i=0,1,2,3,\cdots,m$$

（3）求参考数列与比较数列的灰色关联系数ξ，从中找出最大值和最小值。

$x_0(k)$与$x_i(k)$的关联系数 $\xi_i(k) = \dfrac{\min\limits_{i}\min\limits_{k}|y(k)-x_i(k)| + \rho\max\limits_{i}\max\limits_{k}|y(k)-x_i(k)|}{|y(k)-x_i(k)| + \rho\max\limits_{i}\max\limits_{k}|y(k)-x_i(k)|}$

设 $\Delta_i(k) = |y(k) - x_i(k)|$，则

$$\xi_i(k) = \frac{\min\limits_{i}\min\limits_{k}\Delta_i(k) + \rho\max\limits_{i}\max\limits_{k}\Delta_i(k)}{\Delta_i(k) + \rho\max\limits_{i}\max\limits_{k}\Delta_i(k)}$$

ρ称为分辨系数，通常取$\rho = 0.5$。

（4）求关联度r_i。

$$r_i = \frac{1}{n}\sum_{k=1}^{n}\xi_i(k), k=1,2,3,\cdots,n$$

（五）灰色关联分析过程

通过对影响农民工社会融合的37个指标数据整理，采用里克特五点量表计分法进行统计，把非常满意、满意、一般、不满意、非常不满意依次计为5分、4分、3分、2分、1分，按照不同单位性质的调查结果进行加权平均，对比较数列和参考数列进行无量纲化处理后，求参考数列与比较数列的灰色关联系数ξ，此处所有指标以非常满意得分5为参考序列，以各调查指标所得的加权平均数为比较序列（表4-5）。Y1表示服务业的农民工，Y2表示工业企业农民工，Y3表示建筑行业农民工，Y4表示零售业农民工，Y5表示事业单位农民工。运用灰色关联分析方法获得的无量纲化表（表4-6）、灰色关联系数ξ（表4-7）和灰色关联度r_i（表4-8）。

表4-5 主要影响因子的原始数据

影响因子	Y1	Y2	Y3	Y4	Y5
工作满意度	3.722	3.521	3.042	4.426	3.000
工作环境满意度	3.889	3.356	2.750	3.234	2.750
劳动报酬满意度	2.897	2.692	2.533	2.591	2.650
工作时间满意度	4.222	2.274	2.583	3.167	3.500
职工培训满意度	3.778	3.264	3.292	3.298	2.750
对劳动合同签订满意度	3.611	3.819	3.167	3.277	3.750
缴纳社会保险重要性	4.222	3.973	3.833	4.319	4.000
缴纳保险满意度	3.944	3.712	3.375	3.696	3.000
政府救助满意度	2.611	2.760	2.383	2.370	2.500
务工地购房愿望	2.778	2.674	2.608	2.613	2.750
居住满意度	3.556	3.466	3.000	3.234	3.000
与农村居住条件比较	3.722	3.452	2.542	2.936	3.330
在务工地定居欲望	3.500	3.370	3.042	3.085	2.750
把户籍迁到务工地愿望	2.444	2.779	2.775	2.664	2.750
户籍对生活影响	2.556	2.573	2.692	2.755	2.850
子女享受务工地教育资源满意度	2.367	2.355	2.957	2.593	2.550
子女享受务工地教育机会满意度	2.167	3.699	2.60	3.00	2.500
承担子女在务工地教育费用情况	2.611	2.271	2.211	2.626	2.450
社区服务满意度	2.336	2.519	2.375	2.387	2.750
参与社区活动满意度	2.456	2.507	2.483	2.370	2.550
与附近居民关系	3.722	3.603	3.292	3.553	3.250
务工地朋友数量	3.333	3.507	2.833	3.170	3.000
与工友关系	3.889	3.712	3.750	4.022	3.277
融入务工地程度	3.833	3.575	3.458	3.739	3.289
城市生活适应性	3.133	3.836	3.458	3.674	4.507
自己认为自己是城市人	3.111	2.918	2.750	2.891	3.250
市民认为自己是城市人	3.056	3.027	2.792	2.938	2.289
与市民的友好程度	3.833	3.466	3.375	3.500	3.250
城市生活满意度	3.389	3.562	3.583	3.609	3.250

续表

影响因子	Y1	Y2	Y3	Y4	Y5
对务工地文化了解程度	3.389	3.589	3.333	3.413	3.000
对务工地语言掌握程度	3.529	3.507	3.125	3.261	2.500
在务工地是否有家的感觉	3.412	3.096	2.875	2.978	2.250
务工地安全感	3.471	3.329	3.125	3.261	2.750
得到老乡的帮助	3.235	2.973	2.625	2.804	2.000
得到政府和市民帮助	2.194	2.904	2.875	2.739	2.250
是否在意别人的看法	3.412	3.712	3.375	3.689	3.250
市民异样看法的承受力	3.235	3.068	3.25	3.326	2.750
参考序列	5	5	5	5	5

表4-6 无量纲化表

影响因子	Y1	Y2	Y3	Y4	Y5
工作满意度	0.744	0.704	0.608	0.885	0.600
工作环境满意度	0.778	0.671	0.550	0.647	0.550
劳动报酬满意度	0.579	0.538	0.507	0.518	0.530
工作时间满意度	0.844	0.455	0.517	0.633	0.700
职工培训满意度	0.756	0.653	0.658	0.660	0.550
对劳动合同签订满意度	0.722	0.764	0.633	0.655	0.750
缴纳社会保险重要性	0.844	0.795	0.767	0.864	0.800
缴纳保险满意度	0.789	0.742	0.675	0.739	0.600
政府救助满意度	0.522	0.552	0.477	0.474	0.500
务工地购房愿望	0.556	0.535	0.522	0.523	0.550
居住满意度	0.711	0.693	0.600	0.647	0.600
与农村居住条件比较	0.744	0.690	0.508	0.587	0.666
在务工地定居欲望	0.700	0.674	0.608	0.617	0.550
把户籍迁到务工地愿望	0.489	0.556	0.555	0.533	0.550
户籍对生活影响	0.511	0.515	0.538	0.551	0.570
子女享受务工地教育资源满意度	0.473	0.471	0.591	0.519	0.510
子女享受务工地教育机会满意度	0.433	0.740	0.520	0.600	0.500
承担子女在务工地教育费用情况	0.522	0.454	0.442	0.525	0.490
社区服务满意度	0.467	0.504	0.475	0.477	0.550

续表

影响因子	Y1	Y2	Y3	Y4	Y5
参与社区活动满意度	0.491	0.501	0.497	0.474	0.510
与附近居民关系	0.744	0.721	0.658	0.711	0.650
务工地朋友数量	0.667	0.701	0.567	0.634	0.600
与工友关系	0.778	0.742	0.750	0.804	0.655
融入务工地程度	0.767	0.715	0.692	0.748	0.658
城市生活适应性	0.627	0.767	0.692	0.735	0.901
自己认为自己是城市人	0.622	0.584	0.550	0.578	0.650
市民认为自己是城市人	0.611	0.605	0.558	0.588	0.458
与市民的友好程度	0.767	0.693	0.675	0.700	0.650
城市生活满意度	0.678	0.712	0.717	0.722	0.650
对务工地文化了解程度	0.678	0.718	0.667	0.683	0.600
对务工地语言掌握程度	0.706	0.701	0.625	0.652	0.500
在务工地是否有家的感觉	0.682	0.619	0.575	0.596	0.450
务工地安全感	0.694	0.666	0.625	0.652	0.550
得到老乡的帮助	0.647	0.595	0.525	0.561	0.400
得到政府和市民帮助	0.439	0.581	0.575	0.548	0.450
是否在意别人的看法	0.682	0.742	0.675	0.738	0.650
市民异样看法的承受力	0.647	0.614	0.650	0.665	0.550
参考序列	1	1	1	1	1

表4-7 灰色关联系数

影响因子	Y1	Y2	Y3	Y4	Y5
工作满意度	0.718	0.670	0.577	0.962	0.570
工作环境满意度	0.764	0.635	0.532	0.611	0.532
劳动报酬满意度	0.554	0.524	0.503	0.510	0.518
工作时间满意度	0.876	0.472	0.509	0.599	0.665
职工培训满意度	0.733	0.616	0.622	0.623	0.532
对劳动合同签订满意度	0.691	0.744	0.599	0.619	0.725
缴纳社会保险重要性	0.876	0.789	0.748	0.915	0.798
缴纳保险满意度	0.781	0.716	0.638	0.711	0.570

续表

影响因子	Y1	Y2	Y3	Y4	Y5
政府救助满意度	0.513	0.533	0.485	0.483	0.499
务工地购房愿望	0.536	0.521	0.513	0.513	0.532
居住满意度	0.678	0.657	0.570	0.611	0.570
与农村居住条件比较	0.718	0.655	0.504	0.560	0.629
在务工地定居欲望	0.665	0.637	0.577	0.584	0.532
把户籍迁到务工地愿望	0.492	0.536	0.536	0.520	0.532
户籍对生活影响	0.506	0.508	0.524	0.533	0.547
子女享受务工地教育资源满意度	0.483	0.481	0.563	0.511	0.505
子女享受务工地教育机会满意度	0.460	0.712	0.512	0.570	0.499
承担子女在务工地教育费用情况	0.513	0.472	0.465	0.515	0.493
社区服务满意度	0.479	0.501	0.484	0.485	0.532
参与社区活动满意度	0.493	0.500	0.497	0.483	0.505
与附近居民关系	0.718	0.689	0.622	0.677	0.614
务工地朋友数量	0.630	0.667	0.544	0.599	0.570
与工友关系	0.764	0.716	0.725	0.805	0.619
融入务工地程度	0.748	0.682	0.656	0.723	0.621
城市生活适应性	0.593	0.749	0.656	0.706	1.001
自己认为自己是城市人	0.589	0.557	0.532	0.553	0.614
市民认为自己是城市人	0.579	0.574	0.538	0.560	0.474
与市民的友好程度	0.748	0.657	0.638	0.665	0.614
城市生活满意度	0.641	0.679	0.684	0.690	0.614
对务工地文化了解程度	0.641	0.685	0.630	0.646	0.570
对务工地语言掌握程度	0.672	0.667	0.591	0.616	0.499
在务工地是否有家的感觉	0.646	0.586	0.550	0.566	0.469
务工地安全感	0.659	0.629	0.591	0.616	0.532
得到老乡的帮助	0.611	0.566	0.515	0.540	0.443
得到政府和市民帮助	0.463	0.555	0.550	0.530	0.469
是否在意别人的看法	0.646	0.716	0.638	0.710	0.614
市民异样看法的承受力	0.611	0.581	0.614	0.629	0.532

表4-8 影响因子关联度及排序

影响因子	灰色关联度	排序
工作满意度	0.699	4
工作环境满意度	0.615	16
劳动报酬满意度	0.522	31
工作时间满意度	0.624	14
职工培训满意度	0.625	13
对劳动合同签订满意度	0.676	7
缴纳社会保险重要性	0.825	1
缴纳保险满意度	0.683	6
政府救助满意度	0.503	34
务工地购房愿望	0.523	30
居住满意度	0.617	15
与农村居住条件比较	0.613	17
在务工地定居欲望	0.599	21
把户籍迁到务工地愿望	0.523	29
户籍对生活影响	0.523	28
子女享受务工地教育资源满意度	0.509	33
子女享受务工地教育机会满意度	0.551	25
承担子女在务工地教育费用情况	0.491	37
社区服务满意度	0.496	35
参与社区活动满意度	0.496	36
与附近居民关系	0.664	10
务工地朋友数量	0.602	20
与工友关系	0.726	3
融入务工地程度	0.686	5
城市生活适应性	0.741	2
自己认为自己是城市人	0.569	23
市民认为自己是城市人	0.545	26
与市民的友好程度	0.665	9
城市生活满意度	0.662	11
对务工地文化了解程度	0.635	12

续表

影响因子	灰色关联度	排序
对务工地语言掌握程度	0.609	18
在务工地是否有家的感觉	0.564	24
务工地安全感	0.605	19
得到老乡的帮助	0.535	27
得到政府和市民帮助	0.514	32
是否在意别人的看法	0.665	8
市民异样看法的承受力	0.593	22

三、结果与分析

选取的37项影响农民工融入城市因素中，有20项因素灰色关联度大于0.6，有17项因素灰色关联度小于0.6的（表4-8）。其中关联度大于0.6的20项因素依次为：缴纳社会保险重要性、城市生活适应性、与工友关系、工作满意度、融入务工地程度、缴纳保险满意度、对劳动合同签订满意度、是否在意别人的看法、与市民的友好程度、与附近居民关系、城市生活满意度、对务工地文化了解程度、职工培训满意度、工作时间满意度、居住满意度、工作环境满意度、与农村居住条件比较、对务工地语言掌握程度、务工地安全感、务工地朋友数量；关联度小于0.600的17项因素分别是：在务工地定居欲望、市民异样看法的承受力、自己认为自己是城市人、在务工地是否有家的感觉、子女享受务工地教育机会满意度、市民认为自己是城市人、得到老乡的帮助、户籍对生活影响、把户籍迁到务工地愿望、务工地购房愿望、劳动报酬满意度、得到政府和市民帮助、子女享受务工地教育资源满意度、政府救助满意度、社区服务满意度、参与社区活动满意度、承担子女在务工地教育费用情况（高玉峰等，2012）。

灰色关联理论表明，关联度越大的，说明该项因素和城市融合的关联程度越大。当 $r=0.5$ 时，两因素的关联程度大于0.6，便认为其关联性显著。关联度大于0.6的因素可以说明在城市化过程，农民工对这些方面的满意度比较高；而关联度小于0.6的17项因素则说明了农民工对这些方面的满意度较低，也就是当前农民工社会融合的制约因素，这17项制约农民工社会融合的因素可以概括为以下几方面：一是户籍制度问题；二是子女教育问题；三是政府救助问题；四是社区服务问题；五是工资待遇问题；六是住房保障问题。

四、讨论

（一）户籍制度是影响农民工城市融合的关键因素

目前我国正在由城乡二元户籍制度向户籍登记制度转变，但长期以来形成的这种城乡二元户籍制度及附加在这种制度上的各种相关政策，严重地影响了我国农民工在城市的各方面的生活，严重地制约其社会融合进程（董章琳等，2011）。本文中农民工对"户籍对生活的影响"和"把户籍迁到务工地的愿望"两个因素灰色关联度均低于0.6，说明现行的户籍制度是影响农民工社会融合的关键因素之一。

（二）农民工子女平等享受受教育的权利是农民工城市融合的一个制约因素

子女教育问题是摆在农民面前的一个非常现实的问题，农民工进城务工，非常希望自己的子女也一同到城里接受教育，享受到城市的优质教育资源（邹显林，2012），虽然近些年国家也下大力气采取了各种有力的措施，但事实上并没有达到令人满意的效果，有的地方解决了九年义务教育，但比九年义务教育更重要的更高一层次的教育，也是影响农民工子女今后能否更好发展的关键性教育阶段。农民工的文化层次都比较低，他们多饱受无文化之苦，都非常重视子女教育，倾全力为子女创造良好教育环境，73.2%的人计划将子女送到务工地学校接受教育，70.1%的人对教育资源享受上表示不满意或很不满意。尽管几年来国家采取多项措施尽最大努力解决农民工子女在城市接受教育问题，建立了农民工子女学校，并积极解决异地参加高考问题，2016年全国30个省市拿出了异地参加高考实施方案，但这也是"万里长征"第一步，如何科学合理地安排农民工子女异地高考还有一段很长的路要走（孟颖颖等，2011；宋承，2012），今后子女教育的问题仍是农民工城市融合的制约因素之一。

（三）社会保障制度的全面覆盖是农民工城市融合的重要因素

随着《社会保险法》的颁布实施，缴纳社会保险已经走上了法制化的轨道。从调查结果来看，农民工对五险一金的缴纳比较满意（国家统计局，2009）。农民工社会保障体系除社会保险之外，社会救助也是非常重要的，但由于户籍政策等原因，往往农民工在务工地得不到应有的社会救助，本来处于弱势的农民工群体，在遇到困难时更处于劣势地位，严重地阻碍了农民工社会融合进程，农民工对政府救助满意度的灰色关联度为0.503。

（四）社区建设是促进农民工城市融合的重要生活环境

社区是人们赖以生活的群体，是现实生活中不可缺少的机构，在农民工的城市融合过程中也发挥着极其重要的作用。农民工只有将自己置身于城市的某个社区中，成为某个社区中的一员，才能从这个社区享受到相关服务，参与到社区管理中，参加社区的活动，才能算是真正融入这个城市（李晓丽，2006），但80%的农民工居住在工棚和单位的宿舍中，他们虽然置身于城市，但他们的生活和市民脱节，他们"参与社区活动"和"获取社区服务"与城市融合的关联度都很低，均为0.496。社区服务好坏直接关系到农民工社会融合进程，这与黄匡时等（2010）的研究相同。

（五）最低工资收入保障是农民工城市融合的经济基础

经济融合是社会融合的基础，由于农民工文化水平不高，多数没有一技之长，他们在城市从事着最基层的苦、脏、累活，工资收入不高，农民工的微薄收入，不仅要维持自己的日常开支，还要供养子女上学，赡养自己的老人，留着以备特殊情况下需要，他们节衣缩食，节省一切开支，但每月下来能结余500~1000元的人数在20%左右，结余在1000~1500元的人数最多，占调查人数的80%，结余在1500元以上的人很少。由于收入低，限制了他们在城市生活，成为其社会融合的最直接的制约因素。这与高满（2011）对深圳市农民工城市融入意愿调查研究相同。

（六）住房条件的改善是农民工城市融合的根据地

农民工在务工地居住和购房的欲望都非常强烈，目前居住条件非常差，没有固定的住房在一定程度上限制了其城市化进程，安居才能乐业，这是市民城市化过程中必须要解决的一个问题。

五、原因分析

（一）二元制度的长期实施阻隔了农民工市民化的进程

农民工在城市融合中涉及4种身份：制度性身份、基于交往视角的社会性身份、他人认同的身份、自我感知性的身份（曾旭晖等，2003），虽然转换角色可以通过农民工的努力做到，但转变身份则需要制度与社会的认同，而现有体制和身份安排使得农民工在心理认同方面表现出自我矛盾性，这种自我矛盾性导致了认同困惑与身份焦虑，乃至认同危机，从而产生一系列社会隐忧（彭远春，2007）。农民工的进城动机对其融入城市生活有显著影响：为挣钱贴补家用外出打工的农民工，城市融入度较低。而为学技术或开阔视野外出务工的农民工市民化意愿更高（刘清华，2011）。曾旭晖认为农民工对城市的认同度越高，越倾向于留在城市生活。作者调查显示参加培训的农民工中21~25岁的人员选择提高学历和提高技能的分别占35.8%和36.7%，选择更新观念的占18.3%，选择扩大交往的最少，占9.2%。26~30岁的人群更注重更新观念，基本上占这个年龄段人数的一半。

1. 土地制度　　农民工家里有地，心里踏实。当城市不能容身时，随时准备撤回农村。土地所有权界定不明是农民工不能放弃土地的一大原因。黄锟（2011）认为为了促进农民工市民化，农村土地制度改革必须按照有利于明确和保护土地物权的思路，建立以承包权为核心的农地产权制度、基于承包权的农地流转制度和基于土地物权的农地征用制度。土地流转权是建立在土地所有权基础上的，没有明确的所有权归属，土地流转权就是不成立的。由于我国的土地所有权主体不明确，权属也含糊不清，我国的土地流转权法理支撑不足，形成的流转机制不健全成为阻碍农民工市民化的一大障碍。

2. 户籍制度　　长期实行的户籍制度将公民身份划分成了农村居民和城市居民两种

泾渭分明的属性。由于户籍制度不同，造成与之相连的就业、社会保障、子女入学等政策限制，使得为城市做出巨大贡献的农民工无法和受到服务的市民们不能一同享受他们自己创造的劳动成果和社会进步，待遇完全不同，在当前是影响农民工市民化的重要阻碍因素。

（二）社会阶层歧视，延滞了农民工市民化的过程

传统的有关人口流动的研究主要是研究人口从农村向城市流动、从一个地区向另一个地区的流动过程，人口流动的规律是从经济不发达的地区向经济发达的地区流动，从条件不好的地区向条件好的地区流动，这和人的需求是一样的，马斯洛的需要层次理论认为人的低层次的需求得到了满足后，会追求更高层次的需求（胡伟等，2015）。研究认为，融合与适应不同，融合是两个事物互相渗透，你中有我，我中有你，而适应是一个事物趋向和另一个事物相一致。农民工城市流动的过程，实际上是农民工再社会化的过程，简单地说就是向社会学习的过程。人的一生时刻都是在社会化，这是社会化理论的进一步发展，儿童社会化得到了普遍认可，其实青年人、中年人、老年人都有社会化的过程。不同人群的社会化方式不一样，农民工的社会化其实也是一个学习过程，他们不仅要学习先进的技能，以提高市场竞争能力，提高职业质量，改变自己的生活，同时还要学习市民的生活方式、研究市民的思想，实现和市民的心理融合。

农民工融入城市生活应满足以下几个条件：一是在城市有相对稳定的职业，这是农民工的职业性质决定的，农民工的职业就是工人，其次身份是农民，进城务工的主要目的是在城市找到一个相对稳定的、人们能够认可的、能够给家庭带来生活保障的职业，如果连一个职业都没有，称不上农民工，更是谈不上城市融合问题。二是通过职业活动及职业活动带来的经济收入应该和市民没有太大的差别，才能逐步改善农民工在城市的居住、交通、教育等的所需条件。三是通过职业活动、取得相对稳定的经济收入后，通过和市民的交往，通过向市民的学习，农民工的生活方式、人际关系、人生观、价值观、消费观、婚恋观等一些潜在的价值观要和市民趋同，也就是说农民工要彻底改变原有的各种观念，逐步形成新的价值观念，而且这种新的价值观念应该与务工城市的市民的价值观念相接近或者是趋同，至少也应该是被务工城市市民所接受。可以从三个方面概括社会融合，一是经济层面上融合，二是社会层面上的融合，三是心理层面上的融合，只有这三个层面都融合了，才是真正的融合，这三个层面中，经济层面是基础，心理层面是根本，就是说心理融合了才是真正的融合。

贝克尔的歧视经济学理论说明歧视有工资歧视、职业歧视、雇佣歧视等；帕雷的劳动力市场分割理论，把劳动力市场分为两级，一级市场的就业工资较高，工作条件优越，就业稳定，安全性好，作业的管理过程规范，升迁机会多；江时学的边缘化理论主要特征是社会参与不足的"边缘化"。社会参与有主动和被动之分，在被动参与中，人是社会进程的客体，但处在"边缘化"的不能，使农民工不能最大限度上获得由发展带来的社会和经济上的好处；韦伯以经济、声望和权利三个标准对社会成员进行分层的社会阶层理论和平

等理论。韩俊等（2010）认为，一些城市对外来人口尤其农民工工作进行限制，这是为农民工向城市流动人为地设置了障碍，阻碍了农民工城市融合进城，妨碍了农村城镇化，与国家加强社会主义新农村建设政策相违背。进城的农民工不但受到了歧视，同时也延及其带到就业地的下一代子女就学的歧视。

此外，农村劳动力和城市劳动力"同工不同酬"、拖欠农民工工资问题严重，进城农民的子女上学问题难以解决，政府的歧视政策一时难以完全消除，农民工法律知识欠缺也不能正常维护自己的正当权益（李喜英，2005）。

社会空间理论给研究农民工城市融合提供了新的视角，关注农民工的生活空间，在"生活世界"当中重建农民工的形象（张江龙等，2008）。在城市居住，如果没有城市户籍，不管是常住还是暂时居住，都被认为是流动人口。有高认知能力的人的自信心强，更能找到好工作和做好工作。而社会资本如朋友、亲人在城市重新建立社会关系网络的农民工要比没有再建关系网的农民工获得更多的收益。

（三）组织平台缺失，影响了农民工市民化管理工作效率

城市融合给农民工工作带来挑战，农民工是城市的一员，农民工的继续社会化、再社会化，以及市民化和城市市民的重新塑造，是造就新型的市民——"和谐市民"的必然过程，也是建立和谐城市、和谐社会，加快城市化的必然过程。

就业制度的滞阻妨碍了农民工职业发展，使劳保待遇难以保障，以至于农民工融入城市进程缓慢。教育制度的滞阻不仅致使农民工的技术培训难以持续，更使得农民工子女教育发展困难。由于农民工子女长期生活在城市中，对城市文明更为向往，但是由于户籍身份限制，他们不能进入更好的公办学校读书，只能参加职业学校的考试，不能像城里孩子一样正常参加中高考，无法得到平衡的心理预期，容易产生对城市文化的反感，滋生逆反心理，也截断了农民工子女想通过教育提升社会身份的渠道。社会保障制度的滞阻使农民工的合法权益得不到有效保障（张丽艳等，2012）。"老有所依""老有所养"是所有人的希望和目标。我国计划生育的政策也在改变农村的养老模式：土地的保障和来自于子女的赡养。目前我国城市养老保险制度发展不健全，大多数农民工养老保险参保率低，等老年时生活得不到有效保障。此外、除工伤保险外，医疗保险、失业保险、生育保险等用人单位也不能完全实行国家政策，便出现了农民工有病不能及时救治、失业只能靠亲戚朋友救助的局面。目前农民工呈现出"三低两多"的特点：小微企业农民工劳动合同签订率低，一线农民工工资收入总体偏低，参加城镇职工社会保险的比例较低；在高危行业、污染企业工伤事故和职业病较多，劳动争议案件较多（刘清华，2011）。

制约农民工市民化进程因素包括：观念、城市发展水平、政策、制度、信息和素质等。张春辉等（2014）也认为农民工的年龄、受教育程度、个人年收入、是否失业、是否拥有医疗保险、在城市务工时间和在城市居住时间等因素对其市民化意愿有着显著影响。在城里，农民工的收入买不起商品房，而廉租房等保障性住房又因为身份问题被排斥在圈外。国务院农民工办课题组撰写的《中国农民工发展研究》表明：①73.45%的农民工买不起房是不愿定居城镇和不

愿在城镇买房的首要原因,而没有住房也是农民工在城市工作生活的最大困难。调查中还发现城镇对农民工的公共服务有待于进一步提高(表4-9)。②58.01%的农民工表示就是能在城市买房也不愿意放弃家里的承包地和宅基地的权利。

表4-9 农民工的住房来源

人群	住房面积/m^2	承受总房价/万元	在不同住房来源中的比例%			
			单位免费	提供租房	商品房	其他
农民工总体	2.92	2.39	38.70	63.14	7.94	28.63
农民工	2.82	2.60	44.12	64.43	5.06	24.26
中间人群	2.73	2.24	42.32	64.19	6.33	25.10
市民化意愿程度	3.28	2.73	28.42	62.88	13.05	33.53

六、解决农民工问题思路

农业部部长韩长赋(2010)指出要抓紧解决促进农民工转移就业、农民工工资、农民工子女教育、农民工的社会保障、农民工住房、城市如何对待与接纳农民工和农民工转移后的农业生产发展这7个问题才能解决好农民工问题。通过对农民工调查以后,作者认为要想解决农民工城市融合问题,目前更需要解决以下五方面的问题。

(一)户籍制度改革

《国务院关于深入推进新型城镇化建设的若干意见》中提出要加快户籍制度改革、全面实行居住证制度、积极推进城镇基本公共服务常住人口全覆盖。要进一步深化户籍制度改革,促进农民工在城市落户,享有和城市市民同等的权利和义务,除特殊超大城市有购买房屋、投资和积分等方面的要求外,其他城市均没有要求,同时积极解决农民工子女在城市上学和升学问题。加快调整完善超大城市和特大城市落户政策,根据城市综合承载能力和功能定位,区分主城区、郊区、新区等区域,分类制定落户政策;以具有合法稳定就业和合法稳定住所(含租赁)、参加城镇社会保险年限、连续居住年限等为主要指标,建立完善积分落户制度,重点解决符合条件的普通劳动者的落户问题(文尚卿,2011;李家,2016)。积极推进居住证制度,使居住证全部覆盖到未落户人口,保障居住证持有人同等地享有相应的权利,享受到社会最基本的公共资源,同时享有办理出入境证件、申领机动车驾驶证等便利。积极推进城镇基本公共服务覆盖到所有常住人口,保障农民工子女同等地接收到城市的优质教育资源,保障农民工平等地接收到职业技能提升培训,保障农民工子女在学校和市民统编一个班,不单独编班。加强城市社会保险改革,使农民工在农村参加的养老保险和医疗保险直接纳入到城镇社保体系(张辛欣等,2014)。

2016年9月19日,北京市向社会发布《关于进一步推进户籍制度改革的实施意见》,将建立城乡统一的户口登记制度，取消农业户口，统一登记为居民户口（乌梦达等，2016）。至此，全国陆续已有30个省（自治区、直辖市）出台文件取消农业户口。国家行政学院教授竹立家认为户籍制度改革是打破城乡户籍壁垒的关键一步，在公共服务均等化方面提供制度、政策上的保障，促进整个社会的公平正义。农业户口和非农户口的主要福利差别是土地和享受的公共服务。农业户口的权益是宅基地和承包责任田，而非农户口在医疗、教育、社保等方面承载了更多福利。"执行居民制度不是剥夺农民的财产，而是给予农民平等的身份，平等的待遇。农民的财富不但不会降低，还会保值增值，促进公平"。北京市人社局公布的《2015年度北京市社会保险事业发展情况报告》显示，截至2015年末，北京市有174万农民参保城乡居民养老保险，基础养老金为470元。因此，取消农业户口后，农民在养老、医疗等方面的福利将得到更多提升。

（二）土地制度改革

《国家人权行动计划（2016—2020年）》的目标之一是推动《土地管理法》修改及其配套法规立法工作。对农村集体所有土地征收、集体经营性建设用地入市、宅基地管理、不动产权属调处等制度进行积极探索，适时开展立法研究工作。

1. 农村土地确权和农村土地流转机制有序市场化　　土地确权是依照法律、政策的规定确定某一范围内的土地的所有权、使用权的隶属关系和他项权利的内容。2008年10月，中共中央十七届三中全会发布了《关于推进农村改革发展若干重大问题的决定》，提出了要逐渐健全严格规范的农村土地管理制度，搞好农村土地确权等有关工作，确保农村土地规范化管理。2011年"十二五"规划纲要提出要"搞好农村土地确权、登记、颁证工作，完善土地承包经营权权能，依法保障农民对承包土地的占有、使用、收益等权利"。2011年2月，农经发2011〔2〕号文件《关于开展农村承包经营权登记试点工作意见》中指出承包经营权登记的主要任务是要查清承包地块的面积，包括土地的空间位置，建立土地经营权登记簿，解决好长期以来农村土地承包面积不准、位置不清、四边不确定、农民之间争议较大及由此引发的各种问题，切实把承包的土地面积量准，把农民的争议解决好，把农民承包土地的合同签好，把土地的经营权落实到相应的农户，不出现任何争议，依法赋予农民土地的承包经营权，使农民有更加充分的保障，解除农民的后顾之忧（陶然等，2013）。2013年中央一号文件提出，"用5年时间基本完成农村土地承包经营权确权登记颁证工作，妥善解决农户承包地块面积不准、四至不清等问题"。2015年，湖南、湖北、江西、江苏、甘肃、宁夏、吉林、河南、贵州等9省（自治区）被纳入土地确权登记颁证试点范围。全国政协委员许健康表示目前我国建制镇有19 683个，乡有12 395个，镇乡合计32 078个。如果通过土地整理置换流转，集约土地，为农村发展二、三产业提供建设用地，能大大推动城镇化的建设。

"土地确权是农村土地合理流转和实现农业机械化、创新农业生产经营方式的基础。健全完善农村土地承包权流转市场，引导农民发展适度规模经营，培育种粮大户、养殖大户，支持发展专业化、集约化生产"（陈晨，2015）。大力发展农民合作社、农业产业化龙头企业等新型市场主体。当农民的土地进行市场开发时，还可以根据确权的基础，进行土地"增值溢价捕获"，即政府的公共投资和基础设施建设是农地转非农地过程中增值的关键。政府可以与土地原权利人谈判，无偿征收部分土地用于基础设施和公用事业建设，从而捕获土地价值上涨中得益于公共投资的那一部分（李家，2012）。把类似于村办企业、工厂等农村集体经营性建设用地建立入市制度，并与国有土地"同权同价"，农民可以利用出让、租赁、入股等多种方式，实现集体经营性建设用地的保值和增值。

2. 宅基地新政出台，进城农民可以出让宅基地并获补偿　改革完善农村宅基地制度，探索进城落户农民自愿有偿退出或转让宅基地，改革宅基地审批制度。

对人均耕地少、二、三产业比较发达的地区，原则上或不再进行单宗分散的宅基地分配，而是通过集中建设农村公寓、农民住宅小区落实一户一宅。而对于那些在城镇落户的农民，他们村里的宅基地可以在"自愿"的前提下，有偿退出，由村集体出资购买。河南已经出台政策，要求各地市建立农村宅基地退出资金库，对自愿退出宅基地且不再申请新宅基地的农民，给予一次性经济补助。

十二届全国人大常委会第十八次会议听取和审议了《关于授权国务院在北京大兴区等232个试点县（市、区）、天津市蓟县等59个试点县（市、区）行政区域分别暂时调整实施有关法律法规的决定》。太仓市农民仇永兴用2897亩农田经营权作抵押，得到了3000万元贷款，成为苏州农村土地贷款第一个"吃螃蟹"的人。但要建立城乡统一的建设用地市场还有大量工作要做。党的十八届三中全会《中共中央关于全面深化改革若干重大问题的决定》明确了农村土地制度改革的方向和任务。中共中央办公厅和国务院办公厅联合印发了《关于农村土地征收、集体经营性建设用地入市、宅基地制度改革试点工作的意见》，这标志着，我国农村土地制度改革即将进入试点阶段。2016年3月6日，在政协"积极稳妥推进城镇化，着力提高城镇化质量"提案办理协商会上，国土部副部长胡存智表示，有10个省市已经出台，或者正在制定集体建设用地流转的规章制度。而国土部正在研究制定国家层面可以执行的政策，促进农村集体建设用地进入土地市场，公开出让（赵飞飞等，2015）。国家发改委也在调研的基础上正抓紧编制《城镇化发展规划》和《促进城镇化健康发展的政策意见》。

《国务院办公厅关于切实做好当前农民工工作的通知》对违法流转占用的农民工土地提出了具体的处理办法，首先如果农民工提出要求退还的要退还给农民工，如果不能退还的也要安排返乡农民工就业。只有口头协议的，原则上要退还给农民工。提出任何组织和个人都不能强制或者限制农民工的土地流转，更不能剥夺农民工流转土地获得收益。

（三）养老保险跨区或全国范围内接续

自2010年1月1日起施行的《城镇企业职工基本养老保险关系转移接续暂行办法》，从根本上解决了城镇职工包括农民工在内的长期以来一直不能得到解决的养老保险的跨地区接转问题，提出了养老保险的跨地区接转办法，以10年为一个基本单位领取养老保险，以最终工作满10年的地区为最后领取养老保险的地方，如果由于工作变动频繁，在每个地方工作都不满10年，从户籍所在地领取养老保险。《社会保险法》规定："个人跨统筹地区就业的，其基本养老保险关系随本人转移，缴费年限累计计算。个人达到法定退休年龄时，基本养老金分段计算、统一支付。具体办法由国务院规定"。2010年以来，各省（自治区、直辖市）相继出台了养老保险接转的具体方法。例如，北京市人力资源和社会保障局发布了《关于印发北京市基本养老保险关系转移接续几个具体问题处理意见的通知》（京人社养发〔2011〕120号），对北京市养老保险转移接续工作的相关问题做出了明确的规定。

《城镇企业职工基本养老保险关系转移接续暂行办法》中对于农民工养老保险有特别规定："农民工中断就业或返乡没有继续缴费的，由原参保地社保经办机构保留其基本养老保险关系，保存其全部参保缴费记录及个人账户，个人账户储存额继续按规定计息。农民工返回城镇就业并继续参保缴费的，无论其回到原参保地就业还是到其他城镇就业，均按《暂行办法》规定累计计算其缴费年限，合并计算其个人账户储存额，符合待遇领取条件的，与城镇职工同样享受基本养老保险待遇；农民工不再返回城镇就业的，其在城镇参保缴费记录及个人账户全部有效，并根据农民工的实际情况，或在其达到规定领取条件时享受城镇职工基本养老保险待遇，或转入新型农村社会养老保险"。

（四）以城市最低生活保障为主的社会救助服务

1997年9月2日国务院下发了《关于在全国建立城市居民最低生活保障制度的通知》（国发〔1997〕29号），在全国建立城市居民最低生活保障制度以妥善解决城市贫困人口的生活困难问题。2012年《国务院关于进一步加强和改进最低生活保障工作的意见》（国发〔2012〕45号），确定了工作总体要求和基本原则，提出从户籍状况、家庭收入和家庭财产三方面认定最低生活保障对象条件，提出了建立救助标准与物价挂钩联动机制，科学运用基本生活费支出办法、恩格尔系数法和消费支出比例法等计算方法，合理地制定最低生活保障标准。在最低生活保障审核审批程序、申请救助家庭的经济状况核对办法等方面做了详细的规定，提出了最低生活保障对象动态管理的新的管理机制，同时在投诉举报等监督方面都做出明确的规定。

2012年9月，财政部、民政部《关于印发〈城乡最低生活保障资金管理办法〉的通知》中规定城乡低保对象价格补贴、节日补贴等临时或一次性的生活补助资金，应当每月10日前足额发放到户。

十八届三中全会提出要"推进城乡最低生活保障制度统筹发展"，有助于打破城乡二元壁垒，保障民生底线公平，让更多困难群众享受到经济发展成果。2015年7月1日起，延庆开始实施城乡低保标准统一，农村低保标准由家庭月人均670元调整为710元（表4-10）。这标志着，北京13个涉农区全部实现城乡低保标准一体化。2016年以来，上海、北京、天津及福建、广东、贵州、江苏、辽宁、宁夏、浙江等10多个省（自治区、直辖市）相继调整最低生活保障标准，部分城市实现了城乡低保标准的"并轨"。其中，上海2016年城乡低保标准最高，为880元/月，苏州次之，为810元/月，而北京则排名第三位，为800元/月，北京低保标准于2015年实现了城乡统一。

表4-10 2016年各地城乡居民最低生活保障标准表

地区	城市低保标准	农村低保标准	调整日期
上海	880元/月	880元/月	2016-7-1
苏州	810元/月	810元/月	2016-4-1
北京	800元/月	800元/月	2016-1-1
重庆	420元/月	230元/月	2015-10-1
天津	780元/月	700元/月	2016-4-1
南京	750元/月	750元/月	2016-7-1
杭州	744元/月	744元/月	2015-11-1
太原	500~530元/月	320~400元/月	2016-1-1
石家庄	550元/月	4000元/年	城镇低保从2016-1-1起 农村低保从2015-12-1起
呼和浩特	515~565元/月	3644元/年	2015-1-1
武汉	580元/月	320元/月	2015-1-1
长沙	450元/月	450元/月	2015-7-1
广州	745元/月	745元/月	2016-1-1
南宁	290元/月	130元/月	2015-10-1
海口	520元/月	460元/月	2015-7-1
成都	450~550元/月	450~550元/月	2015-11-1
贵阳	545~583元/月	3336~6996元/年	2016-1-1
昆明	475~530元/月	215~295元/月	2015-4-1
拉萨	640元/月	2450元/年	2015
西安	565元/月	3200元/年	城镇低保从2015-7-1起 农村低保从2015-10-1起
兰州	387~515元/月	2453元/年	2015-5-30前
西宁	403元/月	2970元/年	2016-1-1
银川	440元/月	3150元/年	2016-4-1
乌鲁木齐	395元/月	215元/月	2015-7
沈阳	620元/月	380元/月	2016
长春	360~510元/月	2800~3000元/年	2016
哈尔滨	510元/月	3500元/年	城镇低保从2015-10-1起 农村低保从2015-1-1起

续表

地区	城市低保标准	农村低保标准	调整日期
合肥	510元/月		2015-2016
福州	3000~6840元/年	3000~6840元/年	2016
南昌	480~510元/月	310元/月	2016
济南	525~580元/月	不低于4165元/年	2016-4-1
郑州	550元/月	320元/月	2016-7-1
青岛	580~650元/月	470~580元/月	2016-4-1
厦门	7320元/年	7320元/年	2016

注：数据来源于应届毕业生网http://shebao.yjbys.com/zhengce/401976.html

（五）以经济适用房和廉租房实物或租金补贴为主的政府补贴性住房安排

国务院2016年2月6日发布的《关于深入推进新型城镇化建设的若干意见》提出了推进农业转移人口市民化和完善城镇住房制度等多项举措，为我国城镇化发展提供了指南。提出了购买和租用并举的城镇住房制度、租赁补贴制度、实行差别化的信贷政策等（刘清华，2011）。没有购房能力的或者不愿意购房的可采取租赁的方式解决农民工租房问题，提出了具体的租赁补贴办法，包括住房保障的申请、审核、公示、复核等。

1. 纳入住房公积金管理　　2016年4月，江西、湖北等地将农民工纳入住房公积金管理范围。河南、甘肃则要求用工单位将建立稳定劳动关系的农民工纳入住房公积金制度覆盖范围，使农民工享受到住房公积金保障政策。

2. 发放购房、租房补贴　　通过发放购房补贴等方式，吸引进城务工农民工在城市购买房屋。河南下发了《关于促进农民进城购房扩大住房消费的意见》，鼓励有条件的县市区政府对进城务工农民工购买首套商品房的，给予一定比例的购房补贴，或按所购房屋应缴纳契税额度的适当比例给予购房补贴。安徽规定对于自愿退出宅基地并还耕、还林的农民，进城购买商品住房（含二手住房）的，可按其退出合法宅基地的面积，给予一次性购房奖励。在江苏泗阳，农民进县城购买普通商品住房，给予1万元安家补贴。

3. 推出形式多样的购房贷款　　广东、吉林等省份与当地农行进行合作，推出形式多样的购房贷款。湖南规定农民工购房贷款首付款最低比例为20%。2016年两会记者会上，住房和城乡建设部部长陈政高表示，在鼓励、引导农民工进城购房过程中，多家银行主动而为，特别是中国农业银行的"农民安心贷"，仅2016年1月就为5.4万户家庭发放了170亿元贷款。

第五章

新生代农民工培训理论基础及国外培训模式研究

第一节 新生代农民工培训的理论基础

有关培训的理论基础起源于国外,以发展个人技术和提高企业劳动生产率为基础,提出了在职培训和成人教育的强化理论、社会学习理论、学习过程理论等。20世纪90年代提出了学习型组织理论,经过多年的实践,培训理论得到了进一步的完善和提高,进而进一步应用到实践中,指导实践,取得了较好的效果。在这些理论中,被多数人认可的有终身教育理论、成人教育理论、马斯洛需求层次理论、人的全面发展理论、人力资本投资理论及培训迁移理论等。

一、终身教育理论

1965年联合国教科文组织成人教育局局长、法国的保罗·朗格朗正式提出"终身教育"。终身教育冲破传统教育在教育对象、教育时间、教育空间方面的限制,认为人的一生在不同的阶段都要保持教育、学习和训练的连续性,不断地更新知识,保持应变能力。终身教育主张在人需要的时刻以最好的方式提供必要的技能和知识,教育方式既有学校教育,又有社会教育,既有正规教育,也有非正规教育。终身教育将人的一生划分为两个阶段,即学习阶段和工作阶段,提出家庭教育、学校教育和成人教育三者相结合。终身教育的目标是提高人的社会适应性,充分发挥人的潜能,进而提高人的生活质量。

终身教育的特点主要体现在终身性和广泛性、民主性和普及性、灵活性和实用性。所谓终身性是指人的提升都要接受教育,这符合人的社会化理论。所谓广泛性是指接受教育的场所的广泛性,包括家庭、学校、社会;接受教育的方式的广泛性,包括正规教育、非正规教育;教育内容的广泛性,包括基本知识、基本技能、法律知识等(邓英剑,2011)。所谓民主性和普及性是指民众接受教育机会的平等,所有人,不论性别、年龄、种族、贫富甚至身体健康状况,都有权利接受教育,任何人没有权利剥夺他人的教育权,特别反对教育仅为精英层服务,实行选拔教育。所谓灵活性和实用性是指根据不同人的不同需求,教育部门或教育者为受教育者提供多种多样的教育机会,提供多种多样的教育方式方法,提供适合受教育者的学习时间、学习地点、学习内容、学习方式。

终身教育理论自20世纪80年代传入中国,逐渐被人们所接受,国家也积极采取各种措施,推进终身教育,构建终身教育体系,建立学习型社会。目前终身教育理论已经深入人心,作为新生代农民工,接受到学校的正规教育少,知识和技能缺乏,工作上遇到的难题不能得到有效解决。因此,这为开展新生代农民工培训具有非常典型的指导意义。

二、成人教育理论

早在柏拉图时代就创办了成人教育，柏拉图创办的"学园"即专门向成人提供政治咨询和管理训练的内容，这是成人教育的雏形。后来英国出现的"工人讲习所"就是具有"成人教育"性质的学校。波尔首先提出了"成人教育"，1951年瑞士的海恩奇·汉塞尔曼在《成人教育学：成人教育的本质、可能性和界限》一书中首次明确了成人教育学的定义。成人教育可以满足社会成员生活和职业发展的需求，帮助成年人增长知识和技能，获得晋升的机会，进而提高生活质量。成人教育主要有4种理论，分别是成人学习理论、生存余力理论、熟练理论、知觉转换理论。

诺尔斯提出成人学习理论，阐述了正规教育理论的局限性，提出开发成人教学法的必要性。提出了6个成人学习的假设条件：①成人知道他为什么学习；②成人有清晰的自我概念，可以进行自我指导；③成人有丰富的工作经验，学习与生命阶段的发展有关；④成人会带着要解决的问题参加学习；⑤成人会因受到自己内部和周围外部的激励而学习；⑥成人的学习意识。成人在学习过程中能够较容易地把理论和实践结合起来，注重知识的可操作性和实践性，但成人又有思维的固定性，因此要采取多种方法打破。

麦克卢斯（1971）提出生存余力理论，认为"一个人总是在他需要的精力与可提供的精力之间寻求平衡，那些消耗个体精力的事情，叫做生存负载，处理这些负载需要生存力量，无论生存负载还是生存力量，都由外部因素和内部因素构成，当个人的实际能力增加或者负担减少时，生活余力增加。反之，生活余力减少，人们可以通过调整能力或者负担来控制生活余力"。该理论认为，成年期处于个体能力需要与现实需要可能性之间寻求平衡生长的变化时期，学习动力的强度取决于生活余力的大小，学习是成人调整能力和负担的重要手段。

麦基罗（1977）提出知觉转换理论，认为成人的知觉和经验是分离的，知觉会随着社会生活的变化而不断发展变化。经济环境和社会生活发生变化，促使个人经验不断发展，导致新经验和原有的知觉不符合，个体认知失调，知觉系统被修改，发生知觉转换。知觉转换发生时，成人认识到自身的认知与生活或者工作环境存在不协调，产生危机意识，在这种危急意识的作用下，为了恢复任职和谐，最有效的途径就是通过学习，完成从不和谐知觉向新的和谐知觉转换。诺克斯（1980）提出熟练理论，该理论内在含义主要是个体抓住时机实现自我满足的能力，它包含了个体的学习和工作态度、知识水平、工作能力及熟练程度，是一个渐进的变化过程。成人的学习不仅是一种内在的变化发展过程，也是一种与外界相连的活动，角色定位和周围环境因素对人的熟练水平不断提出新的要求，当低一级熟练发展到高一级熟练之后，又会产生更高一级的熟练要求，人必须不断地努力去实现新的熟练。这种为实现高一级熟练而不断努力、不断提高自身能力的要求就是成人参加学习的动力。

三、马斯洛需求层次理论

1943年，美国心理学家亚伯拉罕·马斯洛在《人类激励理论》中提出了需要层次理论，该理论认为人类存在两方面的需求：一方面是生理需求，是低级层次的需求包括生存的需求和安全的需求等；另一方面是高级需求。低级需求是人的本能或者是冲动，高级需求是在生物进化过程中人类逐渐显现出来的需求如社交的需求、尊重的需求、自我实现的需求等。一般在不同时期，人们对各种需求的迫切程度也不同，当人的低级需求得到满足以后，人们会追求更高层次的需求。生理的需求、安全的需求和感情上的需求都属于低层次需求。低层次的需求是人类赖以生存的基础，通过外部条件刺激如物质激励就可以得到满足。但一旦低层次需求得到基本满足后，物质激励就不会再起主要作用，高层次的需求就会在这时候出现。高层次的需求往往都是精神方面的需求，如对尊重的需求和自我实现的需求，而且这时候外因要通过内因起作用，只有个人内在强化的动力才能实现自己高层次的需求。而且高层次的精神需求是永无止境的，但这也是人类进步的潜在推动力。

（一）第一层次是生理需求

生理需求是人类最低层次的需求，也可以说是动物的本能需求。如果最低层次的需求得不到满足，关系到人的生理机就不能正常运转，人类的生命可能会因此受到严重威胁。因此，生理需求在最初人类进步过程中是推动人们采取行动解决问题的最重要的动力之一。马斯洛认为人类只有满足这些最基本的生理需求后，高层次的需求才能成为支撑他进步的新的激励因素（邓泽民等，2002）。因此，生理需求是人类最基本的需求，外界刺激会起很重要的作用。但是，当人类的生理需要满足后，外界刺激对人们的激励就不再起作用了。

（二）第二层次是安全需求

当人背对大型猫科动物时很容易遭到它们的攻击，因为他们认为这是他们的食物。为了安全需求，非洲在草原上的居民想出一个办法，用一顶人脸面具带在头上，让大型猫科动物认为都是正面对着他，人类就安全了。因此马斯洛理论认为：人的感觉器官、听觉器官、嗅觉器官等整个身体是一个有机体（王涓，2006），在面对安全问题时，能最大限度地调动起全身每一个细胞，发生生理反应，成为寻求安全的工具。

（三）第三层次是社交需求

作为社会中的人，每个人都希望与他人建立一种良好的社会关系，存在一定的情感互动，并形成感情上的相互依赖。情感需求是人类感情上的满足、心理上的认同。人以群聚，鸟以群分，如果情感需求得到满足，人们就会心情愉悦，工作动力十足；如果情感需求得不到满足，人们就会产生懊恼、烦躁等情绪，对工作产生厌烦，往往频繁换工作的人就是情感需求没有得到满足（关金艳，2013）。因为感情上的需求更为复杂，它往往和人的教育经历、家庭环境、宗教信仰等都有关。

(四)第四层次是尊重需求

社会中的每个人都希望体现自己的社会价值,社会价值高低往往就体现在别人对自己的态度上,也就是是否被尊重。"喂""那个谁"等称谓让人听了很不舒服,这就是社会对自己的尊重问题。另外,还有自尊问题,即对自己的尊敬问题。要想让他人尊敬,必须先尊重自己。内部尊重,即自尊,是指一个人希望在各种不同情境中对自我认知的程度较高,有能力胜任一定的工作,对待事物充满信心,对待决策能够独立自主;外部尊重是指一个人希望享有较高的地位,在社会上有较高的威信,在社会交往中能够得到别人的尊重、信赖和高度的评价(罗丹枫,2011)。马斯洛认为如果人的尊重需求能适当得到满足,就能使人对自己增强自信心,对社会也满怀激情,充分体验到自己在社会活动中的价值;反之,人就会意志消沉,对待人和事变得消极,进而形成抑郁情绪。

(五)第五层次是自我实现需求

当上面四个层次的需求得到满足后,人们就会增强自信心,不断增强解决问题的能力,不断提高自觉性和感悟性。这时自我实现需求就会浮现出来,自我实现需求是人类最高层次的需求,通过最大限度地发挥个人的能力和水平从而实现个人的理想、信念和抱负等,最终完成过去认为完不成的事情。马斯洛理论还提出,每个人的能力需求不同,实现时间不同,实现的途径也不同,最终实现的标准也不同,因人而异,没有一个统一的标准,更没有人生价值高低贵贱之分(王丽娟等,2007)。自我实现需求其实就是自己的一种心理暗示"我能行"。所以通过努力在人生不同阶段提出不同目标,将自己的潜力发挥出来,才能使自己逐步成为自己所期望的人,这就是自我实现需求。

人力资本之父舒尔茨论证了人力资本和物质资本谁发挥的作用更大,明确指出人力资本是促使进经济增长的主要因素,并且比物质资本更为重要。人力资本包括正规教育、在职培训、医疗保健、迁移等多种形式,实施投资决策是基于人力资本投资前后的差异与投资成本的比例分析,当一个人认为人力资本投资具有收益时,就会通过培训提高就业能力,达到提高个人收入的目的。卢卡斯认为,人力资本课题通过两种途径获得:一是学校正规教育,提高劳动者的技能,进而提高个人收入;另一种是在职培训,为他人提供生产经验。人力资本投资可以带动经济增长,较好地描述经济增长和收入差距问题,具有如下特点:一是人力资本存在于人的身上,表现为知识、技能、体力的价值总和;二是投资可形成人力资本,投资渠道往往包括学校教育、营养和医疗保健费用、就业成本、在职培训和迁徙费用;三是人力资本投资是经济增长的主要源泉,可以明显地提高工作质量。人力资本的投资主体主要有雇主和员工。贝克尔斯提出人力资本投入的基本原则是:谁受益,谁花钱;共同受益,共同花钱。

在实证上,舒尔茨考察了农民教育培训对美国农业经济增长的贡献,农民的知识技能水平与农业生产率之间存在正相关关系,提高农民的人力资本对农民增收具有长期的正向促进作用。

四、人的全面发展理论

古希腊哲学家亚里士多德提出教育应该遵循人的自然行程,由体格教育到培养人的理性精神。夸美纽斯在其著作《大教学论》一书中提出了泛智教育理念,认为教学必须"遵循自然",所有的人都应该受到完善的教育,只有不断地学习才能和谐发展。马克思主义理论认为,人的全面发展理论强调人的全方位持续发展,是人的知识、能力、经验等充分而自由的发展,是人的各种潜能和素质的充分发挥发展,每个人的自由发展是一切人的自由发展的前提条件,需要关注每个人的发展和社会的和谐发展。毛泽东同志提出:我们的教育方针,应该是使受教育者在德、智、体几方面得到发展,成为有文化的且有社会主义觉悟的劳动者。这是人的全面发展理论与中国实践相结合具有中国特色的全面发展理论(赵辉,2015)。人的全面发展最根本是指人在德、智、体多方面全面发展,提升和促进劳动能力,提高劳动者的素质。农民工有全面而持续发展的需求,又接受继续教育和培训的要求,应享有与其他社会成员同等的接受教育的机会和权利。

第二节 国外职业教育模式

发达国家十分重视农民培训,以提高农民的综合能力,提出培训内容要有针对性和实用性,通过立法来保障培训工作,在实践中建立了非常完善的培训体系,通过对农民的培训,推动了社会经济的发展,促进了社会就业。西方各国职业教育发展到现在,创建了适应本国国情的较为完善的职业教育培训模式,具代表性的教育模式有:美国的"CBE"模式、德国的"双元制"模式、日本"单元制"模式、瑞士"三元制"职业教育模式、法国的"行政式"模式、国际劳工组织的模块式技能培训(MES)模式、英国和澳大利亚为代表的能力本位教育培训(CBET)模式。

一、美国的CBE模式

(一)CBE模式概况

美国CBE培训模式又称为"宽专多能型"教学模式,发源于加拿大,广泛应用于美国、加拿大等国家,是以能力本位为基础的教育模式,是较为先进的职业教育模式,源于美国心理学家布鲁姆的教育思想,认为能力倾向是时间变量、教学评价是矫正系统(指导学生该如何学)、掌握是教学行进的前提。CBE的能力内涵是指完成某个职业中某项任务的可观察和度量的表现行为,这种行为集合了使用工具、设备、材料和技术的知识、技能和态度。CBE模式以综合高中、社区学院等为主要载体，以教学课程体系为基础，办学形式灵活、多样，管理科学。CBE模式认为"名师出高徒"，不管任何水平的学员在高水平导师的指导下最终都能熟练地掌握所学的内容，学员成绩的不同是由不同学习环境所造成的，而不是学员本身的差异，教育的实施者应该注重学，而不是教。

（二）CBE模式的运行模式

美国职业教育具有大众性，职业教育主要是由学校承担，企业、雇主参与程度低。CBE模式分为职业能力分析（DACUM）表制订、学习包的研制与开发、教学管理与实施、教学质量评价四个阶段。

1. 职业能力分析表制订　　首先组成专业委员会，专业委员会的成员是行业中的专家，专家应该具有代表性，由学校聘请。专业委员会根据岗位需要情况，对其进行分解，在分解的基础上列出职业能力分析表，确定出从事职业人员要具备的相应的能力，明确培养的目标和方向。

2. 学习包的研制与开发　　由学校根据培养目标组织有关教学人员，根据教学规律和DACUM表设计的内容，根据相同或相近的原则，将各项能力进行总结、归纳，形成教学模块，制订教学大纲。

3. 教学管理与实施　　教师要根据每位学员的不同起点和最终设计目标，分别为他们逐一确定教学计划，学员按此教学计划，到学习资源室、实训课堂或在教师指导下，或利用个人学习系统，逐一模块地刻苦学习掌握专项能力。

4. 教学质量评价　　当学员确信可掌握某项专项能力时，先进行自我评价，自评合格后，再由指导教师进行审查。

（三）CBE模式特征

（1）该模式的教学计划打破了传统的以学科为体系制订，而是以职业能力把DACUM表所列出"专项能力"从易到难分解为一个个小目标，在此基础上进行职业分析，确定学生要掌握的综合能力，据此在不同阶段设置不同的学习科目，制订评价标准，最后达到培养的目标。

（2）该模式的优点在于以学员入学时能力作为制订教学计划和开设学习科目的基础，每一个学员学习的内容、期限、计划、时间安排等都因人而异，根据新学员原有经验制订学习目标及他们所获得的最终能力来灵活确定教学目标，确保其用较短的时间来完成课程的学习。而不是像普通大学一样学生知识的获得往往都是以学科或学术知识体系为基础进行教学安排的。

（3）该模式的质量评价标准更强调学生自我学习和自我评价。教师在学生学习过程中主要扮演指导者和管理者角色，负责按照DACUM表列出的各项能力编出模块式学习包。该模式要求学生对自己负责，根据自己的实际情况来制订和完成学习计划，当完成学习任务后自己要先进行自我评价，认为合格后再由教师考核评定。

（4）该模式教学方式灵活多样。CBE模式传授系统个性化，每个学员的教学方式都是不一样的，要求必须有一套严格、科学、合理的管理制度，以确保教学质量。

二、德国的"双元制"模式

"双元制"模式又称为"双重职业训练制度"，是德国职业教育体系的核心，倡导实践操作和理论教学紧密结合，是德国最具特色和成效的职业教育制度，为德国培养了大批优秀工人，促进了德国第二次世界大战后的经济发展。其中"一元"是指职业学校，另"一元"是指企事业单位，也就是在培训过程中，学生一边在企业进行实践操作，一边在职业学校学习相关理论知识，将理论和实践有机结合起来。

（一）"双元制"模式的概况

1969年德国《职业教育法》生效以后，政府建立了联邦职业培训研究所，现在叫做联邦职教研究所（BIBB），主要负责职业培训研发。《职业教育法》的颁布和联邦职教所的成立，为"双元"职业培训提供了法律依据和组织载体，职业学校和企业培训同时并举的职业教育得到发展和完善。"双元"表现在教学任务由企业和职业学校共同承担，同时还表现为学员具有双重身份——企业的徒工、职业学校的学生。联邦政府规定企业里的徒工必须上职业学校，在课程设置上专业课占60%，文化课占40%，学校的任务是传授专业理论知识，企业的任务是职业技能培训，职业学校居从属地位。在培训期间，企业负责为学徒发放工资。培训结束考试合格者颁发毕业证书，不合格者可以通过补习，再考取证书，取得毕业证书的学生可以到培训企业就业，也可以选择到其他企业就业。

（二）"双元制"的主要特点

"双元制"培养目标是提高学生的分析问题、解决问题及动手操作能力，提高学生的市场竞争力。教学活动的总目标是尽可能地为学生提供个性化教育，使学生在接受教育的过程中逐渐熟悉未来工作，其主要特点如下。

（1）理论和实践有机结合。学生每周有3~4天在企业里学习技能，另外的1~2天在职业学校里学习，学生既是学校的学生，又是企业的徒工，培训在很大程度上是以生产的方式进行的，从而使得学生毕业后可以快速进入工作岗位。

（2）企业与学校联系紧密。"双元制"职业培训体系和企业的大力支持密不可分，企业为学生提供实习基地，学校为企业输送合适人才。德国按照企业和行业的分类建立了"双元制"商会议院，对企业所管辖范围内的教育培训进行监督，并提出建议，商会议院负责为教育培训举办考试。

（3）严格的教考分离。学校和企业共同负责培训，但考核由行业协会来完成。学生在完成学校理论学习和企业的岗位培训之后，要参加行业协会举办的资格考试，考试合格后才能颁发资格证书，学生持此类证书可以就业，整个西欧都承认。

三、日本"单元制"教学模式

日本政府十分重视职业培训和技能鉴定工作，上岗资格证是从业的必备条件，经过多年的实践，逐步形成一套完备的培训体系。从1980年开始，日本在东京等地推行了"单元制"培训模式。

（一）"单元制"模式概况

第二次世界大战以后，日本政府出台了一系列法律法规，来规范日本的职业培训。通过立法，来明确企业、政府及培训机构的职责。形成了职业中学、专科进修学校、短期大学和综合中学的多元化教育模式。从1980年开始，日本创建了"单元制"教育模式，和"双元制"相比，其主要是改变集中训练的模式，发展为个别训练，原先是重视过程，现在更重视结果。"单元"就是通过对职业进行分析、汇总，将职业进行归类，得到一组通用的"综合技能组"，每项综合技能组就是一个单元作业，而不是简单地把教学计划分成若干单元，每个单元都是社会通用的技术项目。

（二）"单元制"模式操作方式

制订单元作业的训练内容，安排具体训练项目。不论学习了哪个单元，只要掌握了相关技能，就业就能够有保证，学会的单元越多，就业的选择余地就越大。

（三）"单元制"模式主要特点

（1）产学结合与个别训练相结合。在培训内容上以单元制等级能力的培养为核心，学生通过与教师商量，选择适合自己能力的课程，学习进度可根据学员个人的实际情况自由调整，由教师制订个别训练计划。

（2）注重发挥培训教师的多重作用。相对于传统的培训教师而言，"单元制"培训不仅帮助学生树立正确的学习目的，而且进行独立研究和开发教学软件，对学生进行训练指导和重点指导，掌握训练进度。同时，教师积极开展对学生的职业指导，起到职业顾问的作用。

四、瑞士"三元制"职业教育模式

瑞士最初与德国等国家一样实行"双元制"职业教育模式。后来为了能够更好地适应瑞士社会经济文化发展，不断丰富职业培训的实践经验，学徒培训将传统的"双元制"模式进一步演变，成为企业、学校和培训中心或实训车间相结合的"三元制"培养模式。

（一）瑞士"三元制"职业教育体系构成

瑞士职业教育体系由职业准备教育、中等职业教育（VET）、高等职业教育（PET）和职业继续教育四个部分组成，已经建立起了从初级到高级、相互衔接的终身职业教育体系，各个等级之间均有紧密的沟通和合作。

（1）职业准备教育。初级学校或是职业指导中心承担职业准备教育功能，主要职责是为学生提供职业和学徒职位的信息，帮助学生了解自己的职业能力倾向。

（2）中等职业教育。中等职业教育是瑞士职业教育的主体，主要目标是为学生提供社会公认的从业资格，学生根据自己的兴趣、爱好和能力，选择不同的学习阶段。中等职业教育分为"企业为主导的学徒制"和"全日制学校为主导"两种模式，其中学徒制占主导地位。

（3）高等职业教育。在中等职业教育基础之上开展高等职业教育，重点为欧盟市场和国际人才市场培养应用型人才，主要由高等职业学校承担，与职业资格，职业考试密切结合。

（4）职业继续教育。职业继续教育是瑞士职业教育体系的重要组成部分。一般由私人组织负责，主要是提供一些正规和非正规的职业教育培训。

（二）瑞士"三元制"职业教育特点

（1）与时俱进的课程设置。瑞士是典型的外向型经济，职业教育一方面立足于本国的经济发展；另一方面又定位于国际人才市场。为适应本国经济发展和国际人才市场的需求，不断进行调研，紧跟市场需求，适时调整培养方案和教学大纲。职业教育以就业为导向，课程设置密切结合劳动力市场，顺应经济发展的实际需求，校企合作使培养计划紧密围绕企业的生产经营而展开，兼顾企业发展和学徒的兴趣，从而使学生毕业后能找到对口的工作。

（2）实行校企合作。瑞士的职业协会、社会团体和企业通过基础设施建设，运营自己的培训机构，践行"理论学习+实践总结"的教学模式，在企业和行业设立专门的培训中心，为学徒提供培训场所和岗位，并且支付一定的报酬，全面培养学员的实际动手和应用能力，形成企业、学校和行业组织相结合的"三元制"培养模式。

五、法国的"行政式"教育模式

法国职业技术教育包括中等职业教育和高等职业教育，中等职业教育在高中阶段完成，高等职业教育在大学阶段完成。目前法国职业教育呈现出新的特点，即普通教育和职业教育相互衔接，培养目标十分明确，职业教育向高层次转移，形成了规模大、层次多、十分完备的职业教育模式。

（一）法国"行政式"教育模式概况

法国职业教育是一种行政模式，政府是办学主体，培养的职业人才具有理论性高的特点。法国宪法规定，职业教育是国家责任。大区负责管理职业高中，高级技术员由大区管理，是高等职业教育；国家管理大学技术学院和职业学院。

法国实施以政府为主导的多渠道经费投入机制，经费主要来源于政府预算收入、财政补贴等。法国法律规定0.6%的学徒税，主要向企业征收，企业既可以把税金交给大区议会，又可以把税金给予对口的职业学校，作为培训经费。

法国职业教育通过国家政府、地方政府等层面的利益保障机构，保障其顺利实施。国家层面负责学校教育、高等教育，地方政府层面主要负责制定和实施职业训练，并实施为年轻人和成人职业训练发展的课程内容。

（二）法国"行政式"教育办学层次的类型

法国职业教育分为中等职业教育、高等职业教育。根据培养目标和学制的不同，中等职业教育又分为：两年制的职业高中、三年制的职业高中。两年制的职业高中主要安排普通文化课、技术教育课，同时安排学生到企业实习，学生毕业后获得"职业学习证书"。三年制的职业高中主要安排普通文化课、职业技术课，同时也安排学生到企业实习，学生毕业后获得"职业能力证书"。

高等职业教育包含高级技术员班、大学技术学院和大学职业学院。高级技术员班主要目的是通过提高毕业生的文化素质和技术水平，进而提高毕业生的就业能力和市场竞争力。大学技术学院毕业生属于高级应用型人才，可以直接就业。大学职业学院旨在培养工业和经济领域高水平的技术与管理人才。

（三）法国"行政式"职业教育的特点

法国职业教育坚持以就业为导向，直接为学生就业服务，注重校企合作，校企合作的主要形式是由地方政府举办的学徒培训中心，国家给参加学徒培训的企业一定的补偿，还可以减免"学徒税"。法国"行政式"职业教育特点主要如下。

（1）以市场为导向，为社会经济服务。为适应市场需求，法国成立了教育—经济—就业工作组或者高级委员会，由政府、企业、雇员代表和行业资深人士组成，专门分析教育、经济与就业之间的关系，提高毕业生的就业率和就业质量。

（2）多层次办学，取长补短。大学技术学院和高级技术员班虽然同属一个层次，但培养目标并不完全相同，各具特色，形成了相互竞争、相互补充、取长补短、共同发展的良好局面。

（3）办学定位准确，培养目标明确。法国职业教育学校极力打造品牌，努力创建特色。每名参训学员都要和培训企业签订培训合同，企业保证培训的系统性和完整性，提高培训质量。同时培训企业还承担着给学生提供实习岗位的职责。

六、国际劳工组织的模块式技能培训（MES）模式

MES模式以每个单项知识和技能的学习单元为基础，MES教学模式要求教师既能传授理论知识，又能进行实践操作的指导，是"实践+理论"双师型教师，其优点如下。

1. 教学内容贴近生产实际，缩短学员培训能力与就业的距离　　MES培训大纲是通过对工种、任务和技能分析分成模块而开发出来的，与企业的生产实际紧密相连。MES模式将传统的学科体系开发出若干个模块，建立了以就业职业岗位所需求的能力为培训体系的培训新模式。从而使得培训更加贴近生产、贴近实际。

2. 培训目标明确，内容适应性强　　MES中的每个模块都比较短小，又有明确的目标，它可以通过增删模块或单元来增减内容，保证培训内容跟上时代的步伐。让学员清楚地了解每个学习单元的内容，帮助学员完成每个学习环节所提出的要求，增加学员的学习兴趣，激发学员学习的积极性。

3. 提高学习效率，培训适用范围广　　MES模式让学生从最感兴趣的内容入手选修，直到学到最为需要的内容，学习兴趣不断得到激发，学习效果也越来越高，从而培养的学员动手能力强，具有较高的技术素质。该模式适用范围广，从职业技术学校教学到企业的职工教育培训；从企业职工教育中的岗位培训，到工人转岗培训和晋升培训都可以应用该培训模式。

七、以英国、澳大利亚为代表的能力本位教育培训（CBET）模式

以英国和澳大利亚为代表的CBET模式，是"能力本位的教育和培训"简称。该模式的特点是以能力为基础。这种模式突出地强调了教育培训的结果，关注于学生能否达到具体的能力标准，更适合实现职业培训目标。

（一）英国、澳大利亚的职业教育培训模式

英国的职业教育培训推行职业证书制度和国家能力标准。根据就业中所必须履行的工作职责和必须执行的工作任务制定国家能力标准，要对其中涉及的知识、技能做出明确说明。学习者经过努力取得所需要的职业资格。英国职业教育培训包括学徒训练和高等教育，以区域化培训网络为主体，通过设置行业技能理事会，并以高等教育作为辅助，改善教育和培训的供给。

澳大利亚职业教育取得许多成功经验，政府资助企业成立企业技能理事会，企业由技能理事会参与职业教育培训。澳大利亚的职业教育体系以技术和继续教育（TAFE）学院为办学主体，主要核心包括能力标准、评价指南、特殊职业领域的资格。

（二）CBET模式理念

CBET教育模式的教育与训练目的不仅仅是期望学生获得知识，而更是期望学生拥有具体实践能力与应用知识能力。CBET是培养学生达到设定能力标准的教育训练系统，由于学员的差异化特征，所以能力本位教育与训练具有很强的灵活性和开放性，强调培训课程和教学必须适应学员特点。CBET模式的主要运行方式是根据企业需要，开发培训项目和能力单元，学校按照能力标准或规定的评估指南对学生培训教育结果进行评估。

第六章

农民工培训调查研究

第一节　农民工培训的必要性

一、培训是提升农民工素质、提高就业质量的需要

根据《中国流动人口发展报告2015》，"十二五"时期，我国流动人口年均增长约800万，2014年末达到2.52亿。流动儿童和流动老人规模不断增长，预计到2020年，我国流动迁移人口将增长到2.91亿。外出务工农村劳动力中，初中以下文化程度的占76.5%，高中文化程度的占13.1%，中专以上的仅占10.5%，其中从未接受过任何职业技能培训的比例高达51.1%。

目前虽然农民工受教育程度和老一代农民工相比普遍提高了，但与每年700万大学毕业生相比，从业务能力、文化知识、科学素养、综合素质等方面都有十分大的差距。尤其是当今国家产业经济结构不断调整，每年数以万计的工种消失，随之而来的新兴产业不断出现，随着机器人的出现，以及"互联网+"时代的到来，对劳动者的综合素质要求越来越高，传统的知识和技能正被新的技能所取代，新技能的掌握需要劳动者拥有更高的综合素质，如果劳动者缺乏一定的职业技能，根本不能适应新形势对劳动者的要求。当前大部分农民工受教育程度及综合素质远远满足不了用人单位最基本的要求，从而使农民工在激烈的市场竞争中始终处于十分劣势的地位，要想改变目前农民工的实际状况，只有通过教育培训。通过教育培训，可以提高农民工的知识水平，使其掌握更多更好的专业知识和专业技能，提高他们的科学文化素养，增强他们的专业本领，提高他们的就业质量，帮助他们解决在生产生活中遇到实际问题，开阔农民工的视野，使其跟上时代步伐，逐渐推动农民工的城市融合，促进农民工的市民化进程。

二、培训是消除农民工市民化过程中的文化障碍、实现与市民心理融合的需要

当前农民工的主流是新生代农民工，他们的价值取向和老一代农民工相比有很大的区别，他们发展目标是融入务工所在的城市，实现与市民的融合，成为真正的市民。据中国青少年研究中心发布的《农民工研究报告》表明，有55.9%的人准备将来"在打工的城市买房定居"。目前我国多数地区已取消了农村和城镇户籍，实现户口登记制度，但是，由于农民工原有的生活习惯等多方面没有和城市居民实现对接，他们仍保持着原有的习惯，导致市民在心理上没有接纳农民工。调查数据表明，农民工认为市民对农民工友好和不太友好以致排斥的分别占36.5%、24.8%，主要原因是市民长期以来对农民工形成的偏见，但更主要的原因是农民工文化水平和综合素质较低。农民工的愿望是成为市民，由农村人改

变成为真正的城市居民,在城市永久和谐稳定健康发展,要想这样就需要农民工不断加强自身修养,改变传统落后保守的观念,改变农村遗留下来的不文明的生活方式及各种落后思想。通过教育培训可以加强农民工文化、法律、文明行为规范等学习,使农民工深入了解城市生活,了解城市的运行规律,了解城市文化传统,以便更好地适应城市的生活,增强农民工市民群体的归属感,克服乡土文化中的封闭、内向、散漫等消极思想,以主人翁姿态,积极参与到城市的各项活动中去,在心态和文化习俗上逐渐接近市民,最终达到与市民的心理融合。

三、培训是改善农民工生活状况、加强社会主义新农村建设的需要

与第一代农民工相比,新生代农民工已经远远不满足当前的生存现状,他们的期望值普遍提高,对工作环境、薪酬待遇、社会福利等方面都有较高的期望值。但由于农民工的文化程度普遍偏低、专业技能明显落后于接受过高等教育的大学毕业生,他们的科学文化素质、分析问题、解决问题能力都有待提高,因此农民工进入城市后大都只能从事繁重的体力劳动,他们从事的工作技术含量低,需要的技能不多,科学含量不高,工作环境恶劣,工资报酬低,导致农民工心理落差极大,尤其是"80后"的新生代农民工,他们多数是独生子女,从小接受的教育与老一代农民工相比有很大的不同,由于从小受到长辈的宠爱,有的甚至是溺爱,他们的心理承受能力不强,吃苦耐劳精神不足,抵抗挫折的能力较差,贪图享乐意识较多,他们到城市务工后,脱离了农村的生活环境,进入到了一个和农村完全不同的生活、娱乐环境,和农村相比形成强烈的心理反差,有的可能产生心理负担,如果他们的心理负担长期得不到合理的宣泄,没有合适的倾诉对象,久而久之会产生心理方面的障碍,进而产生心理问题,严重的可能引发心理方面的疾病,如果得不到合理有效的治疗,最终可能酿成悲剧,产生无法挽回的损失。

多数农民工的法律知识缺乏,法制观念淡薄,遵纪守法意识不强,有的由于不能很好地控制自己的言行,出现违法违纪行为,有甚者由于不能处理好各种关系或者是由于自己的头脑发胀、被各种因素诱导而走上了违法犯罪道路,甚至是一条不归路,辜负了父母的多年养育之恩。浙江省十里坪监狱通过对近5年入监服刑罪犯调查,有一半以上,有的年份达七成以上的农民工服刑人员实施的是暴力犯罪和团伙犯罪。因此通过有目的的教育培训,提高农民工的综合素质,进而提高农民工的业务能力,提高其市场竞争力,让农民工掌握一技之长,增强其社会适应力,提高农民工的就业质量,进而提高其生活质量,减少和城市居民的差距。通过对农民工心理的疏导和法制宣传教育,增加农民工法律知识,提高农民工心理承受能力和社会适应能力,增强农民工法制观念,提高农民工的社会认同感,逐步建立起社会主义和谐社会,进而促进社会主义新农村建设。

四、加强农民工培训是提高农民工生活质量的需要

当前用工单位在招聘员工的时候都要考虑员工是否有一技之长,多数企业不希望通

过自己的培养来提高农民工的技能,因为这样会提高用人成本,因此是否有一技之长是决定农民工能否有稳定的就业岗位的关键。农民工有了稳定的就业岗位,他们就会有归属感,有成就感;有了稳定的就业岗位,他们就能取得到稳定的报酬,他们的生活才能有着落。由于多数农民工没有接受过较为正规的职业教育或者高等教育,他们的专业技能水平普遍较低,多数适应不了当今时代对人才技能的需求,尤其"互联网+"时代对人才的要求。当前我国人力资源市场存在着"就业难"和"招工难"的现象,企业需要劳动者,但是有好多的农民工却不能很好地就业,究其原因是和劳动者的素质有直接关系。据原劳动和社会保障部2007年的调查显示,"农民工中有技术等级的人员比重为58.5%,而且技能人才以初级工、中级工为主(分别占25.9%和24.3%),高级工、技师和高级技师的比重相当低(分别占4%、2.3%和0.7%)"。目前进城务工的农民工的素质普遍不高,专业技能水平普遍偏低,他们只能从事对技术要求低的体力活,工资待遇较低,这严重地制约了农民工的就业质量和就业的稳定性。培训是提高农民工转移就业能力的一项重要措施,只有大力加强农民工培训,提高农民工的技能水平,才能从根源上解决农民工素质与企业用工需求相脱节的问题,才能促进农民工逐步实现稳定转移。

新生代农民工已成为农民工的主体,他们进城务工不仅有生存性的就业诉求,更有发展性的权益诉求,渴望自身发展,融入城市。今后一个时期,我国劳动力就业总量压力将长期存在,且劳动者职业素质和技能水平与岗位需求不相适应的矛盾日益突出。如何把数亿农村转移劳动力培养成符合现代产业发展要求的具有较高技能素质的现代产业工人,逐步缓解就业的结构性矛盾,是摆在各级政府和全社会面前的重要任务。加强农民工培训工作,是提高农民工转移和就业能力的关键,也是缓解"民工荒"与"就业难"并存的结构性就业矛盾的关键。

加强农民工培训,也是新时期促进农民工职业发展的要求。当前,随着技术进步和产业结构升级,各产业内部结构正在发生显著变化,一些传统产业逐步消亡,新兴产业不断产生。这种伴随三次产业之间的结构变化带动着劳动力就业结构和职业结构的调整。大部分传统职业对劳动者技能要求有很大提高,而新岗位技术、技能含量普遍高于传统职业。因此,强化农民工职业技能培训是使其适应新时期职业工作要求的基本前提。

五、培训是帮助农民工真正融入城市工作和生活的重要措施

"十二五"期间,我国总体上已经进入"以工促农、以城带乡"、破除城乡二元结构、统筹城乡发展的新阶段,给农民工提供了广阔的发展空间、为农民工市民化保驾护航的同时,客观上也要求加强对农民工培训,提高农民工技能素质,增强农民工就业和自我发展能力。在统筹城乡发展中,新的工作岗位、新的生活环境对进城农民工的技能水平、综合素质有了更高的要求。部分农民工的技能水平偏低是导致其就业稳定性差、流动率高,很难成为现代产业工人,不能顺利融入城镇的重要原因。与低技能劳动者的就业难、合同期短、流动率高相比,高技能劳动者就业容易、合同期较长、就业更

稳定。开展农民工培训，提高他们的技能素质，是统筹城乡发展、解决农民工问题的关键。

解决好城乡居民发展机会平等的问题，是全面建设小康社会和和谐社会的关键所在。而加强农民工培训，是提高农民工转移就业和职业发展能力的关键，因而也是新时期建设和谐社会和全面小康社会的重要内容。由"80后""90后"组成的农民工比老一代农民工更渴望真正融入城市，而加强农民工培训是帮助他们实现顺利和稳定转移的重要途径。

今后10年，我国将加快城镇化进程，这也成为我国经济发展的重要动力。城镇化的顺利进行离不开农村人口和劳动力向城镇和非农产业的顺利转移。城镇化的发展也为农村劳动力提供大量的就业机会和发展机会。未来我国城镇化健康发展的重要内容是实现农村人口与劳动力向城市和非农产业的稳定化转移，实现人口城镇化与土地城镇化的同步和协调。而要实现农村人口与劳动力的稳定化转移，关键因素是要提高农村转移劳动力的技能素质。加强和改进农民工培训工作，是实现城镇化健康发展的关键环节之一。

第二节　农民工教育培训需求特点

一、农民工具有较强的培训愿望

当前在城市务工的农民工多数出生在20世纪80年代以后，通常把出生在20世纪80年代以后的具有农村户籍却又不在农村从事农业生产、在城市从事工人工作的人，称为新生代农民工。这个称呼最早是由王春光提出，后经专家学者的反复研究、探讨，得到了国家的认可，2010年中央一号文件中写进了新生代农民工。新生代农民工由于受教育程度、生长的环境、接触的事物与老一代农民工有很大的区别，他们的人生诉求和老一代农民工相比也有很大的不同。虽然他们教育程度普遍提高了，但多数人还只是初中毕业，一部分人高中毕业，他们接受新鲜事物的能力强，社会责任感强，但是，新生代农民工与众多的高校毕业生相比，无论是从科学文化知识、专业技能、分析问题、解决问题的能力及各种综合素质等方面都存在着非常大的差距，这些差距使得农民工的市场竞争力明显低于高校毕业的大学生。随着互联网普及，机器人的逐渐应用，"互联网+"时代的到来，新旧工种不断更替，新兴产业及高技术产业对劳动者的综合素质的要求越来越高。例如，目前被大家所推崇的精准农业、高端农业、有机农业、绿色农业、观赏农业、微农业等都是对传统的原始农业的挑战，对劳动者有更高的要求，传统的耕作、栽培方式远远不能满足新的农业的要求，同样对劳动者的素质要求也是越来越高。要求劳动者不仅要具有传统的技术，更要求劳动者具有现代的管理理念，要具有现代的农业技术，要具有新型农机具的使用能力，要具有信息和网络的应用能力，等等。

不仅信贷农业需要有较高的劳动技能和较高的综合素质的劳动者，各行各业都是一样，都需要综合素质高的劳动者，以适应新形势对人才的要求。由于农民工接受教育的时间较短，多数农民工的基本素质、专业技能、分析问题和解决问题的能力和单位的要求都有一定的距离，他们受教育程度、知识技能掌握的情况不能满足用人单位的最基本要求，和每年700多万的大学毕业生相比，他们始终处于劣势地位，在目前市场竞争如此激烈的环境下，农民工只能从事最底层的工作，干的是体力活，工作环境一般比较差，工资待遇较低、没有法定的节假日，社会保障问题、子女教育问题、住房问题、老人赡养问题都不能得到有效的解决。

农民工在实际工作中已经强烈地感受到了由于接受教育时间短、专业技能的缺乏、文化知识的不足、人际交往的障碍、思想观念的落后等原因给他们在城市工作、学习、生活带来了诸多问题。他们深深认识到这些问题的解决不是一蹴而就的，需要时间，需要自己坚持不懈的努力，知识的缺乏是农民工和市民形成差距的主要原因（邓晓丽，2007），为改变现状，为了自己更好地发展，为了实现自己的目标，达到和城市市民的实质融合，他们深深地领悟到只有通过参加培训，通过学习才能改变自己目前的现状，通过提高自己的科学文化水平和综合素质，掌握过硬的专业技能，提高自己的市场竞争力，提高就业质量，增强自己的谋生本领，才能改变和市民较大的差距的现状，才能不断地优化自己的生存环境和工作环境，改善自己的生活方式，提高自己的生活质量，实现自己的人生理想。

二、农民工参加培训的动机明确

农民工参加培训的目的和动机都十分明确，是通过培训提高自己的素质和专业技能，增强市场竞争力，以便找到心仪的工作。调查中有85%左右的农民工希望参加某项培训后能帮助他们找到一个理想的工作，他们都想通过培训的途径，实现自己的人生价值，他们不会因为其他原因去参加培训，他们会觉得是浪费时间，不会给他们带来任何好处，他们不会做"赔本"的买卖，通常只顾眼前的利益，只要有好处就积极参与，没有好处就不参与，这也是他们的通病。农民工培训都是为了找到一份好的工作，改善自己的工作环境，提高自己的工资待遇，改变自己的社会地位，使自己有一个体面的工作，通过培训增长自己的才干从而达到改变自己长期以来农村固有的封闭、保守、落后的生活现状。

三、农民工对培训内容需求与时俱进

多数农民工具有初中学历，具有高中及以上学历的人数不多，他们一般是接受九年义务教育后就进城打工了，甚至有的人初中都没有毕业，他们的文化水平都不高，由于农民工都没有接受过正规的职业技能培训，也没有经历过师傅带徒弟模式的学习，他们多数没有一技之长，没有可以依赖的技能，他们更迫切需要通过培训学习来提高自身的职业技能和科学文化知识，培训的目的性及农民工的功利性决定他们希望在短期内能够尽快提高自身的职业技能。

调查结果表明农民工对培训的内容具有一定的选择性，他们需要投入不多、见效快、市场需求多、工资待遇好、工作条件好、有发展前景的技能，农民工对教育培训内容的需求主要集中在现代的技术上，包括计算机方面的、互联网方面的、管理方面的、财会方面的及其他应用技术，如电子商务、网上营销、计算机应用、酒店服务、社区管理、家政服务、物流管理、旅游服务、市场营销、财务管理、会计电算化、电脑维修、建筑设计、三维动漫、打字复印等技术含量高的工作，尤其是具有发展前景的工种更能得到农民工的青睐。但是他们对传统的工种比较排斥，像建筑行业、车间修理、厨师、理发师等传统的工种他们基本不感兴趣，更不会牺牲赚钱的时间去参加培训。随着国家政策的调整，大众创业、万众创新时代的到来，农民工对创业培训越来越产生浓厚的兴趣，他们需要企业管理知识、需要国家创业方面的政策法律法规、需要市场调研和开拓及人际沟通等方面的知识等，这些也是我国目前积极倡导的培训内容。

农民工在选择培训内容上也具有一定的盲目性和从众心理，自己不知道应该学习什么，更不知应该参加哪些培训，别人学什么自己也跟着学什么，别人报什么班自己也报什么班。

四、农民工对培训形式的要求越来越多样化

农民工多数就职于建筑行业、服务业、制造业、交通运输业、旅游餐饮业，他们的工作时间一般都较长，每天工作在10小时以上，没有节假日和双休日，他们的劳动强度大，一般从事的都是体力劳动，从事脑力劳动的几乎没有，超长的工作时间、繁重的体力劳动，导致农民工参加教育培训的时间难以保证，参加培训的精力也不足。传统的培训方式很难让农民工接受，他们面临着种种矛盾，一方面想参加培训，另一方面又没有时间或精力参加培训。因此，在培训的设计上要符合农民工的实际情况。

农民工繁重的工作任务，决定着他们需要参加培训时间要求不长、培训形式灵活多样、培训效果明显、参加成本较低的培训，这样他们可以安排出时间和精力来选择自己喜欢的培训内容，不至于耗费太多的时间，不至于影响目前的工作，从而影响他们的经济收入。

从农民工培训的地点的选择上来看，他们不希望去离工作地或居住地较远的地方，他们不希望在路上耽误太多的时间，因为他们的工作时间一般都较长，时间对他们来说都比较紧，因此更希望到交通方便、离住处较近的培训机构参加培训。

至于培训的方式，农民工不喜欢理论教学，更希望实景教学模式，把教学环境和实际的工作环境进行整合，教学环境就是工作环境，工作环境也是教学环境，把教学和工作统一起来，边学边做，传统的课堂教学被农民工所否定。

从培训的时间上来看，农民工更愿意参加培训时间较短的培训，这样他们请假也容易一些，不至于由于参加培训而耽误了现有的工作，或者是失去现有的工作，对于培训时间较长的培训，一般没有人参加。

从培训机构的选择上来看，他们都愿意到正规的培训机构，如政府批准的培训机构、国家注册的中职学校、高职学校或是到高等院校参加培训，私人的培训机构一般不受青睐。

第三节 农民工教育培训需求影响因素分析

影响农民工教育培训的因素比较多，概括起来有个体因素和社会因素两方面。

一、个体因素

外因通过内因起作用，内因是关键。农民工是否愿意参加培训，内因起到决定性的作用，如果农民工认识到培训的重要性，他们会积极地参加培训，如果他们没有认识到培训的重要性，培训的积极性就不会高。由于农民工自身生长的环境不同，家庭背景不一样，受教育的程度、经济收入情况的不同，导致自身的观念和素质不一样，表现在外部形式上是对培训的需求不一样。调查研究表明，农民工的教育培训需求和他接受的教育程度呈现正相关性。也就是说，学历越高的农民工接受培训的愿望越强烈，学历越低的接受教育培训的愿望越低，这可能是因为学历高的人接受新鲜事物的能力强，对培训畏惧感小；学历越低的人接受新鲜事物的能力差，对培训的畏惧感大。

同时，经济收入情况也影响农民工的培训需求，经济收入越高的人对培训的需求越大，经济收入越低的人对培训的需求越小，这是经济基础决定的。很难想象，连温饱问题还不能得到解决的人，能够拿出资金参加培训，这是天方夜谭，只有有了可利用的资金，才能考虑拿出来参加培训；有过培训经历的人，通过培训提高了自己的待遇，改变了自己的生活，他们参加培训的积极性会更高，相反参加过培训，对改善自己生活没有任何影响的人不会再参加培训的，改善了生活的人体验到的是正强化，所以今后参加培训的积极性就高，没有得到改善的体验到的是负强化，所以参加培训的积极性就会降低。性别、婚姻状况、年龄等因素对农民工教育培训需求基本没有影响。

二、社会因素

社会因素对农民工教育培训的积极有很大的影响，尤其是国家政策的影响。国家政策具有导向的作用，如果国家积极倡导培训并为培训制定了相关的制度如管理制度、激励机制、措施保障等，会调动培训机构和相关农民工参加培训的积极性，反之则会降低农民工培训的积极性及培训机构组织培训的积极性。

目前我国政府特别重视农民工培训工作，把农民工培训作为一项重要的工作来抓，也出台了一系列制度，中共中央、国务院、人力资源和社会保障部等许多部门都纷纷出台相关文件政策,来进一步完善和规范农民工培训工作,使培训工作有一定的依据。但是,目前我国没有关于农民工培训方面的立法,没有出台比较完备的有关农民工教育培训方面的法律,还没有从国家层面上升到法律层面,使有关农民工培训方面的政策变动性较大,我国农民工培训工作缺乏有效的法律作保障,没有形成有法可依、有法必依、执法必严、违法必究的良好局面,使得培训工作有一定的人为因素,不够规范,培训的结果可能得不到有效的使用,影响了农民工参加培训的积极性主动性,导致农民工不愿意参加培训,认为培训没有得到好处,得不偿失。

而对于培训机构来讲,由于农民工参加培训的积极性不高,反而影响了培训机构培训的创造性的发挥;培训机构提供的培训内容与农民工培训需求之间不对等,存在着错位,培训机构提供的培训服务农民工不需要,而农民工需要的培训,培训机构却不能及时提供,培训的知识技能并不是农民工所需要的,导致农民工参加培训的积极性不高,培训机构培训的内容不能紧跟形势,技术落后,发展潜力不大,市场前景不广泛,培训的满意度不高。

影响农民工参加培训积极性的因素还有教育培训的成本比较高,培训成本占农民工工资收入的比例比较大,由于农民工的工资待遇都比较低,培训投入的积极性都不高,受到培训经费的限制,农民工的潜在的培训需求不能立刻转化为现实的培训需求,使培训的人数大幅度减少。

媒体的导向作用也是非常重要的,媒体的宣传报道会对农民工参加培训起到十分重要的影响,媒体做正面宣传会大大激发农民工培训的积极性,相反媒体做负面的宣传报道,会对农民工培训起到阻碍作用。总之,社会因素也是影响农民工培训积极的重要因素之一。

第四节 当前对农民工培训存在的问题及对策分析

一、农民工培训存在的问题分析

(一)农民工对培训重要性的认识不到位

农民工整体接受正规教育时间短,文化水平相对来说不高,多数人在学校学习成绩较差,他们对当前的经济形势及就业趋势判断不准确。他们误认为工作不需要参加正规培训,只要是在入职前简单地学习一下,基本上也能胜任工作,他们不愿意为教育培训投入自己的时间和精力,更不愿意个人投入培训经费,认为培训可有可无。多数用工单位同农民工没有签订劳动合同,有的单位虽然和农民工签订了劳动合同,但合同期限都比较短,一般不会超过一年,甚至有的单位为了规避法律责任不和农民工签订劳动合同,反而和劳动者签订劳务合同,以规避由于签订劳动合同而引发的法律责任。

虽然大多数农民工对自己的人生进行了规划,都有美好的愿望,但他们的规划都具有一定的局限性,并且由于他们中的大多数对自己的人生没进行过认真规划,具有一定的盲目性,一般是哪个单位需要劳动力就去哪个单位,哪个单位出的工资多就去哪个单位,职业流动性非常大。一般向好的单位、工资多的单位、效益高的单位、环境好的单位流动,而用工单位根本不愿意让他们参加培训,怕农民工培训耽误了工作,影响单位的经济效益。因此应加强对培训重要性的宣传教育,提高农民工参与培训的积极性、主动性,切实提高培训的吸引力。

(二)农民工培训机制有待进一步健全

虽然国家非常重视农民工培训工作,也采取许多切实可行的措施,目前全国有关农民工培训的机构很多,既有正规的职业院校,又有社会力量成立的办学机构,还有各种协会的职业培训机构。各类培训机构都能对农民工进行职业技能培训,都会取得一定的培训效果,但是由于我国针对农民工的培训缺乏完备的法律作保障,有关农民工培训的文件由教育部、劳动和人力资源社会保障部等多部门出台,每个部门的立场和观点不完全一致,缺乏统一领导,监管措施不力,使教育培训工作流于形式,没有达到应有的教育培训效果。目前各部门发布的有关对农民工教育培训的政策性文件宏观性的要求比较多,原则性的规定比较多,具体的实施方案较少,可操作性不强,甚至有的文件没有经过调研,根据性不强,已有的多是侧重对农民工培训措施和步骤的规定,有关农村劳动力转移等方面规定,没有建立起教育培训配套保障措施。结果是培训的好与差效果是一样的,既没有奖励措施也没惩罚措施,培训的评价体系不健全,更没有针对农民工的特点进行立法,制定出相对比较完善的法律法规,从而使对农民工教育培训工作无法可依。

(三)有待加大对农民工培训经费投入

国家一直非常重视农民工教育培训问题,积极采取有效措施,增加对农民工培训的经费投入,对促进农民工培训工作的有效开展、提高农民工整体素质、提高农民工的市场竞争力进而提高就业质量和生活质量起到了积极的作用。中国是一个农业大国,农业人口占80%以上,农民工的数量超过了2亿,如此庞大的农民工群体,要做好对他们的培训工作是极其困难的,当前的培训满足不了农民工的要求,尤其是在对农民工培训投入经费上和发达国家相比相差甚远。2004~2006年,国家投入12.5亿元作为农民工培训经费,地方政府也投入12亿元,政府平均给每位农民工投入的培训费用为100多元,虽然国家投入了很多,但是平均到每位农民工身上数量还是很少,只是高等教育投入的千分之一。国家对高等教育财政投入仅一所大学就数以亿计,甚至十几亿,相比之下,国家对农民工教育培训经费显然不足。在目前大学毕业生供大于求的情况下,用工单位也不愿意投资加强对农民工的培训,企业也没有把对员工培训作为一项人力资源投资。长期以来,用人单位已经习惯了"拿来主义",不愿意自己去培训,习惯于让本科毕业生从事专科毕业生工作,专科毕业生干普通工人活,企业不愿意在培训上投资为农民工教育培训埋单。

(四)农民工培训内容培训方式有待进一步优化

大多数培训机构对农民工教育培训时没有考虑到他们的文化基础,农民工和在校的学生不同,他们文化基础比较差,不能把职业院校的教学内容直接拿来教授农民工。一些培训机构尤其是个人申请创办的农民工培训机构师资力量严重不足,教学设施不配套,实训基地缺少,培训教师以临时招聘的兼职人员居多,有的培训教师没有任何教学经验和实践经验,教师队伍极其不稳定,教师素质参差不齐。培训内容与市场需求脱节,与农民工的需求不适应,培训内容陈旧,针对性不强,市场前景不广泛。一些培训机构培训方式简单,以课堂讲授为主,动手操作少,理论授课多,没有实景教学,学习和工作差距较大,培训后不能马上应用到工作中去,仍然需要到企业去实践,灵活性不强,不能学到有用的技能以提升自己的就业质量。农民工培训的积极性不高,培训的参与度不大,表现出对培训工作的不满意,甚至有的农民工都后悔参加培训。据杨海芬等调查,对培训内容不满意和非常不满意的占56.7%,对培训形式不满意和非常不满意的占32.3%。当然不是所有的培训机构的培训效果都不好,国外也有许多成功的经验值得借鉴。

二、加强农民工教育培训对策分析

(一)加强立法,使农民工培训有法可依

世界各国共同的做法是将农民工教育培训法制化,也取得了许多成功经验,这对促进农民工教育培训起到了积极的作用。而我国目前有关农民工培训方面还没有立法,已有的教育培训机构多是个人或者公司成立的,公办的并不多,多以获得利润为主要目标。由于培训利润的驱动使得培训工作的功利化特别明显,有的培训单位钻国家政策的空子,通过培训套取国家拨发的培训费用,但没有将这些培训费用完全用在培训上,打着培训的幌子,并没有真正地开展培训工作。且由于立法缺失,严重地影响农民工教育培训工作有序开展。由于没有农民工培训方面的法律作保障,许多政策出自不同的部门,没有统一起来,无法对培训效果进行有效的监督。

因此,从国家层面必须加强立法,制定农民工培训工作相关法律,使培训工作有法可依,有章可循,要制定农民工培训机构的标准,逐步建立农民工职业教育培训机构的准入制度,同时要规范培训机构的条件及培训机构进入的程序,对于不符合标准的机构不能申请农民工培训任务,建立培训效果的奖惩激励机制,建立培训机构评估机制,做好优胜劣汰,建立培训机构竞争进入,进一步完善职业资格证书制度。培训结束后由劳动和社会保障部有关部门进行职业技能鉴定,考核培训的效果,实现培训和鉴定工作相分离,这既是对培训机构的考核,又是对培训学员的考核,更是对培训的指导。同时,加强对培训工种的管理,制定每一个工种的考核标准,使培训工作目标明确。建立培训资金监督管理机

制，明确各方面的责任，确定培训资金的管理部门和具体的管理办法。发挥多方面的作用，加强社会舆论、网络宣传、政府机关、新闻媒体、用人单位及社会公民的监督、评价、考核功能，培训工作做得好坏，不是由培训单位，而是由用人单位等第三方来评价。

（二）增加经费投入，构建立体的农民工教育培训经费投入机制

培训经费问题一直是我国农民工有效培训的最大障碍，我国人口众多，农民工人数比例较大，这样一个庞大的群体，由于经费投入少，远远不能满足农民工培训的需要，长期以来，有关培训经费问题一直困扰着农民工的培训工作，制约着培训工作的开展，从而成为提高农民工素质的障碍，是阻碍农民工融入城市的瓶颈。尽管政府采取多种措施，逐年提高农民工培训经费，对培训农民工起到了积极的作用，但随着农民工数量逐年增加，落实到每个学员身上的培训经费极其有限，每个农民工得到的补贴微乎其微。

政府投入固然起作用，但是，不能只依靠政府投入，国家财政在逐年加大农民工教育培训经费投入的同时，可采取各种有效措施积极筹措培训基金，建立多方位立体化的资金筹措机制。国家立法，要求用人单位从上缴的费用中拿出一部分，个人从自己的工资中提取出一部分，社会公益事业单位捐助一部分，国家从税收中分配一部分，建立全方位立体化的农民工培训经费筹措机制。还可以通过筹资的方式，建立农民工教育培训专用基金，定期或不定期地对农民工进行先进技术、职业技能、科学文化、心理健康、法律法规等方面的教育培训，提高农民工的科学文化素养，加强职业技能培训，提高分析问题、解决问题的能力，提高农民工的各方面素质和科学文化知识，提升农民工的职业技能和技术，提高农民工的生活质量和幸福感，促进农民工和市民的心理融合，最终实现农民工市民化过程，加快农民工融入城市步伐。

国外在农民工培训中取得了许多成功的经验，值得借鉴。国外在义务教育的最后一年增加了职业教育，对于不想升学的学生通过专门的职业教育，提升其职业技能，以便尽快适应社会，尽快走向工作岗位。因此，我国也可以考虑对于考学无望或者由于其他原因不愿意继续深造的，在初中实行分流培养，在九年义务教育中挤出一年或者是增加一年，加强对这类学生的职业技能培训，或者采用"订单培养"的方式，通过与企业合作，将学生培训合格后直接输送到企业，直接走向工作岗位。

（三）加强培训基地建设，发挥培训基地的重要作用

培训基地是农民工教育培训的载体，没有培训基地，有关农民工的教育培训无从谈起。培训基地的形式多种多样，既可以是国家正规的职业院校，也可以是企业，还可以是有关组织或者个人成立的培训机构，加强农民工教育培训基地建设，增强基地的培训承载能力，促进基地在提升农民工技能方面的重要作用十分重要（高玉峰等，2012），做好基地的培育工作是做好农民工培训工作的重要环节。

要充分利用好现有的各类正规的大中专院校，这些院校的师资力量雄厚，科研能力比较强，具有和生产相接轨的高级实训工厂，在这里学员可以直接学到许多先进的技术，并

且能够直接在生产上应用。国家批准建立的各级职业教育培训中心、中等职业院校，他们的师资力量虽然不如大中专院校雄厚，但他们也都具有相对完备的实训基地，现有的师资足以满足对农民工的培训，而且这些职业院校在我国经过几十年的发展，吸取了许多国外的成功经验，为我国培养了许多一线职业工人，在教学实践中积累了许多成功的经验，这些成功经验可以在农民工培训中起到很好的借鉴作用。另外，这些职业院校都是正规的学校，政府每年都投入大量的经费，实验设施先进，师资力量雄厚。

积极建设各类有关农民工的培训机构，在注重培训机构规模和数量的同时，更要抓好培训机构的质量，做到培训与就业相挂钩，培训与就业相结合。积极推动由政府带头、由企业、行业、学校、个人等多方面参与或者协调配合的新的培训格局，调动各方面的积极性、主动性和创造性，通过对现有培训机构的建设及对不合格培训机构的改造，加强对培训机构的管理，建立培训机构监督机制和培训质量评价机制，不断提升培训机构的培训能力和水平，发挥培训机构在农民工培训中的重要作用。

在做好基地建设的同时，要进一步加强师资队伍建设，没有优质的培训师资培训不出优秀的学员，能够成为农民工培训的教师不仅要有丰富的理论知识，更重要的是要有较强的实践技能，要有企业实践经验。没有实践经验、没有参加过生产的教师不能成为农民工的教师。可以直接从企业聘请经验丰富的技师到培训机构任教，学校也可以派出年富力强愿意从事培训工作的教师到企业生产一线进行实践锻炼，学习先进的生产技术，了解企业中员工技能的要求，这样教师可以将理论和实践更好地结合，做到既有理论知识，又有高超的实践技能的双师型教师。

（四）创新培训手段和培训内容，探索农民工培训新机制

要以市场为导向，坚持以实用为原则确定农民工教育培训内容，在培训过程中要突出培训的实效性，过时技能坚决不培训，让农民工学以致用。同时要注意培训的针对性，把握好农民工技能上存在的问题，有针对性地开展各类培训工作。在培训内容安排上，要选取社会急需的行业技能、农民工感兴趣的职业及适合农民工培训的工种，增加培训的吸引力，激发学员的学习热情，提升培训的质量，让农民工通过培训提升就业质量和经济收入。

根据当前我国大众创业、万众创新的大好形势，对有创业意愿和创业兴趣的农民工还要增加创业教育，聘请创业成功人士进行现身说法，介绍成功的经验和在创业中失败的教训，引导农民工积极返乡创业，充分发挥农民工年轻优势和家乡的地理优势。

在加强创业教育的同时，要重视对农民工政策法规教育，让农民工知法、懂法、守法，学会用法律指导自己的生活，学会用法律维护自己的权益，学会用法律和犯罪分子作斗争，充分发挥法律在现代文明城市、美丽乡村建设中的重要作用（郑香香，2015）。还要加强对农民工的心理疏导，80%的农民工在农村长大，从小接受的教育、生长的环境、接触到的事物等和市民有很大的区别，现代的都市生活会让他们产生很大的心理落差，极易引发心理问题，甚至导致极端事件的发生。屡次发生的农民工犯罪事件及农民工讨薪不成自杀或自残事件都给人们敲响了警钟，必须加强对农民工的心理健康教育，有关心理健

康教育也是对农民工培训的重要内容之一。

由于农民工的文化程度、年龄层次、工作性质、工作时间等方面存在较大的差异，因此在培训形式的选择上要充分考虑到农民工的实际情况，采取灵活多样的培训模式，既可以集中脱产培训，也可以随机业余培训，同时还可以采取两者相结合的培训方式，让农民工在紧张的工作之余能够有充分的时间参加培训。也可以采取理论学习集中脱产进行，实践操作直接和用工单位相结合，边工作边实习边提高。要充分利用现代网络资源和远程教育的优势，开发适合农民工学习的网络课程，让农民工边工作边学习，在工作之余利用手机网络学习，这样农民工的工作和学习都不会耽误，这样可以增加农民工学习的兴趣，更重要的是可以保证农民工随时随地学习，在紧张的工作之余仍可以学习。要逐步构建出适合我国农民工实际情况的多机制、多层次、立体化、全方位的农民工教育培训新的机制。

第七章

农民工培训体系构建

"十二五"时期是我国加快经济发展方式转变,加快工业化和城镇化进程的重要时期,也是我国人口老龄化速度显著加快、程度不断加深的时期。促进农村劳动力稳定化转移和市民化,是我国发展的必然趋势,做好农民工教育培训工作,关系到今后一个时期我国农村劳动力转移和就业促进(韩俊等,2010),关系到我国经济发展方式转变和产业升级的顺利实施,关系到城乡协调发展与和谐社会建设,关系到社会主义新农村建设。国家非常重视农民工培训,早在2003年国务院办公厅就发布《关于做好农民进城务工就业管理和服务工作的通知》,2006年、2008年、2010年、2015年、2016年都从不同的角度发文,解决农民工问题。

2003年发布《国务院办公厅关于做好农民进城务工就业管理和服务工作的通知》要求高度重视农民工培训工作,提出农民工流出地和农民工流入地政府要为农民工培训做好准备工作。流出地要做好农民工外出前的"基本权益保护、法律知识、城市生活常识、寻找就业岗位等方面的培训,提高农民工遵守法律法规和依法维护权益的意识"。流入地政府要做好农民工职业技能培训,提出"为农民工提供的劳动技能性培训服务,应坚持自愿原则,由农民工自行选择并承担费用,政府可给予适当补贴"。同时也给用人单位提出了相应的要求,要求用人单位"要对所招用的农民工进行必要的岗位技能和生产安全培训"。还提出"劳动保障、教育等有关部门要对各类培训机构加强监督和规范,防止借培训之名,对农民工乱收费"。

2006年《国务院关于解决农民工问题的若干意见》(国发〔2006〕5号)指出:"各地要适应工业化、城镇化和农村劳动力转移就业的需要,大力开展农民工职业技能培训和引导性培训,提高农民转移就业能力和外出适应能力"。提出要进一步完善农民工培训补贴办法,推广"培训券"等直接补贴的做法,制定了订单式培训方案等。

2008年12月国务院办公厅发布《国务院办公厅关于切实做好当前农民工工作的通知》(国办发〔2008〕130号)指出:"加大对农民工培训的投入,改进培训方式,扩大培训效果。各有关部门和教育培训机构要继续做好农村劳动力技能就业计划、阳光工程、农村劳动力转移培训计划、星火科技培训、雨露计划等培训项目的实施工作。要围绕市场需求开展订单培训和定向培训,提高农民工择业竞争能力;围绕产业结构调整和企业技术改造新开工项目开展职业技能培训,提高农民工就业的适应能力;围绕回乡创业组织开展创业培训,提高农民工的自主创业能力;围绕农业现代化、产业化开展农村实用技术培训,提高返乡农民工的农业技能;对青年农民工开展劳动预备制培训,适当延长培训期限,强化职业技能实训,使其至少熟练掌握一项职业技能。在中等职业学校开展面向返乡农民工的职业教育培训,根据返乡农民工的特点开设专业和课程,采取灵活多样的学习方式,突出培训的针对性和实用性"。

2010年2月发布了《国务院办公厅关于进一步做好农民工培训工作的指导意见》(国办发〔2010〕11号),指出"按照培养合格技能型劳动者的要求,逐步建立统一的农民工培训项目和资金统筹管理体制,使培训总量、培训结构与经济社会发展和农村劳动力转移就业相适应。到2015年,力争使有培训需求的农民工都得到一次以上的技能培训,掌握一项适应就业需要的实用技能"。

2016年《国务院关于深入推进新型城镇化建设的若干意见》中要求组织实施农民工职业技能提升计划,每年培训2000万人次以上。

第一节　农民工培训现状分析

一、近几年有关农民工培训工作取得的主要成绩

（一）初步形成了比较完善的农民工培训工作机制

一是建立了多部门协调发展的培训机制。人力资源和社会保障部、农业部、教育部等有关部委，共同研究制定农民工培训文件，促进农民工培训工作协调有序发展。二是建立了合理经费投入机制。建立了政府、企业和个人分担的培训经费机制，其中以各级政府财政投入为主，还有用人单位预留培训经费，银行发放低利息贷款，农民工自己负担部分培训经费的多种经费投入机制。三是构建了各级培训机构。其中以国家教育部培训基地为主，各个高职院校、行业协会等多种培训机构。2010年以来，全国24个省（自治区、直辖市）研究制定了《进一步做好农民工培训工作指导意见的实施意见》。福建、江西等地探索建立了农民工培训资金直补给培训企业的制度。农民工培训经费投入逐年增加，2010年各级财政共支出农民工培训资金78亿元。其中，就业专项资金用于农民工培训的资金约47亿元，约占农民工培训资金的60%。2011年，各级财政共安排农民工培训资金约80亿元，其中就业专项资金用于农民工培训的资金约52亿元，占65%。

培训的质量和针对性也进一步提高。新疆在加强职业技能培训中，突出了汉语培训、政策法规培训和民族团结教育。现有各类农民工培训项目的工作力度加大，在新实施高级技师培训项目中重视农民工技师培训。以技工院校和有条件的企业为重点，校企合作力度加强，增强产学研用相结合的作用，同时培训工作更注重加强农民工实践能力和动手能力，各地为此还开展了一系列各具特色的农民工技能竞赛活动如"金牌月嫂""能工巧匠"等，突出培训的实效性。另外，对培训资金管理使用的监督检查力度也大大加强，钱用在刀刃上，才能确保提高农民工培训资金的使用效益。

（二）创建了多种培训模式

1. 民办公助模式　　该模式是以民间劳务输出机构为主导，政府部门提供必要的组织支持，集培训、就业、维权于一体的农民工培训模式。
2. 劳务品牌培训模式　　劳务品牌是农民工市场竞争的杀手锏，是农民工务工就业的明信片，更是农民工务工就业的通行证。一个行业或一个工程要想成为劳务品牌必须符合四个条件：产业性、技术性、规模性和地域性。各地都在积极培育具有自己地方特色的劳务品牌，走组织化、集约化道路，以此为契机增强本地农民工外出就业的市场竞争力。到目前为止，

全国已形成了多个地方品牌，如江苏的"扬州三把刀"、河南的"林州建筑"、四川的"川妹子家政"、宁夏的"吴忠阿语翻译"、陕西的"宝鸡技工"等，这些地方品牌对推动农民工培训、促进农民工就业起到了积极的作用。2016年，青海评出12个劳务品牌如"互助县土乡农家乐""乐都区高原电建""同德雪域石雕""化隆牛肉拉面"等。广西评出20个劳务品牌，如"八桂月嫂""阳朔导游员""柳江焊工"等。除地方要走劳务品牌之路外，企业为促进职工的劳动积极性，也开始走劳动力品牌的路子，如2016年10月由邻水县人力资源和劳动保障局、农劳办组织的四川龙擎汽车部件制造有限公司劳务品牌培训班结业考试。

3. 流动培训模式也即送培训下乡模式　　为解决偏远地区劳动者交通不便的困难，培训机构以"大篷车"等流动培训的形式深入乡镇，把培训场地送到群众家门口。更重要的是把新信息、新技术送到有培训需求的农民工的身边，这种培训模式比较适合于建筑、保姆等行业的初级培训。

4. 创业和技能一体化培训模式　　一些培训机构面向广大农民工开展美容美发、家电维修、计算机应用、酒店服务、旅游管理等培训，同时提供开业咨询、物色经营场地等服务。该培训模式有几个突出的特色：一是技能培训与创业培训结合，培训内容和方式紧紧围绕创业所需技能来开展，从而提高了培训的吸引力，也增强了农民工的创业能力，降低了创业期的风险和运营成本。二是理论与实操一体化，坚持理论知识够用、技能培训为主的原则，提高了培训的针对性和实用性。三是聘请了具有创业经验和相关技能的技师和创业成功者担任培训师，保证了培训的效果。四是技能培训、创业培训与创业服务相结合。通过培训，提高了农民工的技能素质和创业能力，不少接受培训的农村青年成为自主创业的成功典型。

5. 输出地与输入地分工协作培训模式　　一些贫困地区大量农村青年需要接受技能培训，然而，由于客观条件所限，技能培训特别是实训条件较差，满足不了培训需求。为解决这个问题，有关部门主动与沿海发达地区联系，建立定向劳务输出与分工协作的培训机制。劳务输入地负责提供就业机会、明确技能要求、负责安排专业技能培训和实训活动及推荐就业等，劳务输出地负责组织生源、开展前期知识性培训和引导性培训，完成前期培训后，组织护送农民工到输入地接受进一步的技能培训和实训，从而实现了输出地和输入地培训就业的无缝对接，发挥了输出地和输入地在培训资源上的优势，节省了培训成本，也架起了一座农民工转移就业的桥梁。

6. 远程培训模式　　远程培训是指国家负责建立远程培训系统，开发远程培训资源（包括相关专业的课程和课件），利用各地区的成人学校和其他机构，通过现代信息网络，对农民工进行培训。远程培训具有覆盖面广、规模经济性突出、方便培训对象等优势，日益成为农民工培训的重要手段。我国新生代农民工文化技能素质相对较高，大多具有使用信息网络的技能，随着我国信息产业和信息技术的发展，远程培训模式将有广阔的发展前景。

7. 政府通过公开招标购买培训成果模式　　为增强农民工在培训中的自由选择权、提高农民工参与培训的积极性、主动性，激发农民工参加培训的兴趣，同时也为了提高农民工培训的针对性和时效性，促进农民工就业，提高农民工就业质量，进一步整合培训资源、促进培训市场的良性竞争、提高整个农民工培训工作的水平，部分地区在探索改进农民工培训组织方式上进行了努力（韩俊等，2010）。四川、浙江、江苏、山东、山西、上海等地探索通过"培训券"组织农民工开展技能培训的尝试。

（三）创业培训富有成效

针对包括农民工在内的城乡劳动者创业能力和素质亟待提升的问题，各级政府进一步加强了创业培训工作，通过整合社会资源、广泛调动全社会各类培训机构的积极性，对超过200万的城乡劳动者进行创业培训，有效提高了劳动者的就业能力和创业能力。

二、农民工培训工作存在的问题

尽管农民工职业培训工作在近年来取得很大进展，但仍然存在不少问题。其中有些属于政策本身不完善的问题，有些属于政策落实问题，有些属于管理体制和管理工作问题。

（一）培训需求信息透明化不足

一方面各级政府对农民工培训项目、培训目标等信息不能及时传达到有需要的农民工手上；另一方面农民工的培训需求政府或培训主管部门也不了解，这样就形成了信息的不对称性，最后结果就是农民工培训工作具有很大的盲目性，甚至低水平培训重复发生，造成了培训资源配置不合理，浪费较严重等问题。

（二）农民工培训经费严重不足

党中央、国务院及各级政府都非常重视农民工培训工作，都采取各种措施积极筹措农民工培训经费，不断加大农民工培训经费的投入力度，但对于农民工外出工作多样性，要求技术多样性相比，经费投入仍严重不足。由于经费不足，严重地阻碍了农民工培训基地开展培训的积极性，结果是有培训项目基地不愿意承担，农民工输出地培训重点在于引导性培训和初级职业技能培训，对于高级工种的内容基本未涉及。由于经费不足，培训时间短，参加培训的人群规模大，不能有针对性地辅导，造成培训层次较低，培训的针对性、实用性不够强。此外，农民工职业培训资金统筹工作有待加强。国发〔2010〕36号文件和国办发〔2010〕11号文件明确规定各地要根据实际情况，各部门要积极整合农民工培训资源，统筹使用农民工培训的资金，确保提高资金使用效益和培训效果。但目前培训资金统筹使用工作进展缓慢，资金整合难度较大。主要是因为农民工培训工作由多个部门分头管理，不仅培训政策不一致，培训时间、内容、工种目录、补贴标准、补贴方式也都有各自的规定，从而短时间内很难衔接、协调和统一。

（三）以企业为主体的农民工培训工作格局尚未形成

企业是农民工用工的主体单位，更加了解招工岗位对技术、技能的需求，如果企业成为农民工培训的平台和载体，企业就会将农民工培训与自己生产实际需求相结合，培训的目的性会更加明确，而且能不断提高农民工的技术水平，这样农民工的技能与工资水平将会呈现正比例增长。但是目前来说，国家或法律并未对企业在农民工培训中的责任有明确硬性规定，更没有激励机制保证企业对农民工务工时进行职业技术培训。这突出地表现在企业内农民工技能提升培训和转岗培训尚未得到应有的重视，企业与学校、培训机构及社会其他方面开展农民工培训合作也多出于对自身利益的考虑。

三、农民工培训面临的机遇

"十二五"时期，农民工培训工作遇到了有利的条件和发展机遇：农民工迫切要求培训，企业迫切需要有技能的农民工，各地政府迫切要求对农民工培训进行有效整合。

（一）政府和社会对农民工培训工作更加重视

民生问题一直是各级党委政府的头等重要工作，而关系着农民工自身发展能力和发展机会的农民工培训工作，必将摆到政府工作更加重要的位置。

由于我国九年义务教育工作开展，新生代农民工具有较高的文化素质和职业发展愿景后，进城务工的主要目标由挣钱养家的观念转变到提高自身素质，在城里安家落户成为城里人最终融入城市生活的目标，因而他们有更强的培训需求。由过去"要我培训"逐步转变成向"我要培训"，农民工培训的积极性和效率也显著提高。

企业社会责任意识的增强和法制环境的改善，使企业等用工主体也更自觉地维护职工发展权，维护农民工培训权益的社会和文化氛围将明显改善。很多企业已经认识到增强和切实履行社会责任，不但不会显著增加企业的运行成本，而且能够提高企业的竞争力和发展后劲。因此，越来越多的企业主动采取行动，改进企业社会责任管理工作。作为农民工培训的重要主体，企业在农民工培训工作中将更加积极、更加自觉地发挥作用。

（二）农民工政策和培训工作体系更加完善

"十一五"时期对农民工培训工作的实践探索为推动农民工培训工作更上一层楼提供了宝贵的经验。经过了"十二五"时期农民工培训事业的长足发展，政策法规体系、组织体系、资源和技术等方面都基本完备。"十三五"时期农民工培训的指导思想、基本原则和战略思路将更加明确，农民工培训工作有了新的发展，制度更加完善，效益更加明显，农民工参加培训的积极性更加高涨，用人单位对农民工的评价越来越高，农民工的市场竞争力越来越强，农民工的收入越来越高，农民工的幸福指数越来越大，农民工的城市融合度越来越高。

（三）社会经济发展将在市场需求、资源供给等方面为农民工培训创造良好的条件

2010~2020年，我国经济总规模可望扩大1倍以上。同时，我国三次产业结构将得到明显改善，具有良好就业吸纳能力的第三产业特别是现代服务业将有显著的发展。城镇化

和工业化步伐将进一步加快。因此，我国经济增长的就业弹性有望提高，就业容量有望扩大，农村劳动力转移的规模将进一步扩大，这为加强农民工培训提供了巨大的市场需求和内在动力。

另外，我国经济的持续增长为扩大农民工培训财政资金规模创造了条件。基于农民工培训的准公共产品属性，作为重视民生和实施更加积极就业政策的体现，农民工培训将在就业培训经费安排中占有更大的比重。农民工人均培训资源的拥有量将有显著提高。而且，随着相关培训资金管理制度、监督评估体系的完善，将显著提高农民工培训资金的使用效果。

（四）IT技术的发展为农民工远程教育提供了保障

信息化技术的发展为农民工远程培训和网上自助式培训的发展提供了可能，我国信息化技术发展迅猛，培训的时空障碍日益被削弱，以网络和远程技术为重要载体的农民工培训方式可望得到推广。这为更好地实现农民工培训的规模经济、更好地保障培训资源供给的时效性和灵活性创造了条件。

第二节　农民工培训模式构建

自2003年为落实《2003—2010年全国农民工培训规划》要求，农业部、劳动和社会保障部、教育部、科技部和建设部决定开展"农村劳动力转移培训阳光工程"以来，培训机构就在不断探索并针对当地农民工务工特点和需求，建立了许多培训模式。按照培训内容和培训层次结合的方法分类，可分为运行模式、组织模式和教学模式三类，依次与行政部门、培训机构（包括企业和用人单位）和培训者相对应。现已有部分相关研究对农民工教育培训模式进行了初步分析，如"紫石"模式、"一条龙"模式、"培训券"模式、远程培训模式等，但是往往将办学模式、运行模式和教学模式混为一谈，未能进行有效区分。实际上，培训运行模式制约着培训的组织模式的选择，而培训组织模式往往决定着培训的教学模式，即办学运行模式、组织管理模式、培训教学模式。

农民工办学运行模式是指按照培训主体来划分农民工培训模式，并结合实际情况，区分为行政主导型培训模式、校企合作型培训模式、企业自主型培训模式、职业院校自主培训模式、学徒式培训模式，等等。农民工培训组织管理模式是指政府、培训机构或企业参与农民工培训的组织方式、管理机制和实施培训的方法。从培训教学组织模式上来看，主要可以归纳为"集中式面授"培训模式、"工学交替式"教学模式和"远程培训"教学模式。以下分别从农民工培训办学运行模式、组织管理模式和培训教学模式三个方面进行分析，为培训模式创新提供现实依据。

一、农民工培训办学运行模式

（一）行政主导型培训模式

从运作主体来看，行政主导型培训模式是政府相关部门直接实施培训政策和培训项目，以行政机构为主导主体，直接派遣人员、提供资金，在相关培训基地对农民工进行培训，如实施的"阳光工程""雨露计划"等。在这种培训模式下，国家及各级政府部门制定农民工培训的政策制度后，将培训项目任务分割后分派给下级农民工培训主管部门，一级一级制定本地区的培训内容、培训规模、培训对象、组织方式和运行机制等，最后由当地的培训基地来完成任务。

当前地方行政主导型培训模式运作得比较成功的主要有"东莞模式"，又称为"新东莞人培训工程"。这一培训工程始于2007年，东莞市开展面向非本市户籍企业员工的免费技能培训活动，包括"岗前素质培训"和"技能提升培训"两个项目。目的在于通过开展"新东莞人培训工程"，使农民工成为产业转型升级的助推器，其最大的特点是根据地区经济发展的需要进行技能培训，针对性强，而不是一般的学习培训。

行政主导型培训模式的主要优点：通过政府行政力量和财政资金，建立统一的统筹协调机制，有效配置和整合人力、物力、信息等培训资源，使各类培训发挥应有的效能，并且因地制宜地制定调控政策，对农民工就业培训进行有力的扶持和引导。政府主导培训模式可以做到统筹规划，统一协调各部门间的资源配置，发挥政府在宏观调控和资源配置方面的优势，可以更合理地配置农民工培训资源。

不足之处：行政主导型培训虽然具有资源配置、执行效率和宏观政策方面的优势，但是同时存在一些不足，如培训资金不够充裕，培训内容易与市场脱节，培训机构比较单一，培训方式比较机械，农民工对培训内容不感兴趣，参加培训的农民工学习的积极性不高，学习效果不显著，在培训宣传和培训管理上相对容易松懈等。

（二）校企合作型培训模式

从运作主体来看，校企合作型培训模式是指职业院校与企业联合开展农民工职业教育培训模式，这有利于调动校企双方优势和资源，充分开发农民工人力资源水平，有利于提高职业瞄准率。校企合作农民工培训模式，比较成功的有"温州模式"和"富平模式"。"温州模式"是校企合作的典型代表，温州地方职业院校与当地民营企业联合，与行业协会和民营企业开展全方位、多层次合作，实质上是以"六个共同开发"为主要内容的校企合作模式，即以校企共建专业、共同开发课程、共建共享实训基地、共享校企人才资源、共同培养高技能人才、共同开展应用研究与技术，最终形成校企合作共赢的长效机制。"富平模式"有两种含义：第一，这是民间组织成立的非营利性质的北京富平职业技能培训学校和北京富平家政服务中心，采用民办公助、"低门槛收费"的形式，为贫困地区的农民在北京提供家政培训和就业机会。富平学校早期阶段实施培训学费"零费用"，效果不理想，后期实行"低门槛收费"，每位学员需要交400元学费，自己先交150元，剩下的250元从以后的工资里扣除，地方政府补助每人200元。第二，这种模式比传统的职业教育更灵活，一方面与市场的结合更紧密，另一方面成功的关键在于实现了从培训到就业一条龙服务。校企合作型培训模式是当前职业教育最具前景的培养模式。

校企合作型培训模式主要优点：第一，校企合作能够适应社会与市场需要，学校办学面向企业，紧盯劳动力市场需求，强调从人才培养方案的制订，到招生、就业整个过程都有企业参与。学校制订培养方案后课程标准让企业结合本行业的实践要求来进行修改，这样将行业标准引入人才培养标准中来，做到市场需求、实践技能和培养人才相一致，培养出的人才才是社会真正需要的。第二，校企合作能够促进资源共享，增强培训效果。通过培训学校与企业资源、信息共享和提高农民工就业质量，即由企业提供设备，校方提供培训场地，整合教育培训资源、优势互补，节约教育与企业成本，实现理论教学与企业实践的有机结合。

不足之处：第一，校企合作模式涉及教育思想、教育内容与教育管理的深层次变革，其推广往往会受到企业和学校及教育等一系列因素的制约。第二，校企合作一般属于定向培养，有可能存在部分农民工学员的学习动机和积极性不高，勤奋努力程度不足。第三，校企合作专业技术性很强，但同时存在综合基础知识不牢靠、不全面的问题，尚未完全解决理论性与实践性、知识性与能力性、针对性与学科知识系统性之间的相互关系。

（三）企业自主型培训模式

企业自主型培训模式是指根据企业的实际情况与岗位设置情况及岗位对技能的要求，由企业作为农民工培训主体的农民工职业培训模式，如新员工岗前培训、技能提升培训等。从供给角度来看，企业是劳动力雇佣方，理应是对农民工进行培训的重要载体。在培训的组织方式上，存在"一元封闭型模式""双元半封闭半开放型模式"和"多元开放型模式"三种企业培训模式。一元封闭型模式是指企业独立承担员工培训模式；双元半封闭半开放型模式，即由企业实际操作训练加上培训学校理论培训的方式；多元开放型模式是指培训实施主体包括企业、学校、社会培训机构等多个培训实施主体。培训的内容通常分为生产常识和生产知识两方面。不管哪种方式，企业主导型培训模式突出了职业技能培训的灵活性和开放性，具有针对性强、灵活性强、见效快的特点。培训结束后，经企业组织考核合格，可签订合同上岗就业，就业率高、就业稳定性好。

企业自主型培训模式主要优点：第一，培训目的性和针对性较强，能很好地利用企业车间和设备进行实践实习训练，大大提高了培训的实效性和岗位针对性，具有针对性和实用性；第二，职业瞄准率高，具有专业性、连续性，达到企业要求的农民工，可进入企业工作，能较好地克服农民工培训与就业脱节的矛盾。

局限性：第一，这种模式主要以企业实践操作需求为主要培训目标，偏重于企业所需要的单一职业技能培养，这会导致培训缺乏理论性和系统性，而且忽视了农民工法制教育、城市生活常识和维权教育；第二，企业参与培训的积极性不足，由于企业培训是一种投资行为，属于人力资本投资，这种投资肯定存在风险，且收益不一定大，往往慎重选择培训对象，导致不能完全保证企业所需求的人才数量和质量。

（四）职业院校自主培训模式

这种培训模式是大中专院校、中职院校面向劳动力市场职业需求，以职业性、操作性为核心特征，根据师资力量、专业条件和教学设备，有针对性地开展的农民工职业教育和培训工作。职业学校拥有教授、专家和双师型教师队伍，具有先进的实训条件，多年教学积累了丰富的实践教学经验和先进的教学方法，深知教学规律，懂得学员的需求，能把握住教学重点及关键点，并且能够紧密跟随行业和企业的发展，适应农民工的培训需求。职业院校建立的实训基地，开设的机电一体化、数控加工技术等专业可培养社会急需人才。职业院校自主培训模式比较有代表性的是河南荥阳市中等专业学校的"三张订单"模式：用工订单、培训订单和就业订单（钱芳，2014）。首先是学校先和企业签订用工合同，学校按用工订单招生；其次是培训学校和农民工签订培训合同，培训学校按企业的要求培训；最后是企业和农民工签订用工合同，经培训合格的农民工到企业去就业。

这种模式的主要优点：职业院校是正规的学校，农民工在这些学校能够接受正规的教育和较为系统的学习，既有学科理论基础学习，又有实践动手操作学习，而且学员数量大，学生间可以相互交流学习经验，对学员的培训是全面性。此外，这种模式成功的关键在于紧密结合市场需求，通过"职业院校主导+订单式培训"，充分提高农民工的技术素养，保证培训工作高效开展并有效整合教育资源，直接为地方和行业经济建设服务。

不足之处：第一，中专职业学校的教育培训仍沿用对普通学生的学科教育的教学方法，存在重视理论学习、轻视技能的培养现象。第二，学校与实际部门联系是关键，但现实二者联系仍然相对薄弱，职业瞄准率需要进一步提高（表7-1）。

除上述模式之外，还有农民工自身为主体的"学徒式培训模式"，这种模式主要是指新型农民工跟随经验丰富的"师傅"进行传、帮、带的职业或创业技能训练，类似于传统的"拜师学艺"，这种模式通过挖掘农民工内在培训需求来实现。

表7-1 农民工培训运行模式的优势和局限

运行模式	主要优势	局限性
行政主导型培训模式	①建立统一的统筹协调机制，有效配置和整合培训资源，制约性强 ②统一协调和衔接培训政策，防止多头管理 ③参训农民工数量较多，易组织实施	①农民工培训的主动性积极性不高，培训容易流于形式 ②对培训需求把握不准确、针对性不强，效果有限 ③有一定的供需矛盾

续表

运行模式	主要优势	局限性
校企合作型培训模式	①能够适应社会与市场需要，有利于调动校企双方优势和资源，达到优势互补 ②整合教育培训资源，实现理论教学与企业实践的有机结合 ③出发点和落脚点针对农民工转移就业，有利于提高职业瞄准率	①定向式培养可能导致农民工学习积极性不高，勤奋程度不足 ②校企合作专业技术性很强，但基础知识涵盖不全 ③需进一步解决理论性与实践性、知识性与能力性之间的相互关系
企业自主型培训模式	①突出企业主体地位，培训目的性和针对性较强，能很好利用企业车间和设备进行实践实习训练 ②可以边干边学，成本效益好 ③具有专业性、连续性，能较好地克服农民工培训与就业脱节的矛盾	①主要以企业实践操作需求为培训目标，偏重于单一职业技能培养 ②缺乏培训的理论性和系统性，忽视法制教育、城市生活和维权教育 ③企业培训作为一种投资行为，不可避免地存在培训风险培训动力
职业院校自主型培训模式	①具有正规性和系统性，具有育人的全面性 ②这种模式成功的关键是紧密结合市场需求，充分提高新生代农民工的技术素养 ③保证培训工作高效开展和有效整合教育资源，直接为地方和行业经济建设服务	①职业学校教育沿袭传统应试教育，重理论、轻技能的现象严重 ②学校与实际部门联系仍相对薄弱，职业瞄准率需要进一步提高

二、农民工培训组织管理模式

农民工培训组织管理模式是指政府、培训机构或企业参与农民工培训的组织方式、管理机制和实施方法。自"阳光工程"伊始，政府就开始向农民工供给就业培训服务和实施管理，在这一进程中政府发挥了至关重要的推动作用。目前，我国农民工培训的组织管理模式有如下几种。

（一）政府直补机构模式

政府直补机构是一种传统的培训供给模式，政府将培训指标下发给满足条件的官办或民办培训机构，由培训机构对符合条件、在指标范围内的农民工开展培训，等培训结束之后，政府依据既定评估标准对培训后的农民工进行考核并做出质量评估，依据农民工考核结果和实际培训指标向培训机构再发放培训经费。

这种模式在运行中有三种情况，第一种是政府将培训指标下发给政府直办的培训机构或培训基地，这种方式优点在于能够通过行政力量集中培训资源，推动培训工作实施。例如，2007年江西省委统战部、江西省住房和城乡建设厅与南昌市等8个设区市的建设行政主管部门开展"温暖工程建筑业农民工培训"项目，明确培训任务、培训标准、拨款条件等,对该省建筑业1.1万农民工进行免费培训,帮助他们稳定就业(陈娜,2011)。这种模式具有运行效率高的特征,但是,由于政府既是农民工就业培训服务的"裁判员",又是"运动员",这种情况下,运作模式往往难以达到预期培训目标。

第二种情况是政府将培训指标下发给公办或民办培训机构,政府部门是委托者,培训机构是代理者。这种方式虽然能够避免政府既是培训服务中"裁判员"又是"运动员"的情况,但是由于二者存在信息不对称,政府难以对培训机构监管,容易出现"逆向选择"和"道德风险",从而使得委托—代理缺陷十分严重。此外,在农民工培训的诸多环节中,培训机构往往运用社会资源对政府进行"寻租"活动,妨碍正常的市场竞争,造成特权培训。在监管不力的情况下,政府极易发生腐败行为。例如,2008年出现的"贵州培训窝案"和2011年武汉省江城、武昌、青山、汉阳、新洲等区劳动就业部门的"武汉培训窝案",当地劳动和社会保障厅部分官员弄虚作假,为他人取得农民工技能就业培训学校资格、培训定点机构资格、增加培训指标,收受贿赂和套取农民工就业培训资金,这充分暴露出政府独自开展农民工就业培训模式存在的严重制度弊端。

第三种情况是政府将培训指标下发给企业,实施将职业培训资金直补用人单位的新机制。2010年,这种模式在福建省率先开始探索,其中政府部门是委托者,企业单位是代理者,以企业中的农民工是否获取国家职业资格证书为主要考核方式。企业先要组织职工报名参加职业技能培训,培训后职工在当年取得相应的国家职业资格证书以后,才能获得财政培训经费补贴,这样就促进企业、职工培训的积极性。例如,福建省人力资源和社会保障厅规定,企业获直补标准为初级工按每人400元补贴;中级工按每人700元补贴;高级工按每人1000元补贴;技师按每人1600元补贴,高级技师按每人最高2000元补贴。这种模式的优势在于,简化培训环节,放开培训过程,促进培训市场形成,职业导向明确;补贴的标准有较大提高,有利于人才成长。同时,这一方法的关键核心在于农民工培训补贴形式由就业前培训改为就业后培训,对劳动部门加强职业技能管理提出了更高要求,防止企业虚报名额套取培训资金。

政府直补机构的组织管理模式虽然具有行政效率高的特点,但同时具有以下缺陷:第一,权力过度集中,缺乏约束和监管,对培训学校的资质缺乏严格的标准,门槛过低;第二,计划性指标的制定,导致培训流于形式,有针对性的培训难以组织;第三,从培训效果来看,培训质量监控薄弱,存在就业瞄准率不高、针对性不强的固有缺陷,很难达到预期培训效果,无法有效帮助农民工高质量就业。因此,国家需要制定或完善培训法规和制度,特别是对培训机构的资质、选拔程序、培训技术、课程标准、培训效果或质量等都要标准化或量化,以便于提高农民工培训的质量。

(二)农民工就业培训券模式

1955年弗里德曼在《政府在教育中的作用》中首先提到"教育券模式"这个词语。2003年浙江在借鉴美国教育券的基础上,最先使用"就业培训券"实施农民工就业培训工程,此后在广州、大连、合肥和成都等城市成功推行,并在2008年金融危机之后的返乡农民工群体中得到大力推广。该模式在于政府先通过调研制订培训方案,依据农民工的培训需求和既定培训标准公开招投满足条件的培训机构，政府对于有需求的农民工发放就业培训券，农民工拿着培训券到定点培训机构进行培训，培训后经审核符合补贴条件的，由资金管理部门将补贴资金拨付至定点培训机构。农民工培训券作为一种代金券，包括"就业培训券"和"创业培训券"两种。由于这种模式将市场竞争机制引入到了培训中来，使得培训机构与农民工之间的供需关系更具有针对性，培训机构之间的竞争更为激烈，从而有利于形成真正的技能培训市场，有利于提升农民工培训质量。但是，从实际运行情况来看，此模式仍然存在以下问题。

第一，培训机构实力有限，存在"供给方缺陷"。农民工持培训券参加就业培训，但可供他们选择的培训机构大多局限于县和地级市内，有时候就存在着由于该市或县内培训机构没有或过少，农民工没有选择余地，结果造成农民工培训质量难以保证的现象。

第二，仍然无法有效根治农民工培训和就业之间脱节的矛盾。由于缺乏企业的介入，此模式依然存在与就业脱钩的情况。因为政府的目的在于提高农民工技能和就业瞄准率，但是，即便就业培训券模式能够大幅度提高培训质量，培训的针对性和有效性仍显不足，难以有效解决农民工就业问题。针对这一问题，近年来部分地区进行了一种有益的探索，出现了将有用工需求的企业作为培训实训点，向有就业意愿的农民工发放培训券，激励农民工自主选择企业接受培训，以解决企业"招工难"和"农民工"就业难问题。

（三）订单式委托培训模式

订单式委托培训模式是指以明确的市场需求为目标，企业根据自身需要，委托培训机构以"订单"形式进行农民工培训的一种模式。这种模式的主要特点在于按照"政府推动、学校主办、部门监管、农民受益"的原则，推行"企业下单、学校接单、政府买单、农民受益"的管理模式，由于这种模式教学内容针对性强，采用模块式的教学体系，工学相结合的教育方法，深受农民工欢迎。

订单式委托培训主要是通过校企合作形式实现的，订单式委托培养办学模式，适应市场对农民工培训教育改革的要求，代表了新时期农民工培训的一个发展方向，由于打破了传统培训模式的束缚，培训机构和企业在人才培养中签订用人协议，具有培养的针对性、教学的前沿性、合作的双赢性等特点。这种模式以提高农民工培训的实用性为目标，注重在校学习与企业实践的有机结合，有针对性地为企业培养各类急需的技能人才。农民工参加经企业组织的技能培训项目，考核鉴定合格的可以直接上岗，政府对培训机构给予相应就业专项培训费补贴资金。"订单式培训"虽然显示强大生命力，但本质上还是一个新生事物，需要在实践中不断探索和完善，当前尚存在以下的局限性。

第一，就业信息传递不畅，难以形成有效的运行机制。"订单式培训"需要随时了解更新企业和单位的用人需求，有针对性地组织农民工进行相关培训。一方面，就业信息不畅，工种又多，针对性培训难度大，在信息不对称的情况下，学校和企业难以寻找最佳的结合点。另一方面，在目前人力资源供大于求的情况下，企业要么是积极主动性不够，宁愿在劳动力市场招聘员工而不愿意培训，要么是与学校停留在浅层次的合作。

第二，培养目标虽具有针对性，但是局限于短期目标，缺乏长远发展目标。一方面，学校受订单的约束，以合约为导向培养人才，过于追求眼前利益，往往忽视了专业教学规律，缺乏对农民工多种职业技能和转岗能力的充分关注，从而影响其进一步发展；另一方面，在订单式培养中，由于培训内容多是由下单企业针对自己招工需求，和培训机构共同制订，容易造成农民工在知识结构上的狭窄和单一，农民工接受培训后往往只能局限于某种行业或某个企业找工作，不能满足企业和社会长远的需要。

（四）职业培训资格认证模式

上述三种农民工培训的组织模式中均存在一个共同的制度缺陷，即缺乏培训质量的效果标准，农民工接受培训后，只有劳动部门或企业的结业证，至于专项技能达到初级、中级还是高级，不好评定。而职业培训资格认证模式则能有效解决培训质量标准缺乏的问题，其是在农民工参加就业培训之后，再参加职业资格认证，根据考核结果由人力资源和社会保障部颁发职业资格证书。我国职业资格证书分为从业资格证书和执业资格证书，与农民工培训密切相关的主要是技能人员职业资格证，与职称没有关系。这种农民工技能培训模式以职业资格考评认证为基础，以岗位能力评价为导向，执行过程相对规范，这样才有利于提高农民工的职业素质和业务能力，实际应用价值较高。职业资格证书是劳动者在参与市场流通时用来证明个人专业和能力的凭证。

职业培训资格认证模式在部分地区的职业教育学校、专业培训机构中有效展开，按照职业技能培训和鉴定的具体要求，制订切合实际的教学计划，农民工修完全部科目，通过理论和实践考试，即可获得证书。农民工参加培训后，要参加职业资格认证考试，主要有五级：一级是高级技师，二级是技师，三级是高级工，四级是中级工，五级是初级工。每级都有相应的条件，农民工可以根据自己的实际情况考取相应级别的职业资格证书，考试通过后，国家颁发职业资格证书，拿到职业技能鉴定证书后，国家给予培训机构一定比例的补贴，若能为参训的农民工推荐就业岗位，并签订了固定期限为1年以上的劳动合同，可以将剩余的补贴全部给予培训机构。

但是，大部分农民工由于认识不足、害怕花钱和培训机构结业时没有相关要求等，不少农民工并未持有相关职业资格证书。《中国青年报》记者在2013年随机调查了20名农民工，没有一个人拥有职业资格证书。随着职业资格证书逐步推行，农民工无职业资格证书、低技能，已成为阻碍农民工转移就业的关键"瓶颈"，这一模式的推广需要农民工个体的积极参与。

农民工培训实行职业资格认定制度，虽然培训质量标准统一、规范，效果明显，职业资格证书的权威性和含金量又有利于帮助农民工提高就业层次、获取高质量就业岗位，获得更高的报酬，然而，这种模式在实践中尚存在以下两个方面的问题：一方面由于涉及的工种数目繁多，制定标准程序复杂，需要行业协会介入和庞大的技术支持，但是职业资格标准的制定和更新未能充分调动企业和行业的参与热情；另一方面职业资格认定仍然存在重理论、轻能力，重考试、轻实际操作的倾向，尚缺乏建立以企业需要为导向的职业资格标准的机制。

三、培训教学模式

从农民工培训内容上来看，基本上以就业能力和创业能力的提升为目标，将引导性培训和技能性培训、创业培训相结合，培训与地区特色经济发展、工业园区建设、产业发展、农民专业合作经济组织相结合。从培训教学组织形式上来看，主要可以归纳为集中式面授培训模式、工学交替式教学模式和远程培训教学模式。从实践来看，当前"集中式面授"培训模式仍然占主体地位，其他两种模式尚处于起步和推广阶段。

（一）集中式面授培训模式

集中式面授培训模式是指为了满足企业和农民工职业发展目标和要求，在指定的时间将农民工集中在培训机构或企业内部进行理论学习、案例分析和问题研讨。从培训地点上来看，包括"企本式"集中培训和"校本式"集中培训。这种模式中的教学方式比较灵活，在"讲—听—读—记—练"典型传授式教学方式基础上，农民工培训进一步形成了课程授课和媒体教学相结合，案例式教学和启发式教学相结合。例如，案例式教学模式是一种以案例为基础的教学法，是培训教师在教学中鼓励和启发农民工积极参与讨论的教学方法。这种培训模式的优势在于：第一，能突出培训机构的主体地位，便于组织和学时管理，适合引导性培训的集中学习，有针对性地对农民工进行培训，培训教学形式灵活、多样；第二，这种培训模式能在有限的时间内，有利于针对性地进行共性问题的集中研讨和解决，能较快地提升农民工的理论水平，通过问题研讨、互动交流。

"集中式面授"模式不足之处在于：第一，容易忽视学员在学习过程中的主体地位和个性特征，片面强调灌输方式；第二，需要加强对培训过程的监督，针对性不是很强，培训效果不是很好，学员为了证书而学习，容易流于形式；第三，工学矛盾比较突出，增加了农民工的经济负担。所以，针对上述情况和不足，"企本式"集中培训在实施过程中，往往将分散式培训和集中式培训相结合，在集中式培训之后，由技能熟练的老员工对相应岗位的新人进行一对一或一对多的技能培训指导，并确定指导师傅责任制。

（二）工学交替式教学模式

这种教学模式的核心在于将理论课堂、实训基地与现场示范、实际操作、跟踪指导相结合，有效实现培训理论与实践相结合，在校企培训合作模式中较为普遍采用的是专业教学方式。工学交替是一种创新的教学模式，将培训时间分为学习期和工作期，工作期内学生到企业顶岗实习。这种教学模式将专业知识的学习从课堂中延续到了生产实践中，通过半工半学交替的校企合作教育模式，使学生在知识的获得上实现理论实践相结合。比较典型的例子是，湖南省扶贫办针对贫困地区适龄青年农民工培训开展推行的工学交替模式。最初，湖南省扶贫办曾组织农民工去北京学习汽车维修技术，采取3~6个月的短期培训方式，企业承诺学好了可留在企业工作，经考试获得初级职业资格证书。然而，不少农民工学员由于基础太差、学不懂，就业稳定率低、返乡率高，难以适应现代工业化和城市化的需要，甚至有些学员参与培训的目的仅仅是因为没去过北京，只是想出去玩玩。此后，湖南省扶贫办认识到贫困地区劳动力转移的培训工作必须要探索长效机制，开始实施工学交替模式进行培训：首先是在政府有限的资金资助下，对贫困地区农民工进行第一个学期经费支持，然后第二个学期农民工依靠自己实习劳动所得解决学习期间的大部分学杂费、生活费及其他支出。培训针对性和有效性大大加强，并且调动了农民工学习的积极性。

这种教学模式的最大优势在于，增加了企业实践和将企业教师请进来等教学内容，充分利用理论课堂和实训基地，理论能有效结合实践，把课堂上的知识在一线生产单位加以巩固、升华，指导性、针对性比较强；同时，可以从实践中发现课本上没有涉及的实际问题，向有经验的企业技师咨询，提高动手能力。另外，对农民工来说，也有利于缓解工学矛盾，减轻了经济负担。对企业来说，有利于解决对高端技能人才的需求问题。但是，这种模式对受培训者队伍人数、专业素质等具有一定要求，参训人数往往有限。并且参加工学交替的农民工具有双重角色：既是在校学员，又是实习单位的员工。因此，他们既要遵守学校规章完成工学交替的理论学习任务，又要遵守企业规定完成安排的工作任务，在角色定位上容易产生心理不适和心理冲突，各方的一些现实利益有待协调，这一模式还处于摸索阶段。

（三）远程培训教学模式

由于农民工闲暇时间较少、下班时间较晚、培训机构距离较远等，缺乏便捷、安全、有效接受专业学习培训的渠道，各地都开始探索各种有效培训模式，特别是现代远程培训模式逐渐成为近年来兴起的一种新模式。现代远程培训教学模式是指在远程开放教育条件下利用在线文本学习、电视、网络或光盘视频讲座、专家在线答疑、同伴交流互动等多种手段对农民工开展远距离的、非现场教学的培训模式。

远程培训教学模式改变了"同时同地"传统面授模式，以计算机与网络为主要手段，具有远程开放教育优势，在不同学校、不同地区开展在线或视频教学方法和教学模式，具有广阔的发展空间。当前，远程培训教学模式正向"异时异地+随时随地"的MOOCS课程模式转化，它突破了传统课程在时间和空间上的限制，学员可以随时随地参加学习。目前，美国一流的大学都设立网络学习平台，为学生提供网络教育，世界各地的学习者依托互联网在家即可学到国内外著名高校课程，MOOCS代表了远程培训模式的方向和未来。远程培训模式优点在于：能充分利用网络互动提高农民工学员学习积极性，在一定程度上解决了学校师资力量缺乏、场地有限、农民工脱岗学习难度大、空间距离限制的问题，推动了农民工职业技能教育培训工作快速发展。深圳市农民工培训学校是国家级农民工培训示范基地，它率先尝试使用最先进的农民工培训网络教学平台，采用了专业的数据远程教学培训系统，搭建了网络实时在线互动教学平台，学员规模大，系统稳定，运行良好。

农民工远程培训教育模式突破了教育资源和教学方式的时空界限，是未来发展的必然趋势，但当前这一模式在运行中尚存在诸多问题：第一，远程培训，课程建设中面临远程教学系统软硬件设施较大的投入，需要创建农民工远程教育公共服务平台，以实现共享技术信息、网络传输系统和卫星信号传输系统；第二，国内外优秀专家资源和课程视频资源欠缺，精品课程开发工作进展较为缓慢；第三，培训机构之间无序竞争，资源共享度低，需要充分整合培训资源。

综上所述，从不同的培训主体、培训运作方式和教学方式方法出发，农民工就业培训可以分为不同办学运行模式、组织管理模式和教学组织模式，农民工培训投入机制、管理运行机制和教学组织模式正在不断演进，各地政府、培训机构和企业创新了许多行之有效的农民工培训方式和方法，这些不同的培训模式正以各自的优势对农民工培训和就业产生了重要和积极作用，也为农民工就业创业培训模式的创新，提供了极其重要的借鉴作用。同时，各地在实施农民工培训过程中出现的各种各样的问题，各种模式在运行过程中各有优劣，也出现了不少问题，如资金不足、培训腐败案件、效果不高等因素。

第三节　农民工培训模式创新研究

农民工是中国工业化、城市化和现代化的主力军，对接受教育培训具有强烈的需求，对这一群体的就业创业培训事关产业转型升级、城市化质量提升和全面实现小康社会战略目标的实现。但是，从实践来看，这一群体中的大多数没有经过必要的职业培训和职业教育就直接进入劳动力市场就业，不仅严重影响青年产业工人队伍的整体素质，也严重影响劳动生产率、工业化进程和实现经济转型。并且，农民工培训本身又存在着资金不足、管理不到位、培训内容与需求脱节等问题。本节根据农民工培训需求特点，在借鉴国内外农民工培训模式基础之上，进行农民工职业技能培训模式的创新研究。

农民工培训办学运行模式、组织运行模式及教学组织模式，涉及培训投入、培训组织和培训教学三个环节。因此，培训资金投入、培训主体、培训对象、培训方式方法与培训绩效评估机制始终是重要的培训运行构成要素，必须建立政、企、学等多领域的联动机制，培育、规范良好的农民工培训环境，在农民工培训的资金投入机制、组织管理机制和激励监督机制及绩效评估机制等多方面持续创新，才能有效保证适合农民工特点的职业培训和创业教育模式能够可持续发展。

一、建立健全农民工培训的多元化资金投入机制，推进办学模式创新

培训资金的有效供给，是农民工培训顺利进行的根本保证。作为一种准公共产品，需要采用政府供给和私人收费相结合的供给模式。当前，虽然各级政府投入的培训经费总量并不少，但是存在相对不足问题。这主要表现在两个方面：一是人均经费不多，二是培训资金只占整个教育投入中很少一部分。当前1980年及以后出生的农民工约有12 528万人，占农民工总量的46.6%。又根据《2013年全国农民工监测调查报告》，20岁以下和21~30岁

的农民工未接受技能培训的高达69%和64.1%，从培训投入来看，培训资金存在较大的缺口是重要因素。资金缺口和培训补贴标准总体偏低导致农民工培训项目教学设施不完善、师资力量不充足、实训设备不到位和课程软硬件建设等难以落实，部分优质培训机构不愿开展农民工培训，甚至有的培训机构为降低培训成本而缩短培训时间，进一步制约了培训实质进度和培训效果，严重影响农民工获取培训机会和培训质量的提高。

因此，面对这一庞大的青年农民工群体，培训滞后的关键"瓶颈"在于政府和用人单位培训经费投入严重滞后，多元化、多渠道的培训投入机制尚未形成，需要开辟各项经费筹措渠道，建立农民工培训专项基金，特别是要积极满足有培训愿望的农民工接受正规的职业技能培训。因此，必须积极探索政府、企业、社会多方合作、共同承担的投入机制，创立并实施多元化的培训资金投入机制，并推动培训办学模式的创新。从资金保证来看，中国农民工培训缺乏健全的法规制度支持，如前所述，美国、法国、日本、韩国等很多国家都特别重视职业教育培训，通过制定农业教育立法的形式来实现其培养目标，但是我国还没有制定全国性的成人教育法规、继续教育法规来保证经费的投入。除了迫切需要在立法层面建立农民工培训经费的投入保障机制外，尚需要在以下方面打破部门条块分割，提高资金的使用效益。

第一，中央和地方各级财政部门要加大对农民工职业技能培训经费投入力度，重点推进农民工培训资金的省级统筹。在目前的培训经费投入机制中，由农业部、扶贫办等部门共管，缺乏协调和衔接，资金分散下达，政出多门，缺少统筹规划和协调发展。农民工培训应以国家和省级统筹为重点，将农民工培训经费列入财政专项预算，打破部门之间的条块分割，集中统筹使用培训资金，依据农民工培训规划和年度计划，加大农民工培训资金投入，各部门根据培训职责和任务，统筹规划、集中使用、提高效益。

第二，依法监督企业落实《劳动法》《教育法》和《职业教育法》中教育培训经费的有关规定，依据工资总额足额提取教育培训经费。企业职工教育培训费按照工资总额的1.5%提取，列入成本开支、专项用于职工教育培训，技术要求高、培训任务重、经济效益好的企业可按2.5%提取。但现实中，这些规定执行并不理想，违法现象普遍存在。不少农民工就业的中小型企业长期忽视职工培训工作，不愿意多花钱培养高水平的员工队伍。要想企业落实有关法律中教育培训经费的规定，首先必须依法落实职工教育培训经费，保障进城务工人员接受教育培训的权利，鼓励并支持各类国有和民营企业出资对农民工进行培训。其次，对按规定足额提取教育经费的，培训中取得了显著成效的企业，由政府给企业一定数量的培训补贴。对于自身没有能力开展职工培训企业，依法实行职工教育经费统筹，由人社部门统一组织培训。

同时，按照"以政府投入为主，受益主体为辅"的多元投入原则，考虑到不同地区、不同经济条件的农民工情况，按照政府为主体、企业为辅和农民工个人补充的原则，农民工适度支付个人培训缴费。对于经济能力较差的农民工，在支付教育培训费用困难条件下，可以参照"富平模式"，以培训协议的形式由企业、培训机构先行支付，或者实行农民工培训教育无息贷款制度，在其培训转移就业后，从就业工资收入中分期返还。

第三，鼓励各职业培训机构和企业及中国青年创业就业基金会、慈善总会、红十字会等社会团体通过直接捐赠、联合办学等形式支持农民工教育培训，不断扩大培训资金规模。农民工培训需求规模庞大，不能完全靠政府投入，解决农民工培训经费短缺问题，政府还应积极鼓励和引导社会力量关心农民工培训，倡导有条件的企业或个人、社会组织积极参与到农民工技能培训中来，增加培训资源，新建和扩建一批农民工培训基地和培训学校，积极拓展经费来源，提高培训经费的数量。同时，鼓励金融机构为公共实训基地建设和校企合作的职业院校提供融资服务，确保培训机构和培训学校的资金充足。

第四，要努力发挥各个主体办学优势，深度合作，推进办学模式的创新。发挥政府在宏观调控和资源配置方面的优势，各部门统筹规划，统一、协调和衔接培训政策，合理配置培训资源，根据企业岗位技能实际需求，突出企业主体地位，积极引导和开展校企合作，调动校企双方优势和资源，在实训设备、培训场地等方面优势互补，实现学校与企业信息、资源共享。同时，进一步着力解决农民工培训中理论性与实践性、知识性与能力性之间的相互关系，节约教育与企业成本，建立"开放、多元模式"的培训模式，实现理论教学与企业实践的有机结合，充分开发农民工人力资源水平，以农民工转移就业为出发点和落脚点，克服农民工培训与就业脱节的矛盾，提高职业瞄准率。

二、统筹规划培训资源，建立培训补贴与培训绩效挂钩的新模式，完善监督机制

政府要做好劳动力市场需求预测预报，做好农民工培训规模和职业技能种类统筹规划工作，不断优化各种培训资源，提高培训资源的利用率，使有限的资源发挥最大的效益。切实加大对农民工培训的经费投入，增强培训效果，增强培训的实用性和前瞻性，通过扩大培训规模和改进培训形式，为农民工提供更多的学习机会，通过完善培训条件，提高培训资源的利用率，实现培训效益的最大化。

为了确保培训资金的有效使用，政府必须真正以农民工受训者为出发点，科学完善农民工培训补贴政策，实现财政补助对象、补助额度、补助标准与培训效果相结合。按照一定的补贴标准和补贴原则，监督培训教育的质量，将教师资格、培训机构评级、农民工培训质量与补贴标准相结合，建立一个统一的机构资格认定、师资队伍及考核体系，科学合理地确定培训补贴基本标准。

第一，健全绩效评估机制，要充分考虑到培训补贴、培训成本、培训质量、就业效果等多种因素，完善农民工培训补贴政策，彻底解决农民工培训经费不足问题。把农民工培训和学校教育结合起来，鼓励有关院校积极参与农民工职业技能培训，通过对农民工进行培训取得国家的财政补贴。并且，在相关院校设立专门的优秀农民工培训奖学金，鼓励优秀教师进入农民工培训教学行列，开展多样化培训模式，扩大财政补贴效应。同时，建立培训任务完成质量与培训主体绩效考核挂钩机制，强化各培训主体责任意识和质量意识，不仅对于培训学校，而且对于组织农民工实施劳动预备制培训的企业，受训者获得职业培训结业证书的，同样给予职业培训补贴。

第二，努力建立培训资金直补企业与国家职业资格证书挂钩的新机制。首先，必须完善培训资格证书制度，逐步推行全国职业资格统一鉴定。目前的职业资格许可领域，一个行业有着名目繁多的多种职业资格，导致出现高额的培训费和考试费，有的农民工持有的

资格证不少，可依然难以找到工作，需要着力改变职业资格考试太多、证书太乱的现状。其次，充分调动企业和行业的参与热情，引导农民工培训工作由目前的简单培训向高技术含量培训转变，建立以企业需要为导向的职业资格标准，有效落实职业技能工作的鉴定程序、鉴定内容、鉴定质量，推动建设农民工高技能人才队伍。真正推动贯彻落实企业组织参加技能培训并获取专项财政培训补贴机制，按初级工、中级工、高级工、技师和高级技师的不同职业资格和技能等级获得补贴。从机制运行效率来看，培训经费直补企业由就业前培训补贴改为就业后职业资格证书挂钩培训补贴，有助于提高培训的针对性、有效性和增强培训效果，促进农民工稳定就业。

第三，加强对培训资金监管。建立健全和进一步完善农民工培训经费使用和监督管理机制，合理配置培训资源，加强培训资金的管理与监督，严格按照规定范围和控制额度开支，严禁专项培训经费挪作他用。政府部门、培训机构和农民工均提高责任意识，发挥互相监督和民众监督作用，提高培训实施者对国家培训政策的理解，加大对培训资金的大胆检查度，严肃查处违纪违法行为，建立经费使用效益的考核和评价制度，保证培训经费及时到位，专款专用，提高资金的使用效率。

三、紧密结合市场需求，以提升职业能力为中心，开展校企合作订单式培训模式的本土化创新

农民工培训的目标是提升农民工的专业技能，提高农民工的市场竞争力，促进农民工个人收入的提高，促进社会进步与和谐，加速农民工城市融合，实现城镇化。由于农民工培训的目的性十分明确，因此对农民工的培训内容更应有较强的针对性和现实性。培训机构要根据政府的有关政策及我国产业结构调整布局，紧密结合市场需求及今后一定时期内我国的发展趋势，科学合理地设置培训内容，使培训内容更具有针对性。在培训项目的安排上，更要有计划性，要使培训内容与农民工的实际需求相一致。在培训的形式和培训的时间安排上，要充分考虑到农民工的实际情况（王丽英，2012），他们以工作为重，培训要满足他们边工作边学习的实际情况。充分满足农民工对培训时间和培训形式的要求，从根本上改变农民工培训内容单一、培训形式死板的问题，进一步强化培训的针对性，优化培训效果，切实提高农民工培训的积极性。承接农民工培训的有关培训机构必须实行"走出去"和"请进来"的策略，校企合作模式通过加强与企业进行全方位的校企合作，有利于培养既具有扎实的专业理论基础知识，又有较强的实践动手能力的实用技能型人才，从而提高培训的实效性。

然而，当前农民工培训机构依然呈现重理论、轻实践的单边教学态势。虽然开展了校企合作，但往往局限于签订合作协议、专家挂名指导，流于形式，合作缺乏深度，缺乏有效合作成果，这是导致农民工培训满意度低下的关键因素。从培训方式和培训机制角度出发，可以分为订单模式、职业资格认证模式和培训券模式等，无论哪种模式，都需要以校企合作为基石，紧密合作。因此，必须加强校企互动、信息共享，通过校企主体双向介入，互惠互利，推进农民工培训和就业的无缝对接。

第一，吸收"双元制"等模式的精髓，实现校企合作模式"本土化"创新。双元制、

CBE模式、MES模式和CBET模式，都以职业能力提升为核心，强调培训机构与企业之间的沟通合作。所以，培训机构必须通过借鉴"双元制"等成功培训模式在培养目标、教学计划、教学方案和教学标准中的实施经验，深入了解企业岗位人才的实际需求、用人标准，充分考虑农民工特点、企业生产技术水平、社会需求等诸多因素，确定培训的培养目标，引入企业先进的职业教育和培训理念，校企共同参与培训课程、培训方案的制订、审核、修改和实施，以提升职业能力为中心环节，增加农民工培训的针对性，建立农民工培训的"信息共享、双向介入、互惠互利"校企合作本土化新模式。

第二，积极开展"订单式"校企合作培训，推进"双主体"教学基地建设。农民工培训模式创新的关键在于深化校企合作形式，延长合作期限、拓展合作领域和丰富合作内容，实现"按需培训"。培训机构需要先期调研企业岗位要求和工作需要，结合农民工职业需求和企业劳动力需求特点，通过采取与企业签订用工协议的"订单式培训"，鼓励企业委托所在地定点培训机构实施培训项目，培育良好的培训——就业环境。"订单式培训"有助于彻底改变重课堂教学和理论学习、轻实践锻炼和技能培养的农民工培训观念，这需要加强"双主体"的教学基地软硬件设施建设。一方面，校企双方通过共同投入培训资金、设备和场地等要素，充分利用企业的生产设备进行见习实习训练，共同组织农民工的生产性教学，加强培训中实习实训环节教学，增强农民工培训的实践性和实用性；另一方面，引入先进的职业教育和培训理念，积极打造"双型"师资队伍。校方培训教师既要熟悉公共和专业基础课程的教学，又要熟悉行业企业的一线技术工作。行业企业的培训教师和技术专家不仅需要按实践方案，指导农民工专业实践和顶岗实习，而且需要按照行业企业对人才的需求标准为农民工培训做专题讲座和实习操作指导，指导实践体验、培训实践。

第三，建立和完善双向信息传递的需求表达机制，积极探索校企合作长效机制。政府要建立和完善专门的劳务信息网络，提供有效的信息服务。培训机构需要把握和引导农民工培训需求特点，建立和拓展校企合作信息渠道，拓宽合作的桥梁与纽带，通过农民工培训供需见面会、校企合作洽谈会、"双型"师资研讨会等各种形式，增进农民工、培训机构和企业三方了解程度，尽可能消除信息不完全和信息不对称带来的经济损失，并且及时调整培训目标、培训内容和培训方式，逐步实现培训供需的合理化，通过校企合作、工学结合，真正以培训学校和企业为重要基地，建立"开放、多元模式"校企培训，建立校企双赢的长效机制。

四、积极引入市场竞争机制，创新政府购买培训服务模式

由于政府和市场两大培训主体在培训供给上存在各自的优劣势，有必要创新单一供给模式，建立合理、高效化的运作机制。其中，政府购买公共服务方式日益成为一种有益选择机制。政府购买公共服务是指政府通过合同出租、购买协议、公开招标、业务分担等方式将部分公共服务转交给企事业单位和社会组织，有利于提高服务供给的质量和财政资金的使用效率，有利于政府从公共服务生产者向监督者角色转变。传统模式中培训机构组织农民工进行培训，然后政府直接补贴培训机构，形成了政府与培训机构的委托——代理关

系。由于传统培训模式中，委托人与代理人之间存在的利益不一致和信息不对称，培训存在针对性、实用性、有效性不足和监管困难等问题。2003年，在借鉴美国教育券的基础上，浙江省率先开展实施农民工"培训券"模式，政府确定符合标准的培训机构，依据培训对象及其数量，制作培训券，并将培训券发给符合条件的农民工，并选择培训机构和培训专业。然后，培训机构展开培训，培训结束后收取培训券并到政府部门兑付培训资金（黄晓赟等，2010）。

从整体来看，凭单式的"培训券"模式属于政府购买模式的一种，由于引入了市场竞争机制，赋予农民工更多选择权，培训机构之间竞争更激烈，较之传统培训模式，具有一定优势。然而，由于实施培训券的范围局限于县、市区域，容易出现"供给方缺陷"，并且培训针对性、实用性仍显不足。当前从全国情况看，大部分地方采取的仍然是传统培训模式，浙江和广东等省采取"培训券"模式。江苏省自2006年实施"培训券"制度，但是2011年进行了培训制度改革，将培训券补助从"补过程"向"补结果"转变。

公共服务市场在本质上是"准市场"，为改变和克服"供给方缺陷"，必须建立健全政府购买培训服务准市场机制，明确政府承担监督者、考核者、付费者角色和培训机构承担服务生产提供者角色地位，除了进一步加大补贴力度外，还要在政策设计上更加贴近农民工和企业的需要。当前，创新政府购买培训服务模式需要从以下方面努力。

第一，政府平等对待各培训机构，符合培训要求的各级各类培训机构都可以公平地参与竞标。鼓励各类投资主体进入农民工培训领域公平竞争，在使用"凭单式"模式的地区，不仅扩大培训券在地区内培训机构的使用范围，而且培训券可以流向用工单位，改变存在培训机构数量不足的"供给方缺陷"，同时形成良好的培训市场进入和退出机制。

第二，加强绩效管理。要进一步完善农民工培训服务项目绩效管理机制，政府针对农民工培训需求项目，设计出不同培训项目和工种的培训成果价格标准和支付结构，依据服务项目的劳务成本和政府培训资金投入，确定购买公共服务的价格，使之能反映市场定价水平，纳入政府预算由财政给予补贴。同时，政府强化对培训机构的绩效管理，制定详细、可量化的绩效目标，形成有效激励机制，促使培训机构提供高质量的农民工培训服务。

第三，加强信息沟通。积极采取多种渠道，建立政府管理部门、各有关培训机构与培训对象之间建立良好的信息沟通桥梁，促进培训需求和培训供给的对接，使农民工想学有地方学，使培训机构有培训的对象和培训目标，真正实现培训机构和农民工的无缝对接，建立起良好的沟通渠道。通过建立信息沟通机制，确保就业培训服务中的各方能掌握准确、完整的信息，如培训服务项目的运行成本、培训服务的组织管理、培训服务的质量水平、培训对象的基本情况，在引导培训机构发挥好服务生产提供者角色，按照《合同法》的有关规定进一步规范和完善培训合同管理，监督培训合同的有效实施，促进合同的落实，提高农民工就业培训效率与质量。

五、实施"培训就业导向+职业培训质量+培训满意度"的三维培训绩效评估模式

农民工的职业技能偏低，就业竞争力先天不足，就业培训的根本目的就在于通过开

展针对性强、实用性强的职业技能培训，使农民工掌握非农领域职业技能和实现转移就业。这要求在农民工培训工作上必须更加注重针对性，必须根据产业结构调整来设置培训计划和内容，要有计划地安排培训机构和培训项目，使安排的培训内容与农民工的实际需求相一致，彻底改变以往培训中存在的诸如培训内容单一、培训形式简单、培训与市场脱节、针对性不强等实际问题，积极引导和支持农民工培训，提高职业技能培训收益率。当前许多地方农民工培训与农民工找工作严重脱节，导致职业培训质量低下，农民工培训满意度较低（周小刚，2013）。因此，必须针对农民工的特点、地区产业发展和实际培训资源，因地制宜、因人施教，既要保证培训质量，又要保证培训规模。职业培训必须紧紧抓住"转移就业率"和"职业技能鉴定通过率"两个中心指标。

第一，在培训就业导向作用方面，以提高转移培训就业率为中心环节，建立培训与就业导向相衔接的培训就业体系。政府和培训机构必须紧紧围绕产业发展规划和承接产业转移的实际用工需求，结合当地传统特色工艺禀赋优势，开展富有地域特点的技艺培训，有重点地开拓农民工职业技能培训项目，企业、农民工和社会培训机构有效对接劳动力岗位供求、实用技术、培训岗位等方面信息，适应经济结构调整和企业岗位需求。并针对农民工的群体特点，构建认证资格和人才实效培养体系，引导和提高其技能水平。

第二，在发挥培训迁移效应方面，以职业技能鉴定通过率为中心环节，建立培训与职业技能鉴定相衔接的培训课程体系。加强对本地区职业技能教育资源的整合，按照市场需求充实和完善培训内容，调整专业结构、课程设置和师资结构，使教学和实践安排方面与企业要求相适应。农民工希望通过培训学到有用的技能，提升他们的社会竞争力，帮助他们应聘到满意的工作，提高生活质量。因此在培训内容的设置上，必须根据当前的经济形势和市场的需求，以市场需求为导向，科学合理地设置培训内容，及时调整不符合经济形势、逐渐被淘汰的技能，抓紧对新兴职业所需技能的培训，增强培训的前瞻性，通过建立农民工培训与就业紧密衔接的机制，调动农民工参与培训的积极性（吕小强，2011）。做好农民工培训工作不能单单依靠国家，用工企业也应该积极地参与进来，发挥企业的优势，通过企业的参与，在社会上营造积极健康的培训环境。教师是培训的核心，关系培训效果的好坏，如果培训机构拥有良好的培训团队，培训效果一定会达到令人满意的结果。反之，培训的效果也不会理想，因此必须加强培训教师队伍建设，加强对培训师资的培训，实现教育培训队伍的专业化。一方面通过多种形式提高教师实践动手能力和理论水平，使之具备较强的实际动手能力和理论素养；另一方面积极拓展教学形式，提高培训教学质量、水平和培训迁移效用，强化培训动机，发挥培训近迁移和远迁移作用，形成良好的培训迁移组织氛围，满足农民工培训期望水平，提高职业技能的培训迁移效用（周小刚等，2013）。

第三，在提高培训质量和就业满意度方面，满足农民工培训实际需求，形成通用性强、成本低、见效快的培训体系。作为培训对象的农民工要参与到公共就业培训的绩效评估中来，加强培训过程质量监控，满足这一群体的培训需求和对培训反馈效果是公共就业培训绩效评估的一项重要指标。农民工培训必须紧贴市场动态及农民工的培训需求和对培训的期望，坚持"实际、实用、实效"的原则，精心设计培训内容，突出培训的针对性和实效性，达到"短、高、快"的效果。

为提高培训满意度，结合农民工工作时间长、居住地点分散、劳动强度大等现实存在的特点，采取集中培训与分散培训相结合、固定培训与流动培训相结合、线上培训与线下培训相结合，重点解决农民工工作时间与培训时间相矛盾问题，解决好农民工的培训费用较高和工资收入低的问题，灵活安排培训时间，降低培训费用，改变程式化的课堂教学方式，在教学培训过程中，突出重点、深入浅出，注重实效。同时，因人施教，对已获初级证书的农民工积极进行就业培训的"升级拓展"，开展高、中、低多层次的差异化培训模式，建立培训质量效益评估指标体系，明确培训规模和培训重点，增加职业培训的覆盖面和提高农民工职业竞争力（周小刚，2014）。

六、引导性培训和技能性培训相结合，把握农民工差异化需求特征，有效对接培训需求和培训供给

由于许多农民工处于职业生涯开始阶段，在劳资合同、社保、工伤保障上维权意识差，劳资纠纷多，并且不少人对培训认识存在诸多误区，要加强对农民工法律知识的普及教育，增强农民工依法维权能力，积极引导农民工树立正确的培训观、利益观、成才观，促进农民工健康成长。因而，激励农民工积极提升自身文化素质，改变得过且过的消极心态，确立新的就业观念，制订符合自身特点的职业生涯规划，树立正确的人生观、价值观和职业观显得尤为重要。同时，政府必须努力规避职业培训对低学历者形成的"挤出效应"，必须使有培训愿望的低学历群体农民工能够有条件接受正规的、多层次的免费职业技能培训，这是增强农民工就业竞争力、提高收入和职业发展的有效途径（周小刚，2014）。

第一，提高农民工培训认知水平，积极开展劳动预备制培训，将引导性培训与技能性培训有机结合。宣传和比较不参加培训的体力型工作的当期利益与参加培训后技术性工作带来的长期收益，使之明白接受培训才能更好地适应劳动力市场发展新要求和实现人生目标。重点落实对农村应届初、高中毕业生未能继续升学的"两后生"的劳动预备制培训，加强针对农民工积极开展引导性培训，进行寻找就业岗位、劳动合同签订、劳动权益保护、养老保险、医疗保险、劳动纠纷、法律知识等方面的引导性培训，切实转变农民工就业观念和就业能力（吕小强等，2011），帮助他们了解优惠政策，树立正确的维权意识。在组织形式上，引导性培训由政府组织各类教育培训机构和社会力量，可以通过集中培训、服务咨询、广播、电视、互联网、QQ和微博等手段，多形式、多途径地灵活开展（艾婧，2011）。

第二，培训机构和企业要积极帮助农民工进行职业生涯规划，拓展其职业层级空间。当前我国农民工的职业生涯规划仍处于空白阶段，必须依据农民工的素质特征，运用科学方法分析不同工种的职业技能需求，根据职位族类建立起分层级的发展空间（钱芳，2014）。首先，培训机构和社区必须积极开展针对农民工的引导性培训，加强择业心理、择业技巧、职业道德和职业心理健康等相关知识培训，并且培训单位可以为农民工提供职业倾向测试、继续教育规划指导、教育项目推荐、职业技能培训和政策咨询等服务与帮助。其次，企业应设立隶属于职业生涯规划机构的专业指导培训室，

专门针对农民工进行个性化职业指导，帮助农民工准确地自我评价和职业定位，对其职业能力进行测验，引导和建立农民工的技术发展和管理发展职业上升通道，进行职业定位分析并合理规划自己的职业生涯。

第三，通过各种途径加强农民工培训需求与培训供给的有效对接。为进一步提高不同农民工职业培训收益率，必须以个性化培训需求为出发点，加强分类培训。政府应将免费培训选择性地"提档升级"，让农民工有条件参加中、高级别的培训，建立分类别、多层次的就业培训模式，推动高级技工的技能提升培训，提高不同层级农民工的职业培训收益率。同时，在注重职业观、价值观教育基础上，积极开展农民工职业技能培训，引导性培训和技能性培训有机结合有利于减少农民工择业的盲目性，提高就业的稳定性。首先，依托社区公共就业服务窗口，调研和把握农民工就业服务需求，采集农民工职业兴趣、职业偏好等信息，全面了解辖区内农民工年龄、学历水平、技能水平、工作状况、收入水平、就业意向和培训需求。其次，有效加强区域经济发展状况、农村劳务输出特点和用工需求的调研分析，了解劳动力市场需求的工种、岗位技能要求、工资福利水平、职业前景，掌握农民外出就业的主要行业、技能要求和收入水平，掌握农民工的职业培训供给和培训需求最新变化情况。最后，针对不同行业、不同年龄段农民工的差异化培训需求，培训不能搞"一刀切"，必须结合实际，开设最符合职业发展和企业用工需求的课程，加强职业技能培训的实用性和创造性，开展现代化、有效化教学，实现农民工培训需求与培训供给的有效对接。

七、探索推行弹性学制，积极开展工学交替教学模式创新

由于相当一部分文化素质较差、综合素养不高的农民工，即使经过短期培训后依然难以胜任职业技术工种，往往在推荐就业后不到3个月就辞职，技能经验和理论知识的双重短缺成为关键"瓶颈"。要改变这一状况，工学交替模式是比较好的选择。"工学交替"是将学历教育与技能培训相结合，培训时间区分为学习期和工作期，学习期以理论学习为主，工作期则到企业顶岗实习，并赚取工资来交学杂费，培训结束、通过考核后到企业参加工作。工学结合的人才培养模式，是国际职业教育发展的成功经验和普遍做法，如德国的"双元制"，丹麦、澳大利亚的"现代学徒制"，等等。"工学交替"不仅是校企合作的模式，更重要的是一种先进的实践教学模式，是国外成功经验的总结，在国内也得到了普及和应用，目前在许多国家和地区得到了利用和推广，取得了较好的效果（周小刚等，2014）。"工学交替"有利于逐步实现农民工从"短工化"向稳定性转变，从体力型向技术型转变，有利于培养具有高素质的劳动群体。对农民工来说，"工""学"紧密结合，教育与生产劳动相结合，有利于提高职业技能和素质，并有助于缓解受训农民工培训期间无收入或收入低的问题。

工学交替是适应培训目标高移化的有效模式，但是，从当前实践来看，由于对受培训者队伍人数、专业素质等具有一定要求，教学质量较好、有着良好就业网络的培训机构往往容易获得成功，不具备这一条件的培训机构应慎用。同时，这对管理提出了更高的要求，参加工学交替的农民工具有双重角色，进企业后不适应工作环境，实习生活不理想。

并且，企业作为市场主体，不愿接受学员轮岗，甚至安排临时顶岗，使得农民工权益得不到保障。

第一，政府牵头引导和支持，逐步推广工学结合的培训新模式，扩大农民工的受益面，推动形成政府扶助+培训机构+企业协作的新模式。针对农民工理论基础差、实践水平低、培训时效短且局限于低层次劳动技能的特点，为解决校企之间信息不对称，必须开发培训新形势下的工读结合的战略新模式，政府应积极搭建平台，建立培训机构与企业合作对接的有效机制，充分发挥企业在农民工培训过程中积极主导作用，对培训农民工技能的院校进行有效的评估和监控，并依托合作企业良好的就业网络，积极开展工学结合的培训教学模式创新，推动农民工培训就业一条龙服务。

第二，在培训机构逐步推行农民工弹性学制，实行学分制和学分银行制度，分阶段以"累计学分"的形式完成培训。培训机构允许农民工开展工学交替、半工半读，采取系统培训和一技一能的短训或超短培训班结合的形式，根据国家的职业标准，不同的行业、不同的工种及不同的岗位农民工技能的不同要求，结合职业道德、法制知识等方面的引导性培训，产教结合、工学结合，将实训教学的课堂融入生产现场，分期合理安排培训计划和培训内容，合理设置培训课程和学分，实行学分银行制，分阶段完成培训。

第三，建立政、企、学等多领域的联动机制，强化合作关系，明确彼此的战略利益、战略目标和工作重心。在政府引导下，培训机构和企业建立战略合作关系，向农民工提前告知企业生产管理模式、操作流程规章、绩效奖惩制度等内容，实现企业员工和培训学员的角色转换。企业充分认识到校企合作、工学结合是培养企业急需的高技能人才的最佳模式，有利于解决对高端技能人才需求问题，以各种方式积极支持农民工轮岗培训工作。培训学校将学历教育与技能培训相结合，有针对性地制订教学计划和大纲，安排好专门师资和设备，重点培训企业急需的技术工种，培养农民工的安全意识、纪律意识、团队意识，增强学习的针对性、实用性和有效性。

八、依托现代网络平台，积极创新现代远程培训教学模式

当今是"互联网+"的时代，电脑、手机等网络媒体已经得到了普及，我国是世界上使用量最多的国家，农民工已经成为庞大的网民，据调查，绝大多数农民工在休息时间上网消磨自己的时间。网络的发展，对传统的教学模式提出了挑战，面对面的授课将不再是培训的唯一模式，跨时空、跨地域的培训逐渐代替传统的培训方式，将成为一种新的培训模式。调查显示90%的农民工都会上网，几乎每晚都会泡在工厂、工地、宿舍附近的网吧里，或是自己买的电脑前，每周平均上网时间为5~10小时，上网或玩电脑已成为农民工最广泛的爱好之一，尽管农民工已经是一群IT化了的年轻打工者，但是他们使用网络主要是浏览新闻、游戏娱乐和聊天购物，很少进行网络培训学习。实际上，农民工已经具备开展网络教育培训所需要的培训意愿、上网技能、软件环境等条件，网络和手机移动技术的发展为开展培训提供了契机，手机和网络的便携性更是使农民工"异时异地+随时随地"的学习需求成为可能。并且由于农民工工作时间长，稳定性相对较差，传统的集中式培训使培训满意度低下，手机移动和网络培训则突破了学习在时

间、空间上的局限性,有利于缓解工学矛盾。

第一,充分发挥政府的作用,积极构建农民工培训网络。政府要积极构建农民工网络培训机制,促进网络信息资源的整合,构建网络学习平台。政府和培训机构统一建设和开发农民工技能培训网络学习资源平台,加大对网络培训信息技术的经费支出,鼓励和支持企业开发高端职业培训软件,推广诸如"行学一族"的互动在线移动学习服务软件。政府应帮助培训机构购买基础网络硬件设施,推进培训机构的农民工网络学习建设系统,监督和规范培训机构对网络资源的合理利用(杨锦秀等,2013)。同时,建立健全农民工网络培训的规章制度,通过适当的激励措施,建立网络职业技能培训与国家职业资格证书、工资待遇的增长相联系机制,在培训后对农民工进行直接或间接的激励,保证培训迁移效果。

第二,各培训机构应致力于建设农民工学习网站,建立网络互动式学习模式,以契合学校特色的职业技能培训理论课程为网络培训开发重点,打造一批国家职业资格证书理论的网络精品课程。培训机构应努力建设远程互联技术的网络学习平台,开发高端的手机和电脑网络职业培训软件,通过网络及时发布企业用工信息和引导农民工的职业技能培训需求,并帮助农民工制订和安排自主学习计划,建立基于真实应用情境的考核标准体系,建立公共网络论坛,定期交流农民工学习经验和答疑解惑,实现培训教师、网络学校及学员之间的培训互动,完成培训课程学习任务,实现就业信息和资源共享。

第三,激发农民工网络学习的动机,充分利用信息技术和多媒体技术,开发适合农民工特点的优秀网络培训资源,提供多样化的网络培训资源满足其个性化学习需求。通过加强网络学习技能培训与引导,将当前农民工的网络娱乐性消遣为主转变到网络技能型培训学习上来。同时,充分利用信息技术和多媒体技术,开发远程教育网站、视频、课件和教学光盘,并通过远程教育网站的模块化课程建设、在线培训、在线考核、实时交流等服务功能,开发职业工种专业技能等级证书考试试题库,分类、整合并上传专家资源,积极开展与互联网相结合的移动式学习,降低培训成本,提供多样化网络培训资源满足其个性化学习需求,使农民工能够"随时、随地、随身"地学习。

第四节 农民工职业教育培训体系构建

一、政府—培训机构—企业—农民工立体全方位的培训体系

(一)充分发挥地方政府在农民工培训中的主要责任

地方政府最接近农民工,最了解当地农民工的实际情况,要做好农民工培训工作,就要充分发挥地方政府的积极作用,增强地方政府的责任意识。地方政府在年初制定工作计

划时要把农民工培训工作作为重点工作来抓,明确责任部门和责任人,按照谁主管谁负责的原则,建立年终考核标准,把农民工培训工作做得好坏作为对各级政府考核的重要指标之一。地方政府要加强对农民工培训工作的督导检查,建立统一管理的工作机制,成立相应的管理机构,安排一批责任心强、懂教育、愿付出的农民工培训工作管理队伍。加大表彰奖励力度,对工作突出、成绩显著、社会普遍认可的单位和个人,要予以表彰奖励,实现先进带动落后,以先进促进落后的提高。

1. 建立农民工培训资金管理办法

(1) 以省级政府统筹的方式集中使用培训资金。省级政府要加强预算,将农民工培训资金列为专项基金,实现专款专用,并多渠道筹措资金,加大对农民工培训资金投入力度,增加农民工培训投入数量(黄晓赟等,2010),提高农民工平均培训资金。按照统筹规划、集中使用、重点突出的原则,使用好农民工培训的每一分资金,充分发挥培训资金的作用,提高培训资金的利用效率,确实为提高农民工的职业技能和科学文化素质发挥作用。加强对国家和省财政部门下拨的农民工培训资金的管理,合理使用,确实发挥培训资金的作用,花好每一分钱。有关部门应根据自己的职责和有关的工作任务,结合当前的经济形势和多数农民工的培训需求内容,采取灵活多样的培训方式,以方便农民工在紧张的工作之余有时间参加培训,提升自己的技能和水平。要彻底改变长期以来农民工培训资金各部门分散下达、分散使用、培训效果不好、满足不了农民工的实际需求的实际情况。国家应鼓励按照参训农民工的数量,适当地给予农民工培训的有关补贴,对于工作做得好,农民工认可度高的企业,国家可以在政策上给予优惠。

(2) 制定农民工培训补贴标准及支付方式。各级政府要建立农民工培训补贴政策,完善农民工培训补贴标准和补贴程序及补贴领取方式等。要综合考虑农民工的实际情况及培训时间的长短、专业技能的难易、培训达到的效果、是否通过国家统一职业资格认定考试及是否就业,科学合理地确定培训补贴标准,并根据实际情况定期进行调整,调动农民工参训的积极性,促使农民工能够掌握专业技能,提升农民工就业本领,增强其市场竞争力,促进城市融合,加强社会主义新农村建设。各地方政府也可以根据自己的经济实力,确定自己具体的补贴标准。加强对农民工培训补贴的督导检查,防止以培训为名,套取培训补贴,损害国家和农民工的利益。在培训安排上,对没有享受过政府培训补贴的培训项目要优先开展培训,避免多个培训机构重复培训、多个机构重复领取培训补贴的不合理现象发生。

(3) "培训券"是指政府把教育培训经费折算成一定数额的可以用作抵充学杂费的有价证券(加里·贝克尔,2007)。发行职业培训券是市场经济条件下公共教育财政新的运行模式,即通过政府将征集起来的部分国民财富,以职业培训券等形式在国民中进行再分配,以满足农民工接受培训的需要,从而在更大程度上实现收入分配公平和效率的提高。发行农村职业教育培训券,是一项促进农民工积极参与职业培训,从而促进人力资源开发的良策。

(4) 加强对培训资金过程管理。地方政府要加强对农民工培训资金的管理,设立专户,要有专人负责,制定切实可行的实施方案,要细化农民工培训资金的使用方式方法,明确领取条件和领取的有关程序,确保培训资金合理使用,充分发挥培训资金的最大社会效益。加强对农民工培训补贴对象审核和过程性监督，加强对培训资金拨付过程的监管，建立信息反馈机制，建立信息交流平台，明确资金的流程和审批方式。要按照国家财务制度的要求，强化对农民工培训资金的管理，确保不出任何纰漏。充分发挥审计的监督职能，加强对培训资金使用情况的过程和结果审计，既要审计资金使用的程序是否合法合规，还要审计资金的用途是否符合规定，对于不符合规定或不合法不合规的，加大整改力度，并对相关责任人实行追究制度，彻底打击在资金使用过程中弄虚作假、欺骗组织、套取资金等各种违法违纪行为的发生。对于以上行为，一经发现，不仅要追究有关当事人的责任，更要追究主管领导及有关部门一把手的责任，真正实现"一把手工程"，增强全员责任意识和法律意识，重视培训资金的使用，防止培训资金的流失，真正发挥资金的作用。进一步完善农民工培训补贴办法，加强对培训补贴的审批和管理，建立培训补贴和培训结果相结合的补贴机制，鼓励农民工积极参加培训，防止"走过场"，白耗费人力、物力和财力。加强有关数据库建设，实现资源共享，通过对有关信息的数据库建设，加强网上监督和管理，可预防申请培训补贴材料的不真实的问题出现，同时也能防止冒领行为的出现。

2. 加强对违法、违纪行为的查处　　按照谁主管谁审批，谁审批谁负责的基本原则，加强对培训的过程和培训结果的督导检查，严肃查处违规违纪行为，发现一个查处一个，发现一起查处一起，绝不姑息。细化信息公开内容和公开时间、地点，自觉接受群众、审计部门及新闻媒体的监督，自觉接受监察、审计部门的检查。建立科学的绩效评估机制，与培训质量、培训效果和就业情况挂钩，严厉查处套取培训资金行为，通过督导检查、审计巡视，对发现的违纪单位和个人，要根据有关法律法规的规定严肃处理，对于涉嫌犯罪的，要坚决移送到司法机关，依法严惩。

（二）充分发挥企业的重要作用

1. 企业是农民工培训的主体　　发达国家的职业教育有许多值得借鉴的成功经验，企业可以成为职业教育培训的主体，承担企业员工的职业教育任务。我国企业也可以成为农民工的职业教育主体，负责本企业农民工的教育培训工作。农民工培训要经历由政府主导向企业主体的转变。可以把针对农民工的培训作为一种公共服务，政府为公共服务提供费用理所应当（李明华，2011）。但是，企业作为农民工培训的投资者，首先应该考虑的是通过投资能否得到回报，如果企业是投资农民工培训的受益者，企业就有投资的积极性，否则企业就没有投资的积极性（和震等，2013）。农民工通过培训提高了劳动生产率，带给企业的是利润的增加，说明企业的投资得到了回报。一个具有担当的现代企业，不仅仅是农民工培训的参与者，更应该是农民工培训的承担主体。

2. 培训费用由企业和农民工合理分担　　农民工是低收入人群，该群体的特殊性决定了其培训成本需要由企业来承担。据调查，有67.8%的企业全部承担了农民工的培训费用，17.5%的企业和农民工分摊了培训费用，14.7%的农民工自己全部承担了相关的培训费用。企业在为农民工提供培训服务的时候，企业需要承担培训产生的设备费用、培训策划、课程资料、培训者劳务费等各方面的直接费用，同时还有承担因培训而降低或损失的劳动生产率等产生的间接费用。农民工需要承担培训费、交通费、资料费、食宿费等直接发生的费用。

3. 进一步强化产学结合培训机制　　加强企业与职业院校联合，共同做好农民工培训工作。政府部门要采取多种措施，大力支持企业开展农民工培训，积极为企业开展农民工培训创造有利的条件，引导更多的企业积极参与到农民工培训中，鼓励企业特别是大中型企业与职业院校联合培训农民工。院校有优质的师资和良好的教学环境，企业有先进的设备和良好的实践环境，校企合作解决了企业师资力量和教学资源问题，积极鼓励企业依托职业院校培训在岗的农民工，有条件的企业可为培训学校提供农民工实践场地。

4. 强化企业的主体责任　　企业要把农民工培训纳入职工教育培训计划中去，确保农民工和其他员工拥有同等的培训机会，享有同等的培训待遇，享受同样的培训结果，体现出公平、公正的原则。各个企业要根据本企业的实际情况，制订农民工培训计划，加强对农民工岗前培训、职业技能提升培训、转岗培训，以及提高农民工文化素质、法律知识、心理辅导等方面的培训。企业要根据农民工工作的需要，根据岗位特点，结合农民工的实际情况及企业工作的安排，选择合适的时机，开展农民工培训，提高农民工的技能，增强农民工的社会适应性和社会竞争力。企业可以选拔优秀的农民工参加脱产、半脱产培训，参加大中专院校组织的提升学历培训，包括成人高考、自学考试、网络教育等方式，有条件的可以鼓励农民工参加全国高考，参加全日制的高考教育。企业可以通过组织职业技能竞赛活动，在竞赛中提高农民工的技能。

5. 充分发挥行业的作用　　行业在农民工培训过程中起到重要作用，充分发挥行业在培训标准制订、培训内容设计、师资力量的配备等方面的优势，加大行业主管部门对本行业开展农民工培训的监督、指导、协调作用，同时行业可以结合企业用工需求及职业发展趋势，指导职业学校和培训基地开展农民工培训工作。

（三）加强培训基地建设

1. 加强示范基地的示范作用　　根据农民工培训工作的总体布局，在全国农民工输出和输入地，对现有培训资源进行改造和提升，建设符合农民工实际情况的培训示范基地，充分发挥示范基地的示范作用，带动其他基地的发展，以便建设更多的符合我国国情的农民工培训基地。通过基地建设，不断提高基地的培训能力和培训水平，使基地更贴近农民工、更具有实际价值、更受农民工的喜欢。培训基地建设要充分利用现有的教育培训资源，不断配置资源，将其发挥到最大的效益，实现共享共用、共建共用，提高培训资源利用率。建设好的培训基地，依托网络教育平台，积极推进农民工网络教育培训。

2. 加强对农民工培训机构的管理　　地方政府应该协调有关部门确定农民工培训机构应具备的条件，详细制定在培训资金的使用、师资力量的配备、设备场地选择等方面的具体要求，有关部门或个人建立培训机构要有明确的标准，避免培训机构质量参差不齐。在培训机构建立过程中，应本着公开、公平、公正的原则，面向社会公开招标，确定农民工培训机构，根据每个培训机构存在的优势，确定该培训机构可承担的培训任务，避免出现一个培训机构承担多种培训任务，但由于实际情况而不能有效地承担，或培训效果不好，达不到预期的培训效果。建立培训机构评估机制，定期对培训机构进行检查评估，评估既要注重培训过程，更应注重培训的实效，重点考察农民工通过培训的就业情况、企业通过对培训前后农民工的表现的评价性意见，以及农民工自身的评价，建立农民工个人、用人单位及社会的三方评价机制，科学合理地评价农民工培训机构的培训效果。通过对农民工培训机构的评价，进一步建立培训机构动态管理机制，对评价效果好的培训基地，要进一步加强扶持，对评价效果不好的培训基地，要进行整改和责令关闭，不能让任何一个不符合条件的基地承担任何培训任务。

3. 重视培训基地的基础建设工作　　培训基地是做好农民工培训的基础，没有好的基地不能培训出优质的符合行业要求的合格农民工。要加强农民工培训师资队伍建设，师资是培训的基础。没有优秀的师资，是培训不出优质的学员的。培训机构要加强人才引进，一方面鼓励高校优秀毕业生到基层农民工培训机构服务，另一方面，培训机构也应该下大力气招聘企业的工程师、高级工程师到培训机构任教，使培训机构的师资既有理论基础，又有实践经验，只有具有理论基础又有实践经验的教师才能培训出优质的学员，才能够做到理论联系实际。根据农民工培训工作的需要，做好培训教材的编写工作，农民工的培训教材既要符合农民工的特点，又要与大中专院校学生的教材区别开，教材不需要有深奥的理论，要通俗易懂、便于学习、便于使用，操作性要强，要有规范的操作步骤，以及没有按操作可能会出现的后果，要明确具体的解决办法。农民工教材要适合农民工自学。要充分利用好现有资源，整合其他有用资源，建设好公共就业服务信息网络，通过网络建设，促使信息的公开，做好需求之间的对接。

4. 加强农民工培训师资队伍建设和教材的开发　　农民工培训师资既可以自己培养，也可以聘请。自己培养成本相对要高，一般采用聘请的方式，可以从大中专院校、高职院校、科研部门、企业聘请，要定期组织开展师资培训，不断提高教师业务水平。编写农民工培训教材要坚持统一标准、紧跟行业、实用性强、操作性强的基本原则。

（四）培训内容

1. 培训内容要以市场需求为导向　　培训内容要与市场需求紧密结合，根据当前市场经济结构调整，根据企业对农民工的需求状况及整体要求，适时调整农民工培训的课程内容，使培训工作更有针对性，以便学有所用，更好地发挥培训的效果，提高农民工的就业质量和市场竞争力。电子行业、土木建筑业、工业制造业、餐饮服务、旅游服务、物流服务、新兴行业等对农民工吸引能力强、就业市场容量大、就业发展前景好、符合农民工实际情况，应重点加强这方面的农民工培训工作（陈娜，2011）。

根据区域经济对发展人才的需求，积极开展实用新型技能培训，促进农民工就近转移就业，减少人口流动给交通等方面带来的巨大压力，减少由于人口流动给社会带来的治安方面的隐患，减少由于人口流动给农民工带来的经济方面的压力，减少由于人口向远处流动给子女带来的教育方面的缺失而影响子女成长等诸多社会问题。加强农民工有组织地向外地劳务输出管理，在输出的同时根据输出地产业特色做好输出农民工的专项培训，积极创建具有一定特色、技术含量高、达到一定规模、市场发展前景好的农民工劳务输出品牌，加强品牌建设，形成规模、扩大影响。加强对输出农民工的专项技能培训、法律法规培训、人际交往培训、心理健康培训、安全培训，通过开展各种培训，以增强输出农民工在城市生活的适应能力，提高他们的市场竞争力，提高就业质量，提高工资待遇。通过开展进城务工农民工技能提升培训，提高他们现有的工作经验。积极开展创业培训，激发有创业意愿的农民工的创业兴趣，鼓励更多的农民工返乡创业，实现以点带面，以少促多，实现农民工就地转移，加速社会主义新农村建设。

2. 加强农民工培训信息网络建设，通过信息服务促进农民工就业　　政府积极建设农民工培训信息网络建设，定期发布劳动力市场需求状况，经常对劳动力市场进行分析，发布劳动力市场的未来走向，及时对不同职业（工种）、不同等级的农民工职业供求和工资价位进行调查，并及时向社会公布。国务院农民工工作联席会议要组织协调有关部门建立培训项目管理制度，统一建设信息平台，实现资源共享，信息公用，以便培训机构和农民工及时了解人力资源市场的供求情况。

（五）培训形式

农民工的培训可以采用两种培训方式：一是由农民工自己选择培训机构，农民工可以根据实际的工作地点、工作时间、自己的教育基础、职业技能现状，自主选择培训项目，选择培训机构。二是农民工培训可以采用集体委托培训的形式，就是政府有关部门根据经济发展情况、就业市场的需求状况、务工地的实际情况，组织农民工直接参加由政府创立的培训机构开展的集体培训。通过集体培训后，如果农民工同意，可以参加人力资源和社会保障部统一组织的职业技能鉴定。有条件的地区可以推行培训券等灵活多样的培训项目，采取灵活的培训方式和培训地点，方便农民工参加培训，以便促使更多的农民工参加培训，提高培训的效果。充分调动社会各方面包括有能力的个人参与组织农民工培训积极性，调动企业、个人、社会团体、职业院校、培训机构、行业协会等一切可以举办培训的单位和个人积极开展培训工作，加强对农民工培训的服务和管理，促进农民工培训投入机制的多元化，积极吸收国外成功的培训经验，通过本土化改造后，探索适合我国国情的农民工培训模式、方式、方法。

（六）促进培训质量和培训效果的双提升

1. 加强对培训的组织管理工作　　国家要加强立法工作，积极推进农民工培训工作的法制化建设，把农民工培训以法律的形式确定下来，防止出现培训变动性大的实际问题。通过立法进一步规范和完善农民工培训法律法规及各项规章制度，本着有法可依、有法必依、执法必严、违法必究的基本原则，加大宣传力度，通过对培训政策法规的宣传，督促有关培训机构做好各类培训的组织工作，积极发动农民工参加培训，增加培训参与的广度，使更多的农民工自愿接受培训（孙金锋，2011）。充分发挥互联网、新闻媒体等多种媒介的宣传作用，使培训工作广为人知，深入人心，使更多的农民工了解我国有关农民工培训的政策，深刻认识到培训工作的重要意义，可以方便了解培训内容及有关人力资源市场对职业的要求,能够及时地选择培训机构参加培训。管理部门要及时采取有效的方式公布对农民工的培训项目、培训安排,遴选优质的培训机构,加强对教学师资、实训设备、教学过程、教学效果的监督,认真听取农民工的意见,为农民工选择培训机构和培训项目提供有效的参考和便利条件。

2. 加强培训效果评估　　加强对培训工作的管理,尤其是对培训机构培训效果的评估。要建好农民工培训台账,加强对培训后就业的追踪调查,及时了解用人单位对培训后的农民工的整体评价,找出培训的不足,以便在今后培训过程中进行调整和改进,提高培训的效果。加强对培训对象实行实名管理,建立农民工培训的档案,定期对农民工培训情况进行调查分析,为政府决策提供依据。建立农民工培训质量、培训效益评价体系,指标中要包含培训机构的软硬条件、培训方案的设计、培训过程、培训结果、培训效果、就业情况及对农民工的评价,必要时可以引进第三方的评价,制订培训考核指标、考核程序和考核办法,以评促建、以评促改,指导培训机构进一步提高农民工培训质量。可以探索由有资质的社会中介机构对培训质量、培训效果、资金使用、培训方式、培训方法、社会影响等方面进行评价,使评价工作更具有科学性和可比性。

3. 加强培训结业考核　　加强对培训学员结业考核,不仅是培训工作的考核,更是对学员学习效果的考核,有利于督促学员努力学习,有利于督促培训机构努力开展培训工作,国外成功的经验是由第三方,一般是由行业协会对培训学员进行考核,更增加了考核的公正性。我国也要借鉴国外的成功经验,当培训机构对农民工培训结束后,由第三方对受训人员进行结业性考核,一方面可以防止培训机构借培训之名,套取国家对农民工培训的培训资金;另一方面也防止培训流于形式,农民工没有认真参加培训,学到就业所需要的技能,而只是为了获得一个培训证书。为此,对于参加了职业技能培训的农民工,第三方按规定程序从相关工种的题库中随机抽取试题进行理论考试,再由相关企业组成实践考核组,对受训农民工进行实践操作能力的考核。待理论与实践考核都通过后,由国家职业技能鉴定所颁发给农民工培训合格证书或职业资格证书。这样培训机构根据培训农民工数量和合格人数去和培训机构主管部门结算培训费用,培训质量高的机构国家给予一定的奖励;为了鼓励提高农民工参加职业培训质量或技能鉴定质量,对于培训后考试鉴定合格的农民工受训期间的工资可以由政府给予一定的补贴。

(七) 就业跟踪与职业上升通道

做好农民工培训跟踪服务工作。农民工培训是一项系统工程,涉及的人员多,涉及面广,人员结构复杂,培训的组织管理有一定的难度,如何提高培训的质量和培训效果是摆在培训管理部门和有关培训机构面前的一项重要的事情,其中做好农民工培训跟踪服务工作,是做好培训工作的关键环节之一。农民工培训主管部门和培训机构应本着"以人为本"的思想,在调研农民工急需培训技术后,再制订培训方案,选择最佳培训机构,确定培训工种,指导农民工科学、合理地选择培训项目,促进农民工职业的提升,着重解决培训过程中遇到的问题及培训后在工作中所遇到的问题,做好训后的跟踪服务。

二、用人单位—培训机构—农民工模式

用人单位和职业院校、社会培训机构要加强校企合作，充分发挥企业和培训机构的优势，实现取长补短的作用。企业的优势在于能够为农民工培训提供实境教学环境，可以提供农民工动手实践的场地和设备，使农民工培训的效果更好。而职业院校和有关培训机构的优势在于任课教师有丰富的教学经验，善于运用各种教学手段，掌握教育的基本理论。要强化企业的责任意识，把农民工的教育培训计划纳入企业的规划中，或者实行顶岗学习，使农民工在接受教育的同时，有机会从企业获得相应的劳动报酬，实现培训和工作两不误、两促进、两提高，降低培训的成本的同时，使农民工提前接触到所从事的职业，加快农民工步入工作岗位上的适应过程。

企业是农民工的招聘单位，可以制订出所需要岗位的职业技能标准；培训机构据此制订培训方案后，与企业一起进行修订。特别是当职业院校作为培训主办方时，实验室场地和实验设备条件不一样，达到相应的培训技能的标准也就不一样，要因地制宜地制订培训标准。为此，特别是实践方面，有时企业也要提供一定的实训设备，培训机构和企业一起商讨农民工培训方案。对于农民工来说，根据自己培训的目的，培训内容可分为职业技能、创业知识能力、提升学历、法律知识、生活知识、人文知识和职业安全卫生知识7个方面，农民工自己选择培训项目时，比例分别为73.8%、55.9%、48.7%、38%、15.9%、15.6%和11.6%。这样企业的用人技术质量才能有保证，农民工经过培训，各方面的能力在培训期间也受到了未来招聘单位的检阅，因此，用人单位—培训机构—农民工的培训模式是一种三赢的模式。

三、输出地—培训机构—农民工模式

杨晶（2010）调查后表明河北省青苑县农民工通过电视、网络、广播、书籍、培训、讲座获取就业信息的比例分别为35.25%、21.09%、14.39%、15.65%、6.20%和1.86%。从这个比例来看，农民工的培训工作还没有做到常态化，没有让大多数农民工外出就业或本地就业时从培训中获得收益，对于农民工培训工作还有待提高和加强。

（一）培训内容

在河北省农民工调查时，接受农业技术、工业技术、农产品加工技术、文化知识的农民工比例分别为32.92%、34.11%、15.12%和13.18%，但仍有48.18%的农民工从未接受过任何内容的培训。在我国农业转型升级和城镇化建设时期，大力发展农村第三产业，使农村剩余劳动力掌握一门服务业技能或工业技术将是培训的重点内容（杨晶，2010）。此外，在由农村人向城里人转移过程中，还要加强安全生产教育、法律知识、生态文明教育，让农民工在提高劳动技能的同时，还能提高自身文明素养，为社会主义新农村建设打下一个良好的开端。

（二）农民工培训内容的需求

通过调查表明，农民工对农业方面的技术要求占比最高，达到29.2%。对工业技能、服务知识和法律知识的需求分别为23.4%、17.7%和17.7%。这表明农民工本身还是迫切需要提高自身的劳动技能，以提高自己外出务工时的就业质量和务工工资（表7-2）。

表7-2　农民工希望接受的培训内容

培训类别	人数	比例/%
种植业、养殖业技术	628	29.2
农产品加工技术	415	19.3
工业技能	504	23.4
服务知识	381	17.7
文化知识	181	8.42
法律教育	381	17.7
其他	43	1.98

（三）改革农民工培训的模式

农民工培训特别是对农村剩余劳动力进行培训时要改革以往的培训模式，时间上要根据农时，在冬季农村闲暇时间多的时候对农民工进行培训；培训形式上可以到田间地头操作示范如冬剪，可以到果树下，根据树势、树龄、负载量、地力、肥力、地形等具体情况进行修剪，让农民工切实感受到修剪要从哪些方面考虑，再进行修剪，而不是千篇一律地长短结合等理论知识。对于工业技能的培训，可以将企业的管理人员和技术人员请来当教师，讲授企业所需要的技能、安全知识、招聘岗位等，间接性的"订单式"培训让农民工接受培训时积极性更高。培训载体方面除了现场教学外，农村的网络建设也已经很完善了，还可以开发出免费教学资源，采用网络教学方式让农民工利用空闲时间学习，有问题时可以利用电话、微信、QQ等方式与岗位专家进行交流学习。

（四）能够接受的最高培训费用

约52.15%的农民工能够接受的200元以内培训费用；有32.38%的农民工能够接受200元以上的培训费用，另外还有15.55%的农民工想接受免费培训（表7-3）。对此，国家应根据当地农村的经济条件，提供一些免费培训；对于外出打工的农民工，可以由当地政府出资举办培训班，给农民发培训券，农民工购买培训券，农民工培训结束如果考核合格，再拿着培训券和培训合格证书去政府报销培训费用，这样农民工的培训质量会大大提高。

表7-3　农民工能够接受的最高培训费用

培训费用/元	农民工人数	比例/%
50以下	457	21.22
50~100	300	13.92
200	366	17.01
500	278	12.93
1000	395	18.34
3000	24	1.11
免费	335	15.55

（五）师资情况

在参加过职业技能培训的农民工中，多数农民工普遍认为培训教师的专业知识比较扎实，理论和实践能力都强的双师型师资占到49.53%；但50.46%的农民工认为培训教师的实践能力有待于加强（表7-4）。

表7-4　农民工对培训师资水平的评价

师资水平	农民工人数	比例/%
理论水平高，实践能力强	1066	49.53
理论水平高，实践能力较差	546	25.38
理论水平低，实践能力强	428	19.88
理论水平较低，实践能力较弱	112	5.20

（六）培训形式对培训效果的影响

在培训形式方面，38.43%的农民工把培训内容作为影响培训效果的第一位，培训内容包括实用性、新颖性等。培训教师的水平，除了理论知识能力外，评价更多的是教师的实践能力，占到17.80%（表7-5）。

表7-5　教育培训本身各因素对教育培训的影响分析

师资水平	人数	比例/%
培训内容	827	38.43
培训教师	383	17.80
教学方法	277	12.87
时间安排	179	8.32

续表

师资水平	人数	比例/%
组织管理	401	18.63
教材	85	3.95

（七）职业技术培训与工资增长的关系

对参加过培训的农民工进行培训与工资收入间的关系时，认为培训对提高工资收入有较大帮助的农民工比例为72.53%（表7-6）。这说明经过培训多数农民工无论在技术方面，还是能力、安全意识、法律知识等方面都有了较大程度的提高。不同的培训模式各有其优点和缺点（表7-7），在培训时选择哪种模式最好要扬长避短。

表7-6　职业技能培训对农民工工资增长的帮助分析

调查内容	农民工人数	比例/%
非常有帮助	1105	51.35
帮助较大	455	21.18
说不清楚	297	13.82
帮助较小	225	10.50
完全没帮助	68	3.14

表7-7　各教育培训体系比较

体系名称	优点	缺点
政府主导体系	①行政命令强，执行力度有保障，资金到位率高，容易根据国家政策申请到项目支持，易组织农民 ②容易出台配套措施以保障培训工作开展	①资金管理易混乱，挪用资金现象严重 ②工作效率低，培训积极性有待提高 ③缺乏对项目的严格考核评估
职业学校体系	①有固定的培训场所和实验设施 ②师资队伍稳定，便于持续培训工作开展 ③有完善的培训计划和教材	①规模小，培训学员数量有限 ②培训经费严重不足 ③师资力量有待提高
高校依托体系	①有固定的培训场所和实验设施 ②师资队伍稳定，便于持续培训工作开展 ③学科优势强，教育资源丰富，教学水平较高 ④有完善的培训计划和教材 ⑤能够培训高层次技术人才	①培训经费有限 ②培训内容单一，理论性较强 ③师资队伍的培训积极性不高
民间组织培训体系	①技术培训针对性强 ②考核的针对性强 ③组织形式灵活多样 ④培训方式易被农民工接受 ⑤能实现企业和农民工利益的双赢	①培训内容不够有体系 ②培训经费紧张 ③无固定培训场所

第五节　提升农民工培训效果的途径

一、多部门联合，通力合作

（一）农民工输出地

农民工输出地要根据当地的实际情况，充分考虑到准备外出务工人员的整体素质和当地的教育资源，开展符合外出人员实际情况的培训，为务工人员外出务工提供技术、技能、法律、知识的支撑。可以和当地的职业学校、地方高校相结合，充分发挥职业院校及地方高校的优势，采取"请进来、走出去"的办法，多渠道开展培训工作。

（二）培训机构

培训机构是开展培训的重要载体，根据组织者的性质和身份的不同，培训机构可以分为：政府部门成立的培训机构、职业院校成立的培训机构、经批准的高等院校成立的培训机构、民间组织成立的培训机构、行业协会成立的培训机构及企业自己成立的培训机构等。不同的培训机构具有不同的特点，不同的培训机构具有自己的优势。职业院校成立的培训机构由于是学校，教师具有丰富的教学经验，教学方法适当。而企业自己成立的培训机构具有很好的实践性，学员学习的直观性更强，但企业教学模式一般是师傅带徒弟的模式，一般只教会了学员如何操作，但具体到为什么这样去操作，由于缺乏理论基础，不能和学员讲明白，这样虽然学员学习得快，但是由于没有理论支撑，提高起来很慢。

（三）用人单位

用人单位培训农民工是提升农民工技能的有效方式。但是农民工所在的用人单位多是经营企业，他们以追求利益为自己的工作目标，企业经营过程中一般都会考虑到成本，会以最小的成本获取最大的利益，他们不愿在培训农民工方面付出自己的财力、物力和时间。此外农民工工作的流动性非常大，一旦他们获得了一定的专业技能或职业资格后，都会追求更高的待遇，可能向企业提出加薪的要求，如果一旦得不到满足，他们自己就会跳到能够提供给自己较高工资的企业，给出力培训的企业造成了损失，影响了企业培训的积极性。尽管如此，仍应积极发挥企业在农民工培训中的积极作用，进一步完善相关规定，规范农民工的流动，尽量使企业的利益不受到损害。

(四)政府管理部门

政府管理部门在推进农民工教育培训进程中起到核心和引领作用。政府管理部门要加强顶层设计,进一步完善相关制度,积极采取财政补贴、税收优惠等多种手段及激励机制,充分发挥政府、行业、企业、职业院校、农民工及社会各界参与农民工教育培训的积极性(田书芹等,2014)。调动社会各方面的力量,建立以人为本的农民工教育培训体系,实现职前教育、职后教育相结合,专业技能培训和科学文化培训相对接、普及法律知识培训和心理健康教育并举的培训方式。充分发挥政府部门组织的培训、职业院校组织的培训的重要作用,政府部门要加强统筹,协调好各方面的关系,处理好培训过程中遇到的诸多实际问题,充分发挥行业组织培训的积极性,进行分工合作,努力打造全社会关心农民工培训的社会环境。充分调动企业培训的积极性与参与度,形成政府培训、社会培训、职业院校培训之间互补。

政府部门要以高度的政治责任意识充分重视农民工培训工作,强化政府的服务职能。充分认识到农民工教育培训不仅仅是政府的工作,同时也是整个社会的重要工作,是当前一定的历史时期的重要工作,这项工作将持续相当长的时期。政府要做好领导者和协调者的作用,加大支持力度,建立良好的政策环境,增加经费投入,加强培训网络公共平台建设,采取措施增强培训的吸引力。加强对培训过程的监督和管理,通过多种渠道和不同的路径,构建农民工教育培训质量的监控体系和质量评价机制。加强对培训工作的调查研究,投入人力、物力和财力,深入农民工中关注他们的诉求和所思所想,将调查到的结果用科学的方法进行分析,分析农民工不同年龄段、不同性别、不同教育层次及在不同时期的培训需求与职业价值取向。

二、强化企业的责任意识,促进企业积极参与农民工培训

(一)强化企业在农民工培训中的责任意识

企业在农民工培训中具有重要的作用,要积极强化企业的责任意识,政府可以将企业参与农民工培训作为一项社会责任来强制实施,特别是国有大中型企业;但更多的是调动企业参与农民工培训的积极性,在税收、资源配额等方面给予优惠待遇。企业对农民工培训是有关农民工培训的有效形式之一。增加企业培训的责任不是给企业增加压力,而是企业加强本单位职工劳动技能的一个重要途径,借助于政府力量完成技术提升的良好机遇,与企业的利益息息相关。政府可以从政策引导、表彰奖励等多种形式鼓励企业结合自己的业务范围独立自主地开展农民工培训工作,必要时国家给予政策性的倾斜,形成良好的社会氛围。企业应把农民工培训纳入企业员工的教育培训计划,使农民工享有同等的培训待遇,加强对农民工的人文关怀,注重农民工多元化的培训需求。

(二)企业要采取多种途径参与培训

政府要积极引导企业尤其是大中型企业独立自主地开展农民工培训,发挥企业人才和

资源优势，可以从岗位资格证书开始培训，逐步增加工作能力提升、专项劳动或生产技能等多方面的培训。对于实力强而且愿意为农民工培训做出贡献的企业，政府要大力支持其创建农民工技术培训中心，或者独自承办农民工专项技术培训班或者与高等职业院校联合培训农民工或者办校企合作的实践教学基地，采取顶岗实习的方式，加大企业同职业院校的合作力度并扩大合作领域；对于培训实力较弱的中小型企业，不能独自完成农民工的培训任务，可以将企业作为农民工培训实践教学基地，参与培训机构农民工的培训方案的制订与修改，这样就可以将自己企业的诉求体现在农民工培训能力要求中去，所招聘农民工更能快速融入本企业的工作环境中，具备了所聘岗位所需要的技术能力要求。

（三）企业建立专项农民工培训基金

企业培训的基金可以来源于政府的拨款，也可以来源于企业的投入。多渠道筹集资金保障农民工职业的技能培训。一方面国家可以制定政策或法规从企业的税收中提取部分资金作为企业用于农民工培训的基金库；另一方面，企业要按照职工总工资1.5%~2.5%从利润中足额提取出来作为职业培训金。另外，可采取直补的方式，国家或培训主管部门将培训资金作为农民工培训的资金库，等企业培训了农民工后，凭票据，再将培训资金补贴给个人或企业。

第八章

有关农民工培训内容探讨

第一节　农民工培训内容概述

一、我国农民工在培训过程中培训内容上存在问题分析

我国农民工培训一般都从如何提高农民工的技能及提高哪些技能入手。技能是每个人赖以生存的本领，农民工也不例外，农民工由于受到正规学校教育时间短，文化素质和相应的技能与经过正规大学教育或者职业院校教育的毕业生相比相差较远，因此，提高农民工的技能是十分必要的。但是对农民工的培训，只培训应用技能作者认为还是远远不够的，还有许多地方需要加强和提高。当前在农民工培训内容上还有以下几个问题。

（一）有关提高农民工综合素质方面的培训内容比较少

当前，针对农民工的培训多数集中在某一方面的知识和技能，涉及综合素质方面的培训还比较少，这不利于农民工综合素质的提高。农民工接受教育时间较短，因此针对农民工开展培训工作，要充分考虑到他们受教育年限少的实际情况，不仅要开展技能培训，更不能忽视对农民工政治法律意识、思想道德修养、人格品格、心理健康等方面的综合培训，提高农民工的综合素质。

（二）有关农民工行为规范方面的教育培训内容比较少

行为规范，是人们普遍接受的行为准则，得到社会的普遍认同，个人或社会群体在参与社会活动中应该遵循行为规范。包括行为规则、道德规范、行政规章、法律规定、团体章程等。据报道，2010年郑州有上百农民工为讨薪堵住了道路，影响了交通，扰乱了人们的生活。农民工明知道堵路是违法，但迫不得已仍采取这种极端的手段。他们不知道用法律的武器来保护自己的合法权益，本来农民工拿不到工资是受害者，由于采取的维权手段不恰当，反而由受害者变成了违法者。这已经不是单纯的讨薪事件，已经引发了全社会关注。一方面是招工者的恶意欠薪行为触犯了法律，另一方面每年的年终岁尾，农民工为了拿到一年的辛苦钱，而采取的极端行为也往往是违法的，所以非常有必要对招聘农民工的用人单位和农民工一起进行相关的法律、法规、行为规范方面的教育培训。

（三）有关市场紧缺技能的培训相对比较少

农民工由于受教育的时间短，一般没有经过正规的专业技能培训。通过培训他们可以

掌握较为专业的技能，增加市场竞争力，尽快就业。但长期以来，有关农民工的培训机构缺乏市场意识，甚至有的培训机构出于利益的目的，没有进行市场调研，有关培训内容跟不上市场要求，与用人单位招聘需求脱节严重，知识陈旧，技术落伍，农民工参加培训后对找工作也没有多大帮助，导致他们对职业培训失去学习热情。因此，培训机构在制订培训内容前，一方面要加强市场调研，另一方面要聘用既有专业理论知识又有丰富的实践经验的教师为农民工授课，使农民工所学内容真正地、紧密地与招聘市场或用人单位技术升级的需求相结合，根据市场变化及时更新培训内容，让农民工能不断更新自己的技术水平和专业知识。

（四）有关创业方面的教育培训内容比较少

当前是大众创业、万众创新的时代，国家积极鼓励农民工返乡创业，但在农民工培训课程设置上，有关农民工创业方面的培训内容比较少，严重地限制了农民工创业的积极性。在农民工培训过程中增设创业教育方面的课程，让农民工亲身体验到创业过程，或者聆听创业成功者的报告，充分发挥成功者的示范作用，对指导农民工创业会起到积极的作用。有的农民工具有创业热情，但由于缺乏创业知识，虽然进行了创业，但仍然没有成功。因此，加强对农民工创业技能的培训，激发农民工创业兴趣，促进农民工创业成功，具有十分重要的作用。农民工教育培训机构应将创业培训内容列入培训计划。

（五）有关提高农民工学历方面的教育相对比较少

虽然农民工学历层次较低，但他们或多或少地都接受过学校教育，尤其新生代农民工，他们中有一部分是高中毕业生，他们在工作中发现没有学历处处碰壁，因而提高学历是一些农民工的愿望，他们想通过提高学历来改变自己的生存现状，然而当前有关农民工培训多是以短期培训为主，以提高他们的技能为目标，搞学历教育培训的很少，目前学历教育种类有三种，分别是成人考试、远程教育、自学考试。可以结合农民工的实际情况，有针对性地开展学历教育，让新生代农民工参加学历培训班，提高农民工的学历层次，有利于帮助他们就业单位层次及将来融入城市生活，在城里安家落户。

二、农民工培训工作应遵循的原则

（一）法制安全教育与心理健康教育相结合的原则

新生代农民工进城务工和老一代农民工进城务工的人生诉求有很大区别，老一代农民工仅是获得物质上的满足，而新生代农民工进城务工的目标不仅仅是要获得物质生活上的满足，更主要的还有精神上的追求，他们想通过自己在城市的打拼，最终融入城市生活，成为和市民一样的"市民"。但事实上农民工和市民有很大的不同，他们在法制观念、行为习惯、生活方式、交友态度、消费方式、婚恋观念等诸多方面和城市居民相比有很大的不同，落后、保守、传统思想观念成为农民工融入城市的一个非常重要的障碍。加强对农民工的遵纪守法、文明礼貌、安全知识、公共秩序、礼仪规范等方面的教育培训，使他们尽快趋向于市民的生活，直至和市民的习惯相同，最终与市民的心理融合，是教育培训的重要作用之一。而且新生代农民工多数是独生子女，由于受到的家庭环境和社会环境的影响，他们的抗挫能力、心理承受能力都不强，心理较脆弱，不能正确处理各种关系和遇到的实际问题，往往怨天尤人，有时会采取极端的手段。这些都需要适当的心理疏导来缓解他们自身的压力，但单靠外人给予的疏导是远远不够的，因为我国真正能从事心理疏导的人并不多，因此必须靠他们自己来调节，加强心理健康教育，帮助农民工形成良好的心理，有助于农民工成长，避免恶性事件的发生。

（二）职业技能培训与职业资格考试相结合的原则

对农民工的培训主要是提高其职业技能，增强其市场竞争力，但是如何评价农民工的技能，可以在实践中通过工作岗位的考核。但是这种考核由于没有统一标准，不同的人标准不一样，很难对不同的农民工进行有效的评价。职业资格证书制度是对一个人职业资格的认定，由专家对每个职业进行描述，提出要达到的水平，国家统一进行认定，标准统一，程序统一，实现教考分离，可以避免人为因素的干扰。因此，在培训的过程中逐步对参训人员进行职业资格考核，让他们参加国家的统一职业资格认定，社会对其职业能力有一个科学的评判，对提高其就业能力，提高收入水平会有积极的作用。因此，在培训中应坚持职业技能培训和职业资格考试相结合的原则。

（三）培训与就业紧密结合的原则

农民工参加培训的目的就是为了提高自身素质，提高自身的专业技能，增强市场竞争能力，提高就业质量，增加收入，因此对农民工的培训一定要和就业紧密结合，不能提高就业能力的培训不会被农民工认可。培训应以实现就业为目标，本着因材施教的原则，让多数农民工通过参加培训提高自己的就业质量。由于农民工的自身素质不同，不能要求所有的农民工都能接受培训的内容，因此在设计农民工培训内容时，不仅要有技术含量高的培训，同时也要有技术含量低的培训，防止有些人由于自身条件的限制而不能参加技术含量高的培训。要根据农民工的文化层次、原有的基础、年龄层次、性别的区别来有针对性地安排培训内容，使培训更有针对性，使培训工作与农民工的就业紧密结合，为农民工的就业服务。

同时，传统的行业是当前农民工就业的主体，必须要加强培训，但是只在传统的行业培训目前满足不了新兴产业的要求，传统的建筑业、加工业正逐渐被机器人等现代科技手段所取代，从事传统行业的工人正在转型和分流，如果再让农民工继续参加传统行业的培训，对他们就业会有很大的影响。相反，现代新兴行业正需要大量的技术工人，一些学历层次较高的农民工，通过一定时期的培训，是完全能够达到新兴产业对工人素质的要求，因此要加强对农民工新技术的培训。目前全球经济一体化，世界正在向世界村方向发展，经济无国界，技术无国界，通过对农民工的培训，将其输送到国外已是大势所趋，目前已有部分农民工前往国外就业，因此在培训内容的设计上要瞄准国外的市场，根据国外的需求，科学合理地设计内容。对农民工培训内容的设计要充分考虑到农民工就业的实际情况，紧密围绕农民工就业开展。

（四）技能培训与创业指导相结合的原则

当前的农民工培训工作更多的重点放在提高农民工的素质方面，包括科学文化素质、技术能力素质、心理承受压力的素质、遵纪守法和文明礼仪等，这些都是为了提高农民工的市场竞争力。目前我国是大众创业、万众创新的时代，国家号召有能力的人自己创业。国家曾经给大学毕业生提出过要求，要求大学生不仅是岗位的竞争者，更应该是岗位的创造者。当前国家大力提倡农民工返乡创业，创办自己的企业，国家也相继出台了许多支持农民工返乡创业的政策，但目前看来，真正返乡创业的农民工为数不多。原因是多方面的，但其中一些人是由于不知道如何创办企业而不敢返乡创业。通过开设创业指导课程，帮助农民工了解国家关于农民工返乡创业方面的政策，通过创业计划书的设计、创业实践、创业成功人士的示范，激发农民工创业的热情，消除农民工有关创业的心理顾虑；通过专业培训师指导农民工在实习企业的创业实践模拟，解决农民工创业过程中遇到的实际问题，引导更多的农民工积极参与返乡创业。职业技能培训和创业培训相结合，不仅解决了农民工的就业问题，更重要的是通过农民工自己的努力，将会为更多的农民工提供就业岗位，解决农民工就业难的实际问题。在培训内容的设计上要坚持技能培训和创业培训相结合的原则。

第二节 法制教育

由于城市资源有限性，很多农民工出生在城里，生长在城里，他们眼里看到的城市人的优越性往往归结于户口问题引发的义务教育的不平等、社会保障制度的不平等时，农民工就很可能会不自觉地走上犯罪道路。盗窃、抢劫、强奸等犯罪行为已成为市民反对农民工进城落户的主要原因。与以往的犯罪主体相比，新生代农民工犯罪具有一定的特殊性，独特的生活和成长背景使其既与未成年人犯罪具有一定的类似性，又表现出自身独有的特征。

一、农民工犯罪特征

（一）犯罪率相对较高

2008年12月，北京市海淀区检察院公布的一组统计数据显示，2007年起诉的未成年人刑事案件中，外省籍未成年犯罪嫌疑人有171人，占总人数的75%。2010年初由有关部门制作的关于张家港市打工二代违法现状的调研报告显示：2007~2009年，张家港市未成年人犯罪案件中，农民工子女占80%以上。2010年，上海市农民工子女犯罪占未成年人犯罪总数的84%。对比以上数据，近几年新生代农民工犯罪现象仍然屡见不鲜。2010~2012年，在江苏省无锡市锡山区法院审理的未成年犯罪案件中，流动少年所占比重连续三年超过90%，并随着流动少年犯罪人数的逐年增加，呈现幅度越来越大的趋势。广西南宁市西塘区法院2009~2013年共审理未成年犯罪案件471起876人，其中流动未成年人758人。流动未成年人是未成年人犯罪的主要来源，约占犯罪人数的87%。北京市、上海市、江苏省等地正是新生代农民工高度集中的地区，这些地区的数据显然显示了我国当前农民工二代犯罪率较高的现状。

（二）犯罪类型以侵财型为主

农民工离开家乡到城市务工，其主要目的之一是提高经济收入，当他们由于各种原因不能实现目标时，他们就会铤而走险，采取不正当的手段。据调查，在407份卷宗中，35.9%的犯罪行为属于侵犯财产类、24.4%的犯罪行为属于盗窃罪、8.7%的犯罪行为属于抢劫罪、2.8%的犯罪行为属于敲诈勒索罪（杨振秀等，2007）。从犯罪类型上看，侵财型犯罪占据农民工犯罪种类的比重较大，对经济利益的追求是促使其犯罪的关键因素，涉及罪名大都集中在"两抢一盗"，即抢劫、抢夺和盗窃。在广西南宁市西塘区法院审理的流动少年犯罪案件中，"两抢一盗"的比例最高，约占76%。上海市青浦区检察院2009~2011年受理的农民工犯罪案件中，涉罪农民工子女208人，其中盗窃的有84人，抢劫的有54人，"两抢一盗"就占了66.35%。农民工犯罪的逐利性动机主要与其经济贫困或收入较低有密切的关系。同时，无论是侵财型犯罪还是其他类型的犯罪，暴力手段在农民工犯罪现象中也越来越突出。农民工采取武力、携带凶器对受害人施暴犯罪案件占农民工二代犯罪案件总数的一半以上。另外，由于他们年龄较小，辨别能力有限，遇事容易冲动，在一些农民工案件中，违法犯罪行为还具有明显的报复性倾向，作案手段十分残忍。也有很多农民工表示"犯罪是为了宣泄不满"，对"社会不平等"的愤懑成了犯罪的借口。

（三）犯罪主体呈低龄化和低文化的特征

近几年，农民工犯罪的年龄呈现低龄化的趋势，新生代农民工犯罪的比例最多，主要原因是部分新生代农民工的法制观念淡薄，遵纪守法意识不强，受到各种信息的冲击，自我约束能力不强，在外界诱因的诱导下，很容易走上犯罪的道路。调研数据显示，农民工中18岁以下犯罪的占调查人数的18.4%，18~25岁犯罪的占调查人数的39.8%，25岁以上犯罪人数占调查人数的41.8%。农民工犯罪年龄低、文化程度低的特征越来越明显。犯罪的高发期在17周岁左右，其中14~16周岁的少年犯罪越发凸显，不满16周岁的农民工子女实施故意伤害致人重伤或死亡、抢劫、强奸、盗窃、敲诈勒索犯罪行为的越来越多。2010年，湛江市赤坎区公安机关共查获6个犯罪团伙，共计39名犯罪成员，其中年龄最小的只有11

周岁，最大的也只有16周岁，并且其中还不乏12～13周岁的女性未成年农民工子女。由于条件限制，农民工所受教育大多在高中以下，尽管文化程度的高低对是否实行犯罪并不具有决定性，但在很大程度上影响着社会个体对是非善恶、社会事物的接受和判断能力，进而制约对正常社会规范和法律法规遵守的程度。在一份"新生代农民工问卷调查"中，可以看到，在这一群体中，97%的农民工没有上过高中，初中毕业的占56.72%，小学学历的占22.39%，小学未毕业的占17.91%。农民工总体的低文化现象都已如此严重，走上犯罪道路的农民工的文化水平就可见一斑了。

（四）犯罪组织形式多为共同犯罪

农民工犯罪具有团伙倾向。由于农民工外出打工地缘关系密切，一个地方的人都愿意到同一个地方打工，有的人之间甚至都具有血缘关系，他们都比较团结，对事物的认识相一致，遇到问题一般容易集体出面解决，在犯罪上也呈现出团伙的特性。调查表明，高达72.7%的犯罪行为由两人以上犯罪团伙所实施。由于年龄小、体力单薄，个体实施犯罪危险性大，农民工作案时往往需要同伴来相互壮胆，增加犯罪成功动力。所以，农民工犯罪具有团伙性，共同犯罪的比例较高。近年来，苏州市公安机关查处的农民工犯罪案件中，多人共同作案的案件占所涉案件的70%以上。在上海市青浦区检察院受理的新生代农民工犯罪案件中，共同犯罪的农民工人数占犯罪总人数的64.4%。锡山区法院2010～2012年审结的199名流动少年中，共同犯罪人数达78名。另外，由于无法融入城市的同龄群体，活动范围和交往对象有限，这些违法犯罪人员或基于同乡关系三五成群地走到一起，或基于一些不良嗜好纠合在一起。他们讲究所谓的江湖义气，沉迷网络，易受不良文化的影响，一旦受到外界的刺激或不良诱惑，就会诱发激情犯罪。但这些团伙往往组织松散，没有明确的分工，犯罪手段相对简单，抢劫一般是结伙作案，盗窃多为翻墙入室。

当前在城市务工的农民工多数是新生代农民工，老一代农民工随着年龄的增长慢慢地返回到了自己的家乡，从事着原始的农业生产，由于新生代农民工年龄小，接受教育时间短，有的人在上学期间就由于违纪等恶劣行为受到学校的纪律处分，甚至有的人被学校开除了学籍，他们有的性子急，头脑简单，爱冲动，守法意识不强，一旦遇到问题，不会冷静地理性思考，表现出暴躁的脾气，采取极端的手段，冲动型犯罪占有较大比重，表现出激情犯罪。

（五）重新犯罪现象严重

未成年时期是人的定型时期，可塑性强，这一时期也是一个人是否会成为惯犯和累犯的决定时期。许多农民工实施的行为虽处在犯罪的边缘但并没有超越法律的界限，只能称为不良行为。如果对实施不良行为的农民工进行有效的教育和引导，多数犯罪案件就不会发生。但在现实生活中，仍有大量的农民工没有接受到有效的教育或者根本不改正，导致再次违法犯罪。据相关的统计数据显示，农民工重新犯罪率达15%以上。另外，在广西南宁市西塘区法院审理的流动未成年刑事案件中，有刑事前科的达23%，重蹈犯罪的形势不容乐观。有些新生代农民工虽然只被起诉一个罪名或一部分犯罪行为,但实际有多次违法犯罪行为或多笔违法犯罪记录,只因未达到刑事责任年龄未被起诉。这说明,实际存在的农民工二代再次犯罪的现象要比上述数据所描述的严重。

二、对农民工法制教育培训内容

只有学法才能懂法,只有懂法在生活中才能更好地遵守法律,才能更好地应用法律的武器来保护自己的合法权益,做到学法、懂法、守法的统一。人接受教育的程度直接影响到人对知识的掌握和理解。接受教育越多,他的知识水平越高,接受教育越少,相对来讲他的知识水平就低,知识水平高的农民工接受新鲜的事物就快。同样,法律素质的高低和农民工接受教育的程度基本也呈正相关,接受教育越多,法律素质也相对高些。但由于多数农民工接受学校正规教育较少,文化程度低,基本上没有接受过普法教育,甚至很多人是法盲。由于他们不懂法,一方面导致他们的法律意识淡薄,讲究哥们义气,又因为相互间多以老乡为集团务工,一旦所谓的有老乡"受欺负",往往就会纠集其他老乡打群架,而不是用法律手段解决问题。甚至有的农民工为了"哥们"走上犯罪的道路,而自己却不知道犯罪。因此,为了社会和谐,同时也为了农民工能够快速融入城市生活,必须要让农民工学习宣传社会主义法治理念,进而提高农民工对国家宪法和法律的认同;加强权利义务教育,引导农民工明辨是非、崇礼守法,依法行使权利和履行义务。

(一)对农民工培训国家宪法基本法的法律关系

目前农村的"人治"现象还很严重,对于农民工来说,自己的切身利益受到损害时,往往采取"忍"的方式。因此,对于农民工学习宪法来说,最重要的一点就是让农民工知道"法律面前人人平等",知道自己的基本权利和义务(刘岩,2005)。知道自己也具有选举权和被选举权,有宗教信仰自由、人身自由不受他人侵犯,人格尊严也不受他人侵犯,住宅除了公安机关人员持证检查外,不经同意他人不能进入侵犯,公民有通信自由、法律保护公民的通信秘密、劳动者休息权,退休人员生活保障权等诸多的权利。例如,在工厂上班时,女工和男工同工不同酬、搜身等行为都是违法的,农民工有权利向工厂提出异议,权益得不到保障时可以诉诸法律,但要注意保存证据,为自己合法权益不受侵害提供法律依据。

(二)对农民工培训劳动法合同法等关系切身利益的法律知识

根据《劳动合同法》的规定,用人单位招工时要与劳动者签订劳动合同,但实际情况往往是用人单位不会与劳动者签订劳动合同;即使是与农民工签订的劳动合同中也往往存在着许多如"事故责任自负"的霸王条款。甚至出现黑心煤矿老板,当井下出现塌方事故不是积极抢救农民工,而是等农民工死亡后再去"救"以减少伤者后续治疗费和生活费。

另外,农民工务工时基本都没有履行8小时工作制,甚至一些加工企业或服务行业,每天工作10小时以上是家常便饭，但加班费却少得可怜，甚至没有加班费。国家规定节假日要享受带薪休假或者2~3倍工资。有的用人单位做法更狠，即使在五一国际劳动节、国庆节、春节等国家法定节假日，农民工也不能放假休息。有的农民工劳动了一年但却没有领到该得的工资，企业欠薪现象普遍且严重，出现了许多极端讨薪案例。2013年，湖南省高级人民法院向媒体通报近年来司法强令给付农民工工资的十个典型案例。因此，对农民工进行劳动合同法等相关法律知识培训时，要重点针对劳动生产过程中农民工遇到的诸多问题进行培训。加强对农民工有关《劳动法》《劳动合同法》教育和培训，让农民工懂得单位用人就应该和劳动者签订劳动合同，同时让农民工知道劳动合同有哪些必备条款，哪些约定条款，知道劳动合同定订立、变更解除和终止过程中劳动者有哪些权利，等等。加强对《最低工资规定》《工资支付暂行规定》《安全生产法》《工伤保险条例》《职业病防治法》《女职工劳动保护规定》《劳动争议调解仲裁法》等法律法规的教育培训（徐建丽，2011）。要让农民工通过学习法律，不断提高自身素质，一旦用人单位侵犯自己或工友的利益时，懂得拿起法律的武器，要及时向工会申诉或者聘请律师代理，必要时寻求法律援助。

（三）加强对农民工刑事犯罪的教育培训

调研数据显示，农民工中18岁以下犯罪的被告人有71人，占调查人数的61.74%，25岁以下的青少年农民工有95人，占调查人数的82.61%，40岁以下的青壮年农民工犯罪人数有108人，占调查人数的93.91%，41~50岁的被告人有6人，占5.22%（张彦华，2010）。农民工犯罪年龄低、文化程度低的特征越来越明显。不满18周岁的未成年人犯罪率高发，其父母在外打工，无暇顾及孩子的教育，他们很早就辍学流入社会打工，当进入城市后，面对城市诱惑，无法抵制，而自己打工挣钱微薄，不足以支撑自己的庞大消费，于是开始抢劫、强奸、盗窃、敲诈勒索。因此，必须加强对农民工包括未成年人的刑法教育。

刑法共分为八大类，414种罪名。据调查农民工犯罪率最高的罪名中实施侵犯财物类型的人数最多，占调查人数的59.13%；实施侵犯人身权利类型的犯罪人数占24.35%；实施妨害社会管理秩序罪的占13.04%，危害公共安全罪的占6.96%。从罪名来看，分别是抢劫罪、盗窃罪、故意伤害罪、强奸罪、协助组织卖淫罪、交通肇事罪等。

对农民工进行刑法教育，必须让农民工知道哪些行为会触犯刑法，犯罪后他们将面临什么样的惩罚。

1. 抢劫罪　　国家刑法规定"抢劫罪是以非法占有为目的，对财物的所有人、保管人当场使用暴力、胁迫或其他方法，强行将公私财物抢走的行为"。这是社会危害性极大的罪行，他所侵害的客体是人的财产安全和人身安全，犯罪行为人都是通过暴力的手段，对被害人的身体实行打击或者强制，严重者可能造成他人的死亡，剥夺他人的生命。国家对抢劫罪的打击力度非常大，定罪量刑的起点也非常高。刑法也规定，年满14周岁不满16周岁的限制刑事行为能力的人犯抢劫罪同样受到刑事处罚。对于这一点，很多农民工不懂，误认为自己还不满18周岁，不用负刑事责任。由于农民工对这种罪行的认识不深刻，曾经出现过由于抢劫7角钱被判为抢劫罪的案件。

2. 盗窃罪　　国家刑法规定"盗窃罪是指以非法占有为目的，秘密窃取公私财物数额较大或者多次盗窃、入户盗窃、携带凶器盗窃、扒窃公私财物的行为"。和抢劫罪相比，盗窃罪同样是较大的社会危害性，因为它是以隐蔽的方式获取他人的财务，虽然盗窃罪侵害的客体只是他人的财务，但在司法实践中，往往有些盗窃分子在盗窃过程中由于种种原因进一步转化为故意伤害罪或者是杀人罪，性质十分恶劣，影响十分严重。因此加强对盗窃罪的教育，让农民工认识到不能通过非常的手段取得不义之财，要通过自己的劳动合法取得收入。

3. 故意伤害罪　　国家刑法规定"故意伤害罪指故意非法伤害他人身体并达成一定的严重程度、应受经刑罚处罚的犯罪行为"。损害他人身体的行为可以是积极的作为，也可以是消极的作为。积极的作为是通过实施人的努力，促使伤害结果的发生；消极的作为是由于本应积极的努力防止伤害结果的发生，但是实施人消极不作为，从而导致危害结果的发生。消极的作为既可以由自己实施，还可以利用他人实施，既可以造成身体外表的伤害，也可以造成身体内部的伤害。无论是由危害者本人直接故意实施，还是危害者间接实施，不论采取什么样的方式，只要当事人主观上出于故意，并且能够给他人人身和身体造成伤害，就构成故意伤害罪。故意伤害罪主观上是故意的，客观上给他人人身造成伤害，严重的情况可能造成他人的死亡，是一个社会危害性极大的罪行。有的农民工年轻力壮，做事比较鲁莽，哥们义气重，很容易犯故意伤害罪。

4. 强奸罪　　国家刑法规定"强奸罪是指违背妇女意志，使用暴力、胁迫或者其他手段，强行与妇女发生性交的行为，或者故意与不满14周岁的幼女发生性关系的行为"。所谓暴力手段，是指通过对妇女施加的使妇女不能反抗或是不敢反抗的手段。所谓胁迫，是指对被害妇女进行威胁和恫吓，使妇女害怕不敢反抗的手段。所谓威胁，包括口头的、书面、暴力、非暴力威胁。农民工常年在外，尤其是有些农民工都是自己一个人常年在外，自己的妻子不能陪在身边，由于长期缺乏女人的照顾，对性的渴望往往会让农民工铤而走险，导致犯罪。

5. 协助组织卖淫罪　　国家刑法规定"协助组织卖淫是指为他人实施组织卖淫的犯罪活动提供方便、创造条件、排除障碍的行为"。协助组织卖淫罪侵犯的客体是社会治安管理秩序。组织卖淫罪是一种严重的犯罪行为，社会的危害性极大，严重地阻碍了社会秩序，协助组织卖淫虽然不是组织他人卖淫，但是在组织他人卖淫的犯罪活动中起了重要作用。司法实践中协助组织卖淫罪与其在其同犯罪中起次要作用的从犯相区别。从犯是具体参与实施了构成要件客观方面的实施行为的人员，从犯处于次要的和从属的地位。

6. 交通肇事罪　　国家刑法规定"交通肇事罪是指违反道路交通管理法规，发生重大交通事故，致人重伤、死亡或使公私财产遭受重大损失，依法被追究刑事责任的犯罪行为"。凡是年满16周岁，具有刑事责任能力的自然人都可成为交通肇事罪的主体。例如，嫌疑人在偷走汽车途中撞死、撞伤他人或者撞坏了他人车辆，这就构成了交通肇事罪，但又同时犯有盗窃罪，应按将交通肇事罪与盗窃罪并罪处罚（张明，2005）。

| 第九章 |

返乡创业农民工教育培训

第一节 返乡创业农民工教育培训概述

2014年3月国家发布了《国家新型城镇化规划（2014—2020年）》，7月发布了《国务院关于进一步推进户籍制度改革的意见》，9月发布了《国务院关于进一步做好为农民工服务工作的意见》，明确提出了进一步解决当前我国农民工工作中的突出问题，即"一个目标、四个着力"。一个目标是指"实现农民工市民化的目标"，四个着力是指"着力稳定和扩大农民工就业创业、着力维护农民工的劳动保障权益、着力推动农民工逐步实现平等享受城镇基本公共服务和在城镇落户、着力促进农民工社会融合"。争取到2020年，每年能够开展农民工职业技能培训2000万人次，让农民工经过培训显著提高其自身综合素质。为实现农民工市民化和城镇化目标，要做好四个融入："农民工融入当地企业，其子女融入当地学校，家庭融入城市社区，群体融入城市生活"。为此，必须努力改善农民工劳动条件、保障农民工的工资基本无拖欠并且稳定增长、引导农民工参加社会保险并争取全覆盖。但中国是一个人口众多的农业大国，农业发展关系到十几亿中国人的吃饭问题。因此必须坚持"两条腿"走路，一条是农民工完全融入到工作或生活的城市，成为真正的市民，实现市民化的目标；另一条就是要积极引导、鼓励、支持有知识、有文化、有志气、有胆识、敢担当的青年农民工回到家乡（乔慧等，2016），结合家乡的实际情况进行创业，成为新型的职业农民或农业生产组织的带头人、领军人物，以促进我国城镇化建设和新农村建设协同发展。以此实现"引导约1亿人在中西部地区就近城镇化，努力实现1亿左右农业转移人口和其他常住人口在城镇落户的农民工市民化"目标，打造一个良好的社会环境。

2015年6月国务院办公厅印发的《关于支持农民工等人员返乡创业的意见》指出"支持农民工、大学生和退役士兵等人员返乡创业，通过大众创业、万众创新使广袤乡镇百业兴旺，可以促就业、增收入，打开新型工业化和农业现代化、城镇化和新农村建设协同发展新局面"。李克强总理在不同场合多次强调要让大众创业、万众创新成为一种新常态。为支持农民工返乡创业，国家特意出台了五项政策作为农民工创业的保障：降低返乡创业门槛；减征企业所得税、免征增值税、营业税等税费减免政策；加大财政支持力度，如给予社保补贴，享受支农惠农、小微企业特定扶持政策等多项扶持政策；发展村镇银行、农村信用社和小额贷款等为创业企业和人员提供返乡创业金融服务；完善返乡创业园支持政策。

国家重视，给予政策、税收倾斜，是提高农民工返乡创业积极性、农民工创业成功的重要保障。但创业仅靠国家政策的支持还不能从根本上解决问题，我国是市场经济，市场的调节作用不容忽视，从业人员的素质、能力、知识水平及其非智力因素等均影响其创业的成败，为此加强对返乡农民工进行教育培训，提高返乡农民工创业素质是创业成功的关键。乔慧等调查了农业技术对农民增收的影响，表明农民的受教育年限、家庭农业收入占总收入比、村里开展农业技术培训对农民参加培训有显著的正向影响。培训内容主要是粮食、经济作物的种植技术，畜禽、水产的养殖技术，96%的农民工特别提出病虫害防治培训是最主要的需求。

一、创业教育概述

通过创业教育可以让受教育者在社会经济、文化、政治等领域内进行创新活动，进一步开发教育者潜能，发现或开发新的发展空间，并为他人和社会提供更广阔机遇。联合国教科文组织把创业教育定义为广义和狭义两个层面。创业教育从广义层面上讲是指培养具有开创性的个人，重点培养农民工开创事业的能力，即自学能力、自立能力、创新能力、创造能力（葛建新，2004）。用人单位或机构正在越来越重视受雇者的首创、冒险精神，创业和独立工作能力及技术、社交、管理技能等（毛家瑞等，1995）。狭义的创业教育是指培养农民工从事企业经营活动的综合能力，这种综合能力涵盖政策利用能力、公关沟通能力、商机分析判断能力、团队协作能力等（刘海，2014）。本文中的返乡农民工创业教育属于狭义的创业教育。具体地讲，创业培训就是指培养农民工在经济领域具有创造性和创新能力，树立农民工的创业意识、培养其创业心理品质、形成创业知识结构、从而提高农民工创业能力为基本内容的教育实践活动。

国外的创业教育起步较早。美国的百森学院于1967年开始开展创业教育，历经10年，积累了许多成功经验，终于在1979年创立了创业专业，该学校在世界上是首个在大学本科阶段开设创业教育课程的学校，为做好教学和课程开发的工作，学校成立了创业教育中心。此后，美国大学创业教育于20世纪90年代进入成熟阶段，各个大学已经意识到对学生进行创业教育的必要性和重要性，于是各学校已将创业教育课程纳入必修课，开设和创建了具有地方特色的大学生创业教育课程群，并建立本学校的创业活动中心、创业教育研究会等组织。还有的学校引入社会资源与当地行业协会和企业结合，将社会资质与企业纳入到本学校的创业教育中来，纷纷成立大学科技园、创业资质评估机构等（李楚英等，2010）。各高校与社区、企业不仅建立了创新教育联盟，还将企业创业机制引入学校，制订了创业教育标准，从而形成了高校、社区、企业三层次良性互动的创业教育系统。

此后，一些发达国家纷纷效仿美国，相继在高等教育领域开设了创业教育课程。创业教育逐渐延伸到了教育的各个阶段和不同类型的教育中，如基础教育、职业教育、成人教育等。

高校的创业教育课程和实践教学模式是美国"常青藤"大学创业教育成功的法宝，之后各个大学开始效仿"常青藤"大学创业教育，并逐渐形成各具特色的创业教育教学模式。归结起来，其成功之处在于培养专业化的创业人才时主要采用"聚集模式"，课程内容高度系统化和专业化，商学院和管理学院全面负责创业教育的教学活动安排，包括培训经费、培训场所和培训师资等，而创业教育的培训对象也只是针对商学院和管理学院的学生，并且要经过层层严格选拔（何云景，2006）。这种"聚集模式"的典型代表是哈佛大学商学院。由于经过了系统的创业教育，哈佛大学商学院的毕业生进入社会后自己创业的非常多，调查显示约有40%的哈佛大学MBA毕业生从事的是创业型职业如开办企业、做风险投资人或者开设创业咨询所。

"聚集模式"的优点在于专业化和系统化,而"辐射模式"则没有针对性,培训对象是全校学生,其主要培养目标是把创业精神灌输到学生意识中去,从而使学生意识到创业是一种创造和创新能力,要想创业需要具备哪些创业素养,培养哪些创业能力,所以说"辐射模式"是一种全校性的创业教育模式。"辐射模式"的教学活动在全校范围内展开。使用"辐射模式"的学校在学校层面成立"创业教育委员会"来制订创业教育的纲领、组织形式、培养目标、经费筹集和使用监督等事项;各教学学院则根据自己学院的专业特色与社会需求来设置创业课程,鼓励不同专业的教师积极参与创业教育中来;学生是非商学专业学生。"辐射模式"创业教育成功的典型代表是康奈尔大学。

"辐射模式"的优点在于创业教育是由不同学院来开展的,这样本专业教师会充分利用自己的社会关系,将优秀的社会资源引进到学院开办的创业教育中来,企业或社会资源在在校学生中形成的良好的社会形象(张雅光等,2008),有利于把优秀学生引进到自己的企业中来。另外,学生看到自己的师兄弟已经在本行业成功的创业,更会激励他们学好专业课程和创业能力,为将来自己创业增强了自信心。而且本学院的教师利用创业教育的平台,增加了与社会同行交流、学习和合作的机会,开阔了自己的眼界、提升自己的教学与科研能力水平,还增加了与学生间的沟通,了解了学生的思想与动态,实现了教学相长的共赢。

第三种创业模式叫做"磁铁模式",麻省理工学院主要采取这种模式。这种创业教育的核心是对全校所有有创业想法的学生进行创业思维的训练,对创业过程进行模拟训练,因此他的教育对象是"新一代创业者",而不仅仅是商学院的学生,非商学院的学生也能参加(梅伟惠,2008)。在麻省理工学院,创业教育中心由商学院和管理学院牵头成立,创业教育中心的职责是负责学校创业项目的规划和运作。因为学生来自不同专业,在开展创业教育时,有创业想法的学生可以主修商学院和管理学院的创业课程,也可以进行辅修创业课程。因此,这种模式的创业教育是集中学校所有专业的强势力量来对学生进行创业教育。

二、返乡创业农民工特点

返乡农民工大致可以分有两种:一种是自愿返乡创业的农民工,这些人在外地打工时掌握了一定的经营、管理经验,学习并具有一定的技术,资金方面也相对比较充足;同时他们的思想活跃,竞争意识强,具有一定的抗挫能力,善于沟通,交际广泛,渴望成功,他们通常都是带着明确的项目回乡自主创业,回乡前已经做好了创业的各项准备,创业的成功率一般都比较大。另一种是被迫返乡创业者,这类人大多文化知识水平都比较低,缺乏经营和管理经验,也没有做好前期的创业基金的积累,而是由于本身竞争意识不强,沟通能力、交际能力等较差,又没有一技之长,缺乏城市发展所需要的专业技能,无法在城市找到合适的或者是满意的工作,迫于生计被迫返回农村,这类人创业成功的概率不大,即使成功的,一般也经历过失败的教训。

返乡创业农民工多数为中青年,他们文化程度较高,劳务输出时间较长,业务技术水平较高，经营管理也较为精通；他们思维灵活，善于观察和捕捉市场变化并且能够抓住机遇；竞争意识强烈和风险评估工作充分；而且具有传统农民的勤劳勇敢、吃苦耐劳和自强不息的精神。他们返乡可以创办工商企业，可以创办农民经济合作组织，发展现代农业。目前返乡农民工回乡后主要从事以下几方面的工作：创办农业产业化的龙头企业；兴办二、三产业企事业；创办农村合作社和担任村干部，带领一方百姓致富。

农民工创业也存在许多不利的因素，有的是对市场行情估计过于乐观盲目投资，有的是对国家相关法律法规掌握不恰当，有的是缺乏应有的技术和管理经验等。因此，创业培训在设计培训内容时应瞄准返乡农民工创业急需，进行有针对性的培训，只有这样才能有效解决农民工返乡创业存在的问题。结合返乡农民工所在地经济社会发展的特点和趋势开展创业培训，以便于提升创业心理品质和扩展农民工创业知识，并且在农民创业过程中能够给予全程创业过程指导、实时提供市场变化动态信息、及时更新技术培训方式和内容等，才能切实提高返乡农民工的创业能力。

三、创业农民工培训教育特点

（一）学习动机强烈，学习目的明确

返乡创业农民工大多数是见过世面的人，在相对较发达打工地区生活多年，接触或了解了现代城镇生活，并且向往城市的生活方式，回乡创业是为了实现自身价值，而不是为了生活。因此，他们对生活质量往往有更高追求。和家乡的农民相比，改变自身命运的愿望更加强烈。他们通过在城市多年的磨炼，已经认识到学习的重要性，用自身经验体会到了"知识改变人生，知识决定命运，知识创造价值"的意义（刘奉越等，2009）。因而，他们对学习有着更为强烈的渴望和迫切需求。与此同时，城乡之间的巨大反差促使返乡农民工回乡独立和自主地创业。对于培训，他们希望学习内容更为具体，对于自己创业过程中出现的问题他们急需有人给指出，并指明解决问题的方向。

（二）创业者差异性较大，学习需求多样化

地域不同、返乡农民工教育背景不同等诸多因素体现出他们的学习需求也呈现出多样性的特征：他们的创业目标不同，对学习的需求就不相同。例如，打算在农业领域创业，依托当地资源特色的优势成立农业生产合作社，发展规模化种植、养殖或农副产品加工业（莫鸣，2009），其学习需求则更多体现在实用的技术技能的需求方面，而对企业管理的需求则不多。如果创业者想创办工商企业，将在打工地所学到的劳动密集型企业成功经验，用于家乡创业企业管理上来，则对市场营销、企业管理等方面需求偏多。

（三）学习内容要求实用性强，学以致用

对于返乡创业的农民工来说，获得系统、完整学科知识体系并不是他们的目标，他们

想要获得与其创业活动相关的知识能力和解决问题的方法，能够直接应用到工作中去，以便于解决工作中遇到的实际问题，他们往往是干什么学什么、缺什么补什么。因此，创业教育要以实用性为准则，具有较强的功利性，期望学习效果速显。他们要求理论联系实际，能够把所学知识与自己的工作、生产实际有机联系起来（卢巧玲，2007），能够把所学的新知识和新技能尽快地应用到实践中去，真正体现出知识就是价值，并且创造出巨大的价值来。

（四）文化层次低，易产生挫败感

在返乡农民工中，2.4%没有上过学，14.8%的是小学毕业，65.8%初中、高中毕业，中专、大专及以上的分别占11.1%、4%和2%，其中学历层次在初中及以下的农民工占82.9%。因此，这个群体普遍学历层次较低，对于新知识、新观念、新技术、新理论的理解和接受通常比大学生需要的时间长，而且他们一旦在学习过程中遇到障碍，且很难克服时就容易产生挫败感。

另外，很多返乡农民工已经步入中年，随年龄增长而发生的生理衰变给成人的学习带来了一定的障碍，包括记忆力衰退、感知能力下降、各种器官活动速度减慢、体力减弱等。这些生理干扰也容易导致返乡农民工学习效率较低，学习效果欠佳，也容易使其产生学习挫败感。

（五）创业者培训方式灵活，学习途径多样化

返乡农民工往往不具备全日制脱产学习时间和条件，对于他们的培训方式和途径可以灵活多样：可以完全靠个人自学+函授方式；也可以短期培训+现场教学；可以是创业者个体独立学习+合作学习。还可以成立行业协会，通过加盟会员的方式为返乡创业农民工间的学习和经验交流提供场所和机会，他们可以相互交流外出务工时获得的经验、学到的技术、知识等无形资本，也可以交流市场行情，管理过程中遇到的新问题，解决方法等。还可以利用互联网技术成立微信公众号、建立QQ群等线上培训学习方式，更可以实时学习和互通有无。所以说非正式学习在返乡农民工的创业培训学习中占有重要地位。

第二节　西方创业培训实践模式及启示

创业不仅有利于增加社会就业机会，提供更多的就业岗位，而且有利于实现个人价值，形成创新、创业的氛围，推动经济持续、快速、健康发展。鉴于创业在经济体系中

的重要作用，世界各国政府、国际劳工组织和联合国等组织高度重视创业教育问题，积极倡导创业指导培训，专门为创业者制定标准化、社会化的创业全程扶持指导体系。创业教育培训源于美国，至今有几十年的发展历史，积累了许多成功的经验，创造了许多成功的模式，为社会培养了许多创业型人才，获得了丰厚的财富，取得了许多可喜的成绩。在创业教育实践中德国的"CEFE"、法国的"CEPAC"和国际劳工组织的"SIYB"三种创业培训模式在国际上颇有影响，深受人们的认可。中国创业教育起步比较晚，目前仍处于探索阶段，借鉴国外创业教育的发展经验，对开展农民工创业教育具有很强的现实意义。

一、德国赛飞（CEFE）创业培训模式

德国赛飞（CEFE）创业培训模式是由德国技术合作公司（GTZ）于20世纪80年代开发的，意思是"基于个人能力基础之上的公司创建和企业管理"。20世纪90年代后期，德国的失业率显著上升，为解决失业人口再就业问题，德国政府开始重视创业教育培训，期望通过创业活动来解决越来越多的失业问题，促进就业。德国政府十分注重创业意识的培养，提倡创业机会平等，同时政府还为创业者提供创业补贴，鼓励失业人员创办小微企业。

（一）德国创业培训的基本概况

德国的创业培训起源于20世纪50年代模拟公司的创业实训模式，主要面对职业学院经济类专业的学生，目的是丰富其专业知识和提升实践能力。政府和金融机构联合在中学、大学开设创业课程，积极培养学生的创业意识，尝试自己开公司，接触和熟悉企业管理及经营知识。专门设立了对创业培训进行系统研究的创业培训研究中心，如提高大学生创业能力的研究协会。

德国政府一直重视良好的创业环境的营造，积极开展创业培训，从教师、项目和资金三个方面对创业活动进行大力支持。开展创业教育的教师多数是兼职教师，既有创业生涯成功、创业经验丰富的企业家，又有学经济学的有实践经历的教师，这样有利于提高创业教育水平。同时为了给创业者提供项目支持，促进高新技术项目应用和推广，德国各地形成了由创业者中心、风险企业、大学研究所等组成的创业培训网络，成立了创业投资基金和风险投资公司进行资金扶持（曾毅红，2007）。德国不仅成立创业投资基金，并且由29家银行和德国政府共同设立风险投资公司（简称"WFG"）。WFG是以银行为主导的投资模式，对中小企业技术创业提供资金支持。

（二）CEFE创业培训模式简介

CEFE创业培训的目的是促进创立企业个人可行想法的实施或者促进现有小企业规模的扩大，其培训理念在于创建和提升企业的能力，可以通过培训，帮助那些潜在的企业

家开创事业；对于那些已经是企业家的，则可以通过激励使他们的业务得到改进和扩大。CEFE项目内容主要包括创办新企业、改善企业、支持项目运行、为企业创办者创造良好的环境条件。目前已在世界多个国家和地区，针对不同群体广泛进行培训，如企业创办者、青年失业人员、退伍军人、农村进城劳动力、职业技术学校毕业生等。CEFE培训主要分为准备阶段、实施阶段和跟踪阶段，目标是开发学员的创业能力，帮助学员制订商业计划书（劳铖强，2004）。CEFE培训课程可分为4个模块：个人特征与潜力挖掘、个人与创业项目的匹配、创业商业计划模拟和创业商业计划评估。

（1）个人特征与潜力挖掘。通过"个人清单（PBS）"的练习模块，进行自我测试的行为练习，帮助学员更进一步了解自己的个性特征、优势和潜力。在测试的过程之中，了解和掌握各个学员的素质、能力、想象力、存在弱点及不足，使其意识到要在一个不断变化的环境中取得成功，必须灵活运用不同的战略选择，并具备多项综合能力。

（2）个人与创业项目的匹配。这一模块通过综合比较"个人清单（PBS）"，分析创业项目特点和方法，为学员推荐和定位他们的产品和服务，特别强调学员的个人竞争能力与选定的项目之间要互相匹配。

（3）创业商业计划模拟。CEFE培训过程中通过角色扮演、情景模拟、调研活动和经验交流等，依据最后选定的个人项目制订商业计划，循序渐进、有条不紊地处理项目中的生产、组织和管理及财务、市场等方面的问题，清晰地理解商业活动的组成部分和动态关系。

（4）创业商业计划评估。由培训计划的主办者组织学员向银行专家人士展示他们的创业项目，评估学员所选项目的可行性，并咨询从银行获得贷款的可能性，对创业项目进行"可行性测试"。

（三）CEFE模式的主要特点分析

CEFE培训采用互动式、启发式、情景式教学、分组游戏、市场模拟、角色扮演等方法，让学员领悟到怎样去创业，如何去筛选创业项目，帮助他们制订商业计划，处理好人员与项目的匹配，增强竞争力。其培训方法的独特性在于，通过各种不同的培训活动得出学习要点，并通过具体应用转化为创业实践心得。

（1）创业培训课程体系化。CEFE的课程计划主要有个人能力发掘、头脑风暴、项目选择、个人与项目匹配、市场营销、生产技术计划、组织管理、财务分析和商业计划书等内容。课程涵盖了创业意识、创业知识、创业能力及创业精神等领域，最大限度地帮助学员成功。例如，培养学员立项分析和可行性分析，帮助他们充分整合各种有利于创业的社会资源，最大限度地规避市场风险。

（2）实践模拟+互动式教学方法。CEFE方式在于提高学员的动手能力，以弥补其在理论学习过程中与实际应用之间的差距，在系统理论培训基础上，进行角色扮演、情景模拟和互动式教学，有助于学员将各种经验转化为心得，指导商业活动，全面提升学员的创业能力。

（3）别具特色的评估考核方式。培训结束时，CEFE邀请银行专业人士对学员制订的商业计划书进行评估，这既是对学习效果的考核，又可使学员从考核过程中清楚了解银行发放贷款的要求，规避创业中的金融风险。

二、法国小企业创办者培训辅导中心（CEPAC）创业培训模式

在法国，政府、高校、企业和各社会机构之间密切合作，在自己的范围内都积极参与创业培训活动，创业培训在理论与实践两个方面都积累了许多成功的经验，如国家级的青年挑战计划、国家技术创新型企业创业大赛等创业活动，不仅使创业行为深入社会各个阶层，而且提升了社会创业精神和激发创业激情。CEPAC创业培训模式是指导创业活动开展较为成功的典型培训范式。

（一）法国创业培训的基本概况

1976年，法国创立的企业创业协会为新成立的企业提供创立帮助、后续跟踪服务，并分析创业案例优缺点和给予政策性建议，已经形成了全国性的创业网络，在促进中小企业发展和扶持创业工作中发挥着极其重要的作用。同时，政府采取各种措施解决创业者在创业过程中的资金困难，鼓励个人尤其是失业者创业，对于符合条件的创业申请人，可得到失业创业补贴。众多社会机构亦对创业培训的发展予以资金支持，用于开展创业竞赛和创业项目、开发创业培训课程等。

在法国，不仅创业培训形成了一个相当完备的体系，而且具有良好的创业孵化环境。创业孵化环境包括孵化器、苗圃和技术城等机构，分别对创新成果转化、新企业建立和企业规模化发展等活动提供帮助，培养和创立中小型新企业，实现创新转化和项目开发（刘燕斌，1999）。整体来看，无论是创业培训、创业孵化、资金支持还是法律政策，政府都旨在为创业者提供一个良好的创业环境。

（二）CEPAC创业培训模式简介

20世纪80年代初期，法国政府为了解决失业人员再就业问题，创立了"小企业创办者培训辅导中心（CEPAC）"。CEPAC是一个非营利、私营的公益性组织。它创立之初的核心理念就是从学员创业实际需要出发，以人为本、促进创业成功。通过对面试筛选、理论培训、个性辅导、创业计划设计和后续扶持等环节的系统培训，提高创业者的创业能力和经营管理能力，辅导创业者创办企业并使之扩大发展。CEPAC培训模式可分为联系紧密、相辅相成的五个环节：接待、筛选、培训、辅导和后续扶持。

（1）接待。CEPAC培训模式的接待方式非常灵活，采取圆桌式或咖啡式方式，使每一位想参加培训的申请者都能够与接待者促膝谈心。这样接待者可以深入了解申请者的真正创业想法如创业者现有的专业水平、经济能力、家人的想法、态度、创业的心理承受能力、创业目标、创办行业的市场前景、目前市场情况等影响创业成败的外在条件和内在影

响因素，一方面要为该申请者是否适合创业做评估和筛选，另一方面为将来该学员量身定做的培训内容做好准备工作。

（2）筛选。结合接待人员掌握的有参加培训意愿的人员的资料，对这些学员是否具有较强的培训意愿、是否具有独立创业的能力和相应的专业技术知识等能力；拟创业项目的市场发展潜力和升值空间、创业所需的资金和场所是否充足、创业的开发潜力等方面进行筛选。

（3）培训。CEPAC的理论培训具有较强的针对性和实用性。培训部门首先了解培训创业人员的创业需求和创业理念，分析学员的强项弱项，针对其创业时所需能力的薄弱环节，结合其现有的自身水平和能力，重点对学员的创业思维、创业技能和创业能力进行有针对性的培训，目的在于提高培训人员在创业过程中独立分析问题和解决问题的能力。培训课程一方面是有关市场方面的如市场营销、商业管理等，另一方面是企业管理方面的如经济法律法规、会计与财务等实用能力。此外，还要对创业计划书的写作能力进行优化和指导，以帮助学员写出高质量的创业计划书为衡量标准。

（4）辅导。在辅导阶段，辅导团队对学员各自的创业计划进行针对性诊断问题，提出改正意见和建议，学员进行修改，再提出建议，再修改，反反复复，经过多次完善创业计划，使每一个学员的创业计划书更具有科学性、针对性和可行性，增强创业计划书的可操作性，使得对创业更具指导作用，提高创业的成功率。

（5）后续扶持。后续扶持阶段是CEPAC实施创业培训最具特色之处，教员、顾问委员会或行业的专家针对学员开业之后碰到的各种问题和实际困难，如开业注册登记、项目的市场定位及如何发展自己的企业，提供经营管理方面的咨询服务和有效指导，最终使学员成功地创办、巩固和发展企业。

（三）CEPAC模式的主要特点

CEPAC创业培训模式以"一切为了企业成功"作为整个工作的指导思想，既有针对性和实用性，又有极强的科学严密性；既有创业理论培训的特征，又有创新性的后续扶持服务，其主要有以下特点。

（1）理论培训与创业计划紧密结合。为了帮助学员对自己的创业计划做到心中有数，从一入学，CEPAC中心就要求每位学员制订自己心中理想的创业计划书。在教学过程中，教师在教给学员理论知识的同时，辅导团队对学员各自的创业计划进行针对性的问题诊断，提出改正建议，学员反复进行修改。这样学员在培训过程中，随着学习的深入，对自己的创业计划越来越熟悉，从最初的朦胧想法最后形成了切实可行、具有可操作性的创业项目。因此，接受CEPAC训练的学员在反复修改和完善创业计划书的过程，可等同于创业准备和创业模拟的过程。

（2）个性化辅导+后续扶持服务。CEPAC创业培训最突出的特点是个性化辅导+后续扶持服务。通过有针对性地开展教学、辅导，使学员得到具体的实际的帮助。CEPAC的培训结束以后，学员在实施创业计划的最初6个月至1年时间内，该机构仍派出专人关注学员的创业项目，免费继续提供支持和帮助。采用"扶上马送一程"的方式帮助学员解决创业过程中遇到的问题和困难，以提高学员创业的成功率。这样学员不仅能从培训机构得到符合实际情况的创业帮助，培训机构也可以从学员创业过程遇到的问题获得创业过程中的信息反馈，进一步完善自己的培训计划和培训方式（刘影，2015）。

（3）多方位的培训创业效果明显。法国CEPAC创业培训模式培训内容全面而具体，多方位的培训并不是简单地传授理论知识，而是教会学员掌握合法经营技巧，满足学员创业的实际需要作为自己培训的基石。培训课程主要涉及商业管理、会计与财务、法律、业务技巧和销售技术、质量管理、计划分析、保险、税务、报价等，理论培训为期68天，并撰写创业计划书。

三、国际劳工组织的"创办和改善你的企业（SIYB）"创业培训模式

国际劳工组织致力于通过培养潜在和现有小企业创办者，使他们具有创办企业的能力或者是提高现有企业的效益和生命力。通过创业意识培训，衡量是否适合办企业，并产生可行的创业想法，通过创业计划培训创业所需经历的各个环节和步骤，衡量企业能否创立和运行下去。

（一）SIYB模式概况

"创办和改善你的企业（SIYB）"起源于瑞典，它打破了传统的教学模式，通过头脑风暴法、角色扮演法、情景模拟法、SIYB游戏法等多种方式，来增强教师与创业学员之间的互动，让教师了解培训者的想法、创业理念和创业能力，并及时调整培训方案。由于在互动过程中，学员的创业热情被激发出来，提升了学员的学习潜能与学习兴趣。目前，"SIYB"模式已经成为国际创业培训的主要模式，并在80多个国家和地区推广应用。SIYB模式包含产生你的企业的想法（GYB）、创办你的企业（SYB）、改善你的企业（IYB）和扩大你的企业（EYB）四个培训模块。

（1）GYB模块。GYB模块培训的对象是渴望创业但又缺乏可行创业想法的潜在小企业家。培训的主要内容：分析和确定学员是否具备创办企业的素质和能力，学员产生创办企业的想法，在此基础上，根据学员个人和实际情况选取适合的创业想法。

（2）SYB模块。培训对象是已经有了可行创业想法的潜在小企业家。培训的主要内容：帮助学员制订创业计划，分析计划所需投资，引导制订相关人力资源计划、市场营销计划和财务收支计划等内容，形成创业计划书，并组织实施创业。

（3）IYB模块。培训对象是迫切需要对自己的企业进行改善的小企业家。培训的主要内容：帮助参加者建立企业管理的基本体系，如核算产品或服务成本、开发市场营销计划、建立会计记账体系、控制库存及管理原材料采购等，改善和提高经营管理企业的水平。

（4）EYB模块。培训对象是寻求小企业增长、突破发展"瓶颈"的小企业家。培训的主要内容：为企业修订长远战略规划，评价所在行业的关键成功因素，分析所在企业的核心竞争力，选择和制订企业增长战略及配套计划，建立监督和评估体系。

从整体来看，GYB、SYB、IYB、EYB这四个模块之间既相互关联，又相对独立，完整构成了从小企业的创办到改善企业经营的创业能力建设体系。

（二）SIYB的主要特点

（1）严格的技术标准。为控制SIYB培训质量和维持SIYB的声誉，国际劳工组织设置专门机构，在教学方法、师资培训和后续服务方面均有严格的技术标准和要求。

（2）渐进性和系统性。SIYB的四个培训模块既相互独立、又相互联系，学员可根据自身情况进行选择，从而避免资源浪费和重复培训。培训课程用较为简单的语言，从基础入手，循序渐进地介绍创办企业所需的各种知识，并以案例贯穿始终。

（3）参与性和实用性。SIYB培训的最大特点在于参与式培训方法和实践学习模式，互动式、启发式教学激发学员的创业灵感和学习的积极性，使学员加深对教材的理解，并且整个过程融课堂培训与后续咨询服务于一体，具有很强的实用性。

（三）SYB在中国的应用

1998年，中国政府与国际劳工组织共同合作，将SIYB中的SYB培训模块部分引进中国，并根据中国实际情况对教材进行了改编，形成了中国版的SYB培训教材，目的在于为中国自主创业者进行创业培训指导，提高创业成功率，实现创业带动就业（刘唐宇，2010）。

SYB课程体系分为两个部分：创业意识培训；创业计划培训。共分十步：第一步，将学员作为创业者来评价；第二步，引导为学员建立一个好的企业构思；第三步，评估创办企业的市场；第四步，企业的人员组织；第五步，选择一种企业法律形态；第六步，法律环境和创办人的责任；第七步，预测启动资金需求；第八步，制订利润计划；第九步，判断企业能否生存；第十步，开办企业。

这十步，步步相扣，缺一不可。其中前两步作为创业意识培训计划，剩下八步属于创业计划培训。创业意识培训，针对是否适合创办企业、办什么样的企业。创业计划培训目标在于形成创业计划，制订行动计划。SYB是SIYB体系中的一部分，当前中国政府在对SYB培训试点运行后，取得了良好的效果，目前已在中国100多个城市推广，激发了学员的创业意识，增强了创立企业的抗风险能力。

第三节　国外新型农民职业培训现状

长期以来，农业现代化发达的国家非常重视对农民的职业教育培训，他们往往把农民的职业培训与职业资格证书相结合,最终培养成具有"三化"(知识化、职业化和现代化)的新型农民。我国也在逐步向国外农业发达国家学习,将农民的培训正规化,以培养"三有"(有科学、有技术、有能力)的现代新型农民。

一、职业农民培训法律支撑

发达国家通过法律的形式规范了政府部门、培训机构和农民自身在职业农民培训过程中各自的责任与义务来保障农民培训的地位和内容。法国先后7次通过法令,英国颁布的《农业培训法》、德国的《职业教育法》,都是以法律的形式确保农民培训不受侵犯。法国政府负责较长期的农民培训,农会负责专业性的农民短期培训;英国的农业部、教育局和农学院负责农民的培训工作;美国分工比较细,国家层面的农业教育培训由农业部、教育和经济司主管,各州的农业教育则由农学院管理;法国是由农业部建立培训晋级和就业委员会负责全国的农民培训,各省再设立相应机构来负责各省的农民培训工作(刘红侠,2009)。

二、农民职业培训工作的经费保障

各国政府都非常重视农民的职业培训,通过立法,不但逐步加大农民培训的经费投入,而且培训农民的经费管理和使用制度越来越严格。在英国,农民培训经费由政府拨款比例高达70%;德国的农民培训费用占国家教育总投资的15.3%;美国每年财政拨款600亿美元用于农民培训。除了政府拨款作为主要投资渠道以外,许多国家让企业出钱来培训农民,但把这部分经费作为企业的生产成本扣除出去,减免相关税收。例如,加拿大和德国规定"企业的生产成本包括培训农民的费用,当出售产品时,把这一部分成本再返还给企业"(雷世俊等,2009)。这样让企业可以从农民培训中受益,接受培训的职业农民也享受带薪参加培训。而英国,农业局有专项的政府基金来支付农场工人上课时间的本应由农场主支付的工资,农场主则不用支付以鼓励农场主和农民去参加农业培训(陈仙,2008)。同样,法国政府或有关农业专业协会组织的培训基金会会发给参加培训农民补助费。补贴标准如下:当农民的培训时间低于500小时时,雇主只需要支付前160小时工资,国家补贴剩余部分工资;培训时间超过500小时时,雇主只需要支付前500小时的工资,剩余部分工资由国家补贴(张雅光,2008)。德国法律也是规定对培训农民给予培训补贴。

三、对农民的培训形式讲究灵活且有效

根据对农民的培训时间长短分为短期培训和长期培训两种。长期培训指培训时间在120~1200小时的培训,短期培训的培训时间为20~120小时。农民或农场主根据自己的时间可选择参加不脱产、半脱产和脱产的培训方式(刘红侠,2009)。培训内容比较广泛,分为四大类:针对具有实践经验而无职业证书的农民或任何有农业基础的农村青年的基础

农业培训；学习农业新技术、新能力、新品种的农民进行改业培训；从事专业化、商品化生产的农场主、合作社社长进行的专业培训；晋升职称用的高学历证书而进行培训的晋升技术职称培训。

四、培训内容注重农民实际需求

英国、法国、澳大利亚、美国等农业发达国家的培训机构，在做培训前，先要进行市场调研，了解农场主的需求，做出市场评估后决定开设的课程和培训时间长短，进行有针对性的培训（芮小兰，2008）。而且农民培训的内容会随着技术发展和行业变化的需求而更新培训内容。培训内容会从传统技术型培训如栽培技术、土壤定向施肥技术等向新兴行业如电子商务培训转变，从侧重于农业生产中（农产品栽培技术等）培训逐步拓展到产前（种植品种、规模、农场管理）、产后（市场销售、食品深加工）的各个领域；从侧重于技术培训（栽培技术、土壤定向施肥技术、病虫草害防治技术、果品加工贮藏技术等）拓展到创业（创业心理、创业计划书写作）、经营（创业决策和规避风险、财务管理策略、商业投资技巧等）和就业技能培训。培训机构开设的农民培训内容将科学性、本地性、区域性与实用性相结合（朱亭亭，2009），在教给农民更多农业新技术、新装备的同时，更多地教给农民进行农场管理、理财、投资、风险规避等适应国际农业发展需要的市场化的知识与能力。韩国的农民培训目标在于让农民的头脑（head）、心理（heart）、身体（health）和动手能力（hand）四"H"方面得到全方位的提高。

五、培训后职业证书考核严格

许多国家的农民是一种职业，要想从事农业相关工作，必须持有一份相应的职业资格证书，这也是促进农民进行培训的一种制度保障，但农民参加培训不一定就能获得农业资格证书，农民还要参加证书考试，实行培训与考试完全分离的制度。而且参加农民培训考试得到的职业资格证书和农民职业学历技术教育证书还不一样，各个国家规定不同。在德国，不管是农民还是农业职业学校的学生，只要达到了相关职业证书所要求的能力水平，就可以得到相同的职业资格证书；但法国则规定必须拥有4种农民培训职业资格证书的一种才能参加农民职业学历技术教育证书的培训和考试（雷世俊等，2009）；英国更复杂，有11种农业职业培训证书和4种农民职业学历教育证书，二者不能相互认可，所以农民经过培训后，还要参加相关证书的考试通过后才能拿到相应级别的证书（陈仙，2008）。培训主管部门下边设立委员会专门负责农民培训证书的考试。考试委员会的成员由教师、农场主或企业和农业工人（产业工人）三部分代表组成。职业资格证书考试内容不仅包括理论知识，还要考核所报工程的实践能力，实践能力往往由企业来测验如对农、林、园艺等技能的测验，不仅要看考核人员的速度，还要看熟练程度。参加考试的培训者考试合格后才能获得相应证书。

第四节 返乡农民工创业需求调查

一、创业的意义

中国是一个农业大国，80%的人口居住在农村，而且中国是发展中国家，中国现代化的关键在于农村现代化，中国城镇化的关键也是农村的城镇化。有专家给出5个中国步入现代化行列的指标，包括经济非农化、人口城市化、生活质量现代化、生活方式现代化和人口素质现代化。然而，2007年统计数据表显示我国第一产业占整个产业的比重仍高达11.3%，城镇化水平还很低，仅为44.9%，受过初中以上文化教育的人口才67.9%，很大比例的人口仅小学水平或文盲。根据这一标准，中国农业现代化还有很长一段路要有。农民工是中国特有的农业向服务业和工业转化过程中具有农民身份的产业工人，在农村城镇化过程中，农民工将会出现明显分化。一部分农民工在城镇获得了稳定的工作和收入后转化为市民，将完全融入城市生活，完全市民化，但绝大部分农民工由于这样或那样的原因还得回到农村，称为返乡农民工。返乡农民工出现以下三种分化结果：一是重新回到传统的农业生产当中，成为带着土地入股的职业农民；二是就近就地就业，成为离土不离家的农民工；三是自主创业，成为农村经济转型的领头人。当然，人们希望看到的是自主创业，万众创新的结果。农民工回乡创业不仅可以实现自己的理想抱负，直接解决其自己和家人的就业和生活问题，还可以间接地解决当地其他农民或外地生存环境不理想也返乡但不能自己创业的农民工的就业问题，他们的创业行为对促进当地社会经济发展和农村产业结构快速向第二或第三产业的调整所起的作用更不可小觑。在当地政府的支持下，创业事业在加快农村现代化进程中可以起画龙点睛的作用。

二、影响农民工返乡创业的因素

影响农民工返乡创业的因素主要有心理原因、社会需求原因、经济原因和政策制度四个因素：①心理原因。农民工本人虽然到城市工作，但他的父母、兄弟姐妹或子女等可能都在家乡，每年农民工还是有回家乡和亲人团聚的浓厚乡土情结。②社会需求原因。国家政府和地方政府出台了一系列政策，支持鼓励农民工返乡创业。宏观经济环境的变化和新农村建设需要也促使农民工心底压抑已久的创业欲望有了释放的环境。③经济原因。利用家乡的资源条件是回乡农民工创业的基础，家乡丰富的资源一直没有得到有效的开发，低成本的资源为农民工返乡创业提供了有利的条件。④政策制度。城乡社会二元经济结构促使农民工回乡一展宏图，城市就业政策和现行户籍制度的限制，往往束缚了农民工在城市的发展（刘海，2010）。

三、返乡农民工创业模式

(一)创建专业化的农村经济合作社

农民工返乡后充分利用家乡的经济特点,积极创建或组织农村经济合作社,如花卉生产合作社、绿色蔬菜生产合作社、养殖合作社、绿色果品合作社等。通过统一购销生产资料、统一技术服务、统一管理、统一销售农产品、统一深加工,共享信息资源,推广新品种新技术、兴建特色种植业等,把零散的农民生产经营统一起来,用标准化的生产规程规范生产过程,有利于与国际农牧产品标准对接,将逐步改变我国目前落后的农业面貌。有的农民工回乡后被村民选为村干部,利用在外务工积累的经验,带领村民一起致富,深受群众的喜爱,逐渐成为村民心中的领导,推进社会主义新农村建设和城镇化建设。

(二)农产品深加工

返乡农民工将自己在务工地的见识与家乡丰富的特产充分结合,立足于当地丰富的农业资源,搞编织、养莲藕、种中药材和食用菌等,发挥当地的资源优势,紧紧围绕农村产业结构的优化和进一步调整,积极引进先进的生产技术和科学的管理理念,定位于发展现代农业企业,并把其作为创业切入点,积极开发名、特、优、新产品,进行产业化经营,搞乡村旅游,提高经济效益。同时依托当地丰富的农业资源,进行农产品深加工,将水果加工成果干、果脯等,提高农产品的经济价值。

(三)开发特种养殖和种植企业

从外地引入新的种植品种或养殖品种来对当地的种植业或养殖业进行结构优化,进行特种植物种植和经济动物养殖。根据当地的历史渊源和文化背景,积极调整农业产业结构,大力发展养殖业,搞特种养殖,如奶牛、驴、狐狸、兔子、骆驼、蛇或经济昆虫等。同时,开垦河滩、承包荒山来种植中草药、培育反季花卉、培养特色食用菌,或养殖观赏动植物让客户进行自采自摘或点杀等方式发展观光农业、休闲农业和特色农业。

(四)扩大原有经营规模

"'70后'不愿意种地,'80后'不会种地,'90后'不提种地",是现在农村面临的实际问题,农民工通过土地流转,把零散的土地集中在一个人手中,有利于规模化经营管理,有利于集约化生产(周劲波等,2013),改变了"小而全"小规模经营的弊端。例如,承包更多的耕地或山地,连片种植可以实现机械化操作,种、播、药、肥、收等统一标准,可以实现病虫害的联防联治,降低生产成本,提高经济效益,从而可以和发达国家农产品抗衡。

（五）创办自己的企业

返乡农民工将自己学到的先进管理经验或先进技术带回家乡，利用国家鼓励农民工返乡创业提供的各种的优惠政策，和自己原先工作的企业合作，创办属于自己的为大中型企业提供配件或加工的公司，或者开创第三产业的服务公司或家政公司、培训公司，等等。

四、制约农民工返乡创业的因素分析

（一）返乡创业外部环境

创业者、创业心理和创业环境对创业者的创业最终是否成功具有重要影响。农民工创业者由于本身先天条件不好，如创业时资金不足、得到的市场和政策信息的方法比较少，所以和其他类型的创业者相比，他们会更加看重创业结果，如果创业成功了，他们的自信心会大大增强，形成良好的心理暗示，能够增强克服困难的决心（罗建河等，2015）。所以一旦农民工创业成功后，市场需求变化越快，创业农民工就越能跟上市场步伐，及时调整企业生产转型与升级服务，开发出市场要求的新产品、新服务，促进企业的生产、销售等资源进行结构优化（刘唐宇，2009），使得企业运作更加合理。这样才能加速企业创收，提高创业绩效，企业运作才能形成良性循环。

将创业绩效与外部环境条件、文化构成、激励机制、市场网络关系等诸多因素之间的相关性进行分析后表明，只有文化构成与创业绩效相关性不显著；外部环境、激励机制、市场网络关系等创业环境均对创业绩效之间存在着显著的正相关。同样，微观环境如政策、资金、管理、人才资源对创业绩效有显著的负面作用，但科学技术、市场信息等资源对创业绩效有正向影响作用（文亮等，2010）。农民工创办企业所在地理位置与创业成功也有很大关系，越是企业密集的地方，越容易形成规模。例如，福建石狮的服装业、北京的动物园服装批发市场、广东佛山的地砖生产地、浙江义乌小商品批发市场、山东寿光的蔬菜种植业和物流市场等，都是在所在地区市场聚集和产业聚集地脱颖而出的创业成功案例。调研中也发现多数返乡创业农民工表示要有效益就要有规模。

（二）农民工自身素质

农民工创业者除智力因素如创业培训、学习能力、受教育程度外，许多非智力因素如外界交往、市场敏锐性、打工经历、交际能力、创新能力、个性、胆量、与干部关系、人缘等（刘影，2015）对返乡农民工创业绩效也有重要影响（表9-1）。

表9-1 Don Macke和Deb Markely创业能力测量表

序号	项目
1	干事情与众不同，花样经常翻新

续表

序号	项目
2	风险承受能力强,并且可以灵活处理生意上的挑战
3	资源丰富,能够总是想尽一切办法使生意向更大、更好发展
4	不完全依靠别人的帮助,能够独立推进自己的事业、工作和生意
5	总是能很快地抓住刚出现的赚钱机会和发展自己的机会
6	成长主导型——对把生意做大、做强很有兴趣
7	很强的学习能力和工作能力,能够满足发展需要
8	十分善于建立工作或生意网络以便找到新市场、新投入、新专家
9	与投资者或雇员能够很好地合作
10	与其他生意伙伴能够很好地合作

想创业的农民工根据创业能力测量表中的10个问题来检阅自己的创业能力,同时可以快速知道自己的优势和劣势,或者如何改正自己的劣势成为一个潜在的优秀创业者。对于返乡农民工这一具有中国特色的特殊群体来说,其创业能力的高低更多地体现在农民工的个人素质及随机应变能力。因此,农民工的创新能力、资源整合能力、组织协调能力和承担风险能力对其自身的创业能力影响巨大。创业能力可以更好地帮助农民工在瞬息万变的市场经济环境中做出正确的决策,包括开发出适应不同客户需求的新产品和新服务,做到"人无我有"。即使在同质化严重的情况下也可以做到"人有我优",产品永远比别人好一点,服务永远比别人好一点。保持住永久的有特色的持续竞争力,从而提高企业竞争优势,这样才能在激烈的市场竞争中做到永恒。

趋利避害是人的一种本能,有的创业者在创业过程中不愿承担风险,喜好稳健保守经营,永远跟在别人后面走,别人卖什么我卖什么,别人做什么我做什么,属于模仿型,这种类型的创业者属于风险规避型,成立的企业也一般是小作坊形式,很难做大做强;另一种创业者是喜欢新事物,新技术,同时也喜欢冒险,风险与回报成正比,他们喜好高风险带来的高收益,属于风险偏好型创业者,这些人往往会准确抓住市场的变化,果断地做出长期发展战略和短期策略,这种行为更有助于企业的长足发展。还有很多农民工创业者介于两者之间,想往前闯一闯,冒冒险,又害怕企业因自己的行为出现问题,属于风险中立型,由于自己的犹豫,往往使企业错过发展的机会,受企业主管的影响,企业规模也一般不会发展壮大。

承担风险能力与农民工创业者的创新能力有着密切关系,创业者如果能根据市场需求和企业所处的环境或发展阶段,能不断地提出新的想法,新的创意、新的点子,就会不断改进自己的产品质量和服务质量,从而提高企业核心竞争力,不断提升企业绩效。

农民工创业者的情商还体现在资源整合能力方面,情商高的创业者能够将各方面的资源去害存利,充分发挥各方面资源的优势,做到优势互补,将各种创业资源都能最大限度地合理利用、合理配置,大大降低企业的生产成本,因此提高了资源利用率,最大化地提升企业绩效。

农民工创业者不仅要人尽其材,发挥最大效能。还要在组织管理能力上,最大化地激发不同岗位员工的积极性,采用资金、提职、分红等激励措施;制订合理规章制度,做到有法可依,有章可循;做到团队分工明确,权责一致,用人不疑,疑人不用,提升员工忠诚度,从而进一步提高团队的向心力和凝聚力,这样才能有效地降低企业人力成本,最大化地提升企业绩效。

五、农民工返乡创业政策支持

(一)扩展农民工创业融资渠道

农民工创办企业的资金来源目前主要是自己的自有资金和在生产经营过程中积累的部分资金,还有一部分是靠银行提供的贷款。企业内部解决资金很困难,所以很大程度上还得依赖外部投资和融资(表9-2):一是地方政府建立专项财政资金如创办农民工创业启动基金扶持返乡农民工创业资金短缺问题。二是提供政策支持,降低农民工创业成本,如减免税收或减免企业工商登记等各项费用,为返乡创业农民工创业办企业提供绿色通道。三是建立合法民间借贷平台,鼓励和支持民间借贷,解决农民工创业"融资难"的问题。四是院校或培训机构培训农民工创业者写出一份投资项目可行性研究报告,向专业投资机构争取投资。五是开创新的融资途径,"保贷通""统保代管"贷款业务等都为中小企业贷款提供了新的机会(李文娟,2012)。例如,江苏邮储小额质押贷款业务规定个人和中小企业可用邮储存单做质押办理贷款,贷款额度为1000元~50万元。温州金融改革广场平台开发的"统保代管"贷款是由市金融办牵头,温州银行与中国进出口银行浙江省分行合作,通过温州金融改革广场平台为中小企业提供融资的方式。

表9-2 返乡创业农民工创业资金来源情况

融资方式	企业数量	比例/%
自由资金	378	23.40
银行借贷	310	19.26
民间借贷	319	19.85
找亲友借	390	24.26
其他	212	13.15

(二)创建农民工创业风险保障体系

各级政府要建立健全返乡农民工创业风险保障体系,以消除或解决他们创业的后顾之忧,为他们创业增加一副隐形的翅膀。一是邀请行业专家对返乡创业农民工的创业计划书进行认证,最大限度地规避创业风险,并进行心理辅导,让农民工创业者对自己的创业风险有预知,以提高农民工的风险承受能力,更重要的是教给农民工如何提前防范,规避风险。二是农民工创业技术咨询服务。三是建立一支为农民工创业企业服务的律师队伍,为农民工企业提供法务帮助。四是建立农民工创业风险保障基金。

（三）积极开展农民工创业培训

创业培训时,农民工往往都想解决自己创业过程的实际问题,因此培训时以行业为单位进行分类培训指导,这样针对性和实效性更强。一是邀请成功的农民工创业企业家向返乡创业农民工传授企业经营过程中容易遇到的难题,并实例解剖产生这些问题的原因,并考虑如何解决这些问题。二是联合当地职业技术学校和就业培训中心,请人力资源和企业管理专家向创业农民工传授企业管理国内外优秀案例,并分析优点和缺点,培养返乡农民工的创业思维、资源整合等创业能力。三是与成功企业建立合作关系,特别是农民工创办的成功企业,让企业家现身说法,举办农民工创业专题讲座,不定期地组织有创业意向的农民工进入相关企业参与实践学习（李文娟,2012）,积累农民工实践经验。四是企业行业协会定期组织专家到农民工创办企业进行调研,查找或发现企业运营中的问题,"诊脉确诊开出处方",帮助企业解决实际问题。五是企业行业协会及时发布各行业领域的最新信息动态,拓宽农民工企业信息获取渠道,及时与政府、相关企业、培训机构进行沟通与交流。

第五节　农民工返乡创业培训

一、农民工返乡创业培训现状

农民工返乡创业培训单位目前还没有成立专门的机构来进行创业农民工教育,主要依托原有的培训基地或农业学校等,如高等农业大学、高等职业院校、中等职业学校、农业广播电视大学、农业部门、科研院所,但涉农企业和协会社团参与农民培训的比较少,农业院校、农业部门和科研院所所占比例分别为38.67%、29.66%和31.67%,企业为20.49%,最少是社团,仅占8.87%,其他性质的培训单位占14.07%（章华丽,2013）。

为贯彻2008年12月国务院办公厅发布的《国务院办公厅关于切实做好当前农民工工作的通知》要求,各地均开展了针对农民工培训的阳光工程、绿色证书培训和星火科技培训工程、雨露计划等。此外各地还举办了具有地方特色的培训如劳动就业培训、农村经纪人培训、跨世纪青年农民培训、特种作业培训、失地农民培训、科技之冬培训、新型农民科技培训、创业培训,等等。

对于培训内容,主要围绕农民工需求强烈的内容进行。一是技术培训可以占到50%以上的比例,包括农作物高产增收培训如粮食种植、果树种植、蔬菜种植、畜禽养殖、水产养殖、设施栽培、食用菌栽培等；特种特养如中药材栽培、稀有花卉栽培等内容占培训内容的25%以下。二是肥料师培训，培训内容侧重于土壤配方施肥，沼气生产及施肥。三是果品加工培训如农产品加工、粉条加工、豆制品加工、厨师面点等。四是劳动技术培训如打字员，电脑修理工，服装裁剪、洗车、汽车美容、美容美发、保健按摩、挖掘机操作等。五是其他培训如保安、物流管理、物业管理、煤矿井下技工培训等内容。

二、返乡创业农民工教育培训方式

对于返乡创业农民工的培训方式主要以3~5天的短期培训班为主（高存艳，2004），占75%以上，其次是课堂讲授结合参观考察，占20%，广播电话、互联网、远程教育、发放资料等还不到5%的比例。

（一）依托农村职业学校开展创业培训

依托农村职业学校积极开展农民工返乡创业培训工作，优点在于一是保证了农民工返乡创业培训时的师资力量；二是学校能为创业培训提供良好的培训场地和设备；三是农村职业学校更了解当地的风土民情和市场需求，语言乡土化，使农民工更容易接受。

（二）培训内容多样化，并突出实用性，创业与技术一体化培训

由于农民工教育程度、视野不同，农民工对培训需求不一样，具有多样化、差异化和个性化的特点，因而培训机构在制订返乡创业农民工培训内容前先要进行调查，在弄清楚他们的培训需求后，再采取创业和技能一体化培训模式。突出培训的个性化特征，以满足不同人或不同类型人群的需求。有的培训机构面向广大农民工开展餐饮、家电维修、汽车维修等行业的技能创业一体化培训，同时提供开业咨询、经营场地等服务（周轶昆，2012）。该培训模式将技能培训与创业培训结合在一起，培训内容包括企业的开办和有效运作，信息获取方式，企业成本核算，资产评估，国家法律法规如《合同法》《公司法》《个人独资企业法》《反不正当竞争法》《消费者权益保护法》等。

培训内容要紧紧围绕创业所需技能来开展，聘请具有创业经验和相关技能的技师和创业成功者担任培训师，对于创业中遇到的风险规避、用人制度与管理等都可以实时请教解决，做到理论与实操一体化，提高培训的吸引力，也增强了农民工的创业能力，降低了创业期的风险和运营成本。此外还将技能培训、创业培训与创业服务相结合。通过培训，提高了农民工的技能素质和创业能力，不少接受培训的农村青年成为自主创业的领导者。

（三）加强农民工创业者的心理抗挫能力

农民工创业者的外界交往、市场敏锐性、打工经历、交际能力、创新能力、个性、胆

量、与干部关系、人缘等能力不仅取决于先天条件（朱红根等，2010），更重要的是后天的学习获得。由于农民工创业比其他创业者的难度更大，因此在创业培训中除了要培训先进的技术或技能，提高他们的文化素养和先进的科学的管理理念外，还有一项重要内容即非智力因素的培养，提高他们应对各种风险的能力。因此需要心理咨询师的辅导，有针对性地开展个人心理辅导，做好心理疏导工作，增强他们的自我存在感，以帮助农民工树立学习自信心，只有这样，农民工才能学到更多的提高创业心理承受能力的办法。

（四）为农民工制订多种培训模式，重点实践能力的突出培养

为了增强对返乡农民工的创业培训效果，可以采用案例教学法、现场指导教学法等方法，突出实践环节或模拟练习的方式，增强其学习乐趣，提高农民工学习的效果。

"案例教学法"就是收集当地创业成功或者失败的典型案例，通过对这一典型案例分析，培训学员学习企业成功的经验，对失败的地方提出解决方案。这种教学法是教师把要讲的理论知识隐藏于案例当中，但并不直接告诉学员有哪些理论去帮助解决问题，让学员积极发掘其中的"秘密"，让农民工通过真实的案例进行自我反思，从而提高自己的创业能力（刘奉越等，2009）。

"现场指导教学法"就是把讲台搬到田间地头或工厂车间，由教师在地里根据田间植物的生长状态进行个例教学或在车间对车床或工厂机器的布局现身进行说法，"做中学、学中做"，让空洞的理论与真实场景进行了重叠，开阔农民工的眼界，提高返乡农民工的实践能力。

"实践锻炼法"就是政府出资建立农民工、大学生创业实验园区，让农民工、大学生设计创业项目，写出标书，采用投标的方式，评委投资规模、管理、产值等指标进行筛选，选中的创业项目在实验园区中开工建设，这样让返乡农民工在实验园区中亲身感受创业实践过程，获取直接的创业经验，激发农民工的创业能力。此外政府还可以与当地企业联合培养创业农民工，让农民工带着想要做的项目到企业中来，由企业派出专家组对该项目进行评估，评估通过后，农民工在专家组的帮助下开始实践，从公司组建到生产、销售等整个生产经营的全过程都要亲自参与，最后专家组给出创业能力高低的评价意见。

"模拟练习法"就是通过让农民工设计自己的创业计划书，通过制订创业计划书，让农民工对整个创业过程有一个初步的了解，并明白创业过程中影响创业成功的关键环节。授课专家要对返乡农民工的创业计划书进行论证、点评，农民工进行反复修改，这样通过专家与农民工在创业书编写过程的互动，帮助他们修改和完善。这种模拟练习有利于深化返乡农民工对创业知识的理解，提高其创业能力。

（五）开发农民工创业培训课程

在大众创新，万众创业的大好环境下，怀揣梦想"不安分"的农民工都有干出一番事业，实现自己的创业梦。虽然他们身上有着创业特质，敢于冒险，但毕竟创业对于返乡农民工来说是第一次，有许多不确定因素存在。因此他们更需要有经验的教师在他们的创业

路上指点迷津。这就需要各培训单位、行业协会和当地企业一起合作为他们编制教材,开发出相应的专业课程来。同时,还可为有创业愿望的返乡农民工安排1~2名创业指导教师,根据他们的实际情况,为他们设计学习内容,帮助他们解决实际问题,引导他们走上创业之路。此外,还可以利用当地的媒体或网络为创业者提供资源信息、技术资料、人员管理及资金运作等方面的指导,利用论坛、联谊会等方式为创业农民工整合创业资源,提高他们创业成功的机会(胡平,2008)。当他们成功后,又会用自己的成功经验反哺社会,引导下一批创业者走上创业之路。

(六)产学研教相结合,促进农民工创业创新

校企合作是培养应用型人才的有效途径之一,不仅可以促进高校的研究工作,解决生产实际问题,更可以促进农村创新人才的培养,特别是在当前返乡创业农民工的创业项目上,可以实现助力增长(石伟平,2006)。对于返乡农民工创业培训来说,通过相关学校与企业的联合培养,农民工不仅能充分利用学校的教学资源、增长理论知识,还可以抓住进入企业的机会,全方位地了解企业的生产、经营、管理和营销环节,还可以了解实际创业所需的先进的经营和管理理念,提高其创业实践能力和解决实际问题的能力。因此,国家要制定相关的制度和政策,鼓励企业和学校加盟到产学研教的队伍中来,给相关企业减免部分税收,增加对相关学校的教育经费投入,这样就可以从根本上改善返乡农民工创业培训的效果,提高返乡农民工创业成功概率。

主要参考文献

艾婧. 2011. 关于武汉"8+1城市圈"中的农民工转型问题的研究——以孝感市为例 [J]. 经济研究导刊, 16: 87-89.

边燕杰, 郝明松. 2013. 二重社会网络及其分布的中英比较 [J]. 社会学研究, (2): 78-97.

曹卓. 2011. 农民工心灵和谐的障碍因素与路径选择 [D]. 武汉: 华中农业大学硕士学位论文.

陈晨. 2015. 农村城镇化进程中农地流转及其影响因素分析 [D]. 北京: 中国地质大学博士学位论文.

陈娜. 2011. 建筑劳务人员培训与鉴定机制研究 [D]. 天津: 天津大学硕士学位论文.

陈仙. 2008. 英国职业技术教育和培训新述 [J]. 中国职业技术教育, (9): 28-30.

邓晓丽. 2007. 我国农民工教育培训问题研究 [D]. 成都: 四川师范大学硕士学位论文.

邓英剑, 刘忠伟. 2011. 国内外职业教育教学模式的比较分析 [J]. 中国冶金教育, (5): 4-8.

邓泽民, 陈庆合, 郭化林, 等. 2002. 高等职业技术教育教学模式的比较与创新研究 [J]. 职教论坛, (20): 7-12.

丁展望. 2006. 切实解决农民工问题是巩固党的阶级基础的需要 [J]. 中国工运, (4): 28-32.

董章琳, 张鹏. 2011. 城市农民工社会融合的影响因素分析——基于重庆市1032名农民工的调查 [J]. 重庆理工大学学报 (社会科学), 25 (2): 19-25.

高存艳. 2004. 农民工培训模式应"短、平、快" [J]. 职教论坛, (6S): 32-34.

高满. 2011. 城市化过程中新生代农民工的城市融入意愿研究——以深圳市为例 [D]. 武汉: 华中科技大学硕士学位论文.

高玉峰, 石洪顺, 贺字典. 2012. 新生代农民工教育培训问题及对策研究 [J]. 河北科技师范学院学报 (社会科学版), 11 (2): 44-47.

高玉峰, 崔金龙, 刘丽梅. 2013. 新生代农民工精神文化生活质量影响因素灰色关联分析 [J]. 党史博采 (理论), (11): 48-50.

高玉峰. 2015. 灰色关联方法对高职院校学风建设影响因素分析 [J]. 党史博采 (理论), (3): 52-54.

葛建新. 2004. 创业学 [M]. 北京: 清华大学出版社.

关金艳. 2013. 基于需求理论的青少年心理辅导长效机制研究 [J]. 理论界, (12): 182-184.

广州市流动人口犯罪研究课题组. 2003. 广州市流动人口犯罪研究 [M]. 北京: 中国人民公安大学出版社.

郭慧芳, 莫连光. 2007. 灰色关联理论运用于农民收入分析的研究 [J]. 财贸研究, (1): 31-37.

郭俊芳, 李军, 武拉平. 2015. 农民工务工地点选择影响因素研究——基于全国3176份问卷 [J]. 调研世界, (8): 28-32.

国家统计局农业司. 2010. 2009年农民工监测调查报告 [OL]. http://www.stats.gov.cn/ztjc/ztfx/fxbg/201003/t20100319__16135.html [2016-10-15].

国务院. 2016. 国务院关于深入推进新型城镇化建设的若干意见 [OL]. http://www.gov.cn/zhengce/content/2016-02/06/content__5039947.htm [2016-10-16].

国务院办公厅．2006．加强农民工技能培训和职业教育［OL］．http://politics.people.com.cn/GB/1026/8552126.html［2016-10-15］．

国务院农民工办课题组．2016．中国农民工发展研究——农民工市民化发展研究［M］．北京：中国劳动社会保障出版社．

国务院研究室课题组．2006．中国农民工调研报告［M］．北京：中国言实出版社．

韩俊，汪志洪，崔传义，等．2010．农民工培训实态及其"十二五"时期的政策建议［J］．改革，（9）：74-85．

韩长赋．2010．解决农民工问题的基本思路［J］．行政管理改革，（10）：14-19．

何云景．2006．借鉴国外经验构建我国大学生创业支持系统［J］．教育理论与实践，（4）：7-9．

和震，李晨．2013．破解新生代农民工高培训意愿与低培训率的困局——从人力资本特征与企业培训角度分析［J］．教育研究，（2）：105-110．

贺汉魂，皮修平．2005．农民工概念的辩证思考［J］．求实，（5）：56-58．

胡平．2008．农村劳动力转移教育培训体系的构建［J］．中国成人教育，（7）：191-192．

胡伟，毛童俊．2015．以永无止境的追求、要谋新篇的担当做好新时期爱国卫生工作——学习贯彻习近平总书记浙江考察重要讲话精神［J］．浙江经济，（15）：12-13．

黄德林，宋维平，王珍．2007．新形势下农民创业能力来源的基本判断［J］．农业经济问题，（9）：8-12．

黄匡时，嘎日达．2010．"农民工城市融合度"评价指标体系研究——对欧盟社会融合指标和移民整合指数的借鉴［J］．西部论坛，（5）：27-36．

黄锟．2011．农村土地制度对农民工市民化的影响与制度创新［J］．农业现代化研究，32（2）：196-199，229．

黄晓赟，马建富．2010．基于新生代农民工需求的职业教育与培训体系建构研究［J］．职业技术教育，31（34）：69-73．

济南市人民政府办公厅．2010．济南市人民政府办公厅关于进一步做好农民工培训工作的实施意见［J］．济南政报，（22）：17-19．

加里·贝克尔．2007．人力资本理论［M］．北京：中信出版社：16．

蒋德海．2004．宪法与公民基本权利的保障［J］．华东师范大学学报（哲学社会科学版），36（2）：8-13．

劳铖强．2004．企业家行为与现代企业成长研究［D］．厦门：厦门大学博士学位论文．

李楚英，王满四．2010．美国大学创业教育模式及与中国比较［J］．高等农业教育，（2）：89-92．

李明华．2011．农民工高等教育需求、供给和认证制度研究［M］．北京：中国言实出版社：129．

李强．2004．农民工与中国社会分层［M］．北京：社会科学文献出版社：146．

李文娟．2012．农民工返乡创业中的地方政府责任研究——以重庆市K县为例［D］．重庆：重庆大学硕士学位论文．

李喜英．2005．我国农民工歧视问题的制度性研究［D］．西安：西北工业大学硕士学位论文．

李晓丽．2006．影响农民工城市融入的推力和拉力因素分析［J］．山东省农业管理干部学院学报，22（5）：10-11．

李晓阳，黄毅祥，彭思颖．2013．1989-2010年农民工市民化意愿影响因素实证分析［J］．先驱论坛，（13）：6-8．

林娣．2012．新生代农民工市民化问题研究［D］．长春：吉林大学博士学位论文．

刘传江．2008．中国农民工市民化进程研究［M］．北京：人民出版社．

刘奉越，孙培东．2009．基于返乡农民工学习特点的创业培训论略［J］．教育学术月刊，（8）：85-88．

刘海．2014．我国现阶段返乡农民工创业培训研究［D］．太原：山西大学硕士学位论文．

刘红侠．2009．农民教育培训体系发展思路与对策［D］．杨凌：西北农林科技大学博士学位论文．

刘怀廉．2005．中国农民工问题［M］．北京：人民出版社．

刘清华．2011．城市农民工市民化的制度滞阻与政府责任［D］．西安：陕西师范大学硕士学位论文．

刘唐宇．2009．中部欠发达地区农民工回乡创业影响因素研究［D］．福州：福建农林大学博士学位论文．

刘唐宇．2010．农民工回乡创业的影响因素分析——基于江西赣州地区的调查［J］．农业经济问题，（9）：81-88．

刘笑．2014．江汉平原基本公共服务均等化的区域差异研究［D］．武汉：华中师范大学硕士学位论文．

刘岩．2005-12-12．培育国民法律信仰［N］．济南日报，11．

刘燕斌．1999．法国的创业培训模式［J］．中国培训，（4）：11-12．

刘影．2015．创业环境、创业能力与农民创业绩效关系研究——基于陕西省223个农民创业企业的实证分析［D］．咸阳：西北农林科技大学硕士学位论文．

刘祖云．2006．农民工：转型中的中国社会的特殊阶层［J］．江汉论坛，（1）：129-133．

刘祖云，葛笑如．2015．农民工群体人生风险的类型与发生逻辑探析［J］．南京农业大学学报（社会科学版），（3）：71-79．

柳叶青．2011．江门地区新生代农民工基本公共服务均等化问题研究［D］．广州：华南理工大学硕士学位论文．

卢巧玲．2007．国外农民教育培训的经验及启示［J］．成人教育，（7）：94-96．

罗丹枫．2011．大学衍生企业人力资源管理模式研究［D］．成都：四川师范大学硕士学位论文．

罗建河，陈继艳．2015．法国职业教育培训体系的发展、特点与启示［J］．职教论坛，（16）：83-87．

吕鸿强，熊彩云．2015．中国农民城镇居住意愿影响因素研究——基于全国3705个农户的调查［J］．调研世界，（6）：3-7．

吕小强．2011．论农民工培训现状与对策［J］．辽宁经济管理干部学院（辽宁经济职业技术学院学报），（4）：90-91．

毛家瑞，彭刚．1995．《创业教育的理论与实验》课题研究报告［J］．教育报告，（5）：8-18．

梅建明，袁玉洁．2016．农民工市民化意愿及其影响因素的实证分析——基于全国31个省、直辖市和自治区的3375份农民工调研数据［J］．江西财经大学学报，（1）：68-77．

梅伟惠．2008．美国高校创业教育模式研究［J］．比较教育研究，30（5）：52-56．

孟颖颖．2011．新生代农民工城市融合障碍构成原因探析——基于社会排斥理论的视阈［J］．西北人口，32（3）：11-16．

莫鸣．2009．新型农民培养模式研究［D］．长沙：湖南农业大学博士学位论文．

宁波市人民政府办公厅．2010．宁波市人民政府办公厅关于进一步做好外来务工人员培训工作的通知［J］．宁波市人民政府公报，（19）：16-18．

彭远春．2007．论农民工身份认同及其影响因素——对武汉市杨园社区餐饮服务员的调查分析［J］．人口研究，31（2）：81-90．

钱芳．2014．农民工就业质量影响因素及其作用机理研究［D］．南昌：南昌大学博士学位论文．

钱明霞，任蓉蓉，张舒华．2008．高校毕业生就业影响因素的灰色关联度分析——以江苏为例［J］．

辽宁教育研究, (5): 95-98.

乔慧, 程郁, 曾起艳, 等. 2016. 农业技术培训对农户农业收入影响的实证研究——基于1123户农户的调研[J]. 调研世界, (5): 13-17.

全国总工会新生代农民工问题课题组. 2010-6-21. 关于农民工问题的研究报告[N]. 工人日报, 1.

芮小兰. 2008. 中国和澳大利亚职业教育与培训的比较研究[J]. 柳州职业技术学院学报, (7): 35-36.

沈立人. 2005. 中国农民工[M]. 北京: 民主与建设出版社.

石伟平, 徐国庆. 2006. 创业培训是当前我国农村职教的重点与出路[J]. 职业技术教育研究, (1): 63.

宋承. 2012. 教育公平视角下进城农民工子女义务教育问题研究[D]. 长春: 吉林大学硕士学位论文.

孙金锋. 2001. 后人口红利时代新生代农民工职业教育与培训研究[J]. 成人教育, (10): 11-13.

田翠杰, 刘洪银, 林霓裳. 2015. 城镇化与农民就业转型协同发展研究——基于全国3145个样本数据的实证分析[J]. 调研世界, (11): 36-40.

田书芹, 王东强. 2014. 新生代农民工职业教育培训主体博弈与政府治理能力提升[J]. 教育发展研究, (19): 20-25.

王大中. 2004. 流动人口犯罪问题透视[J]. 中国人民公安大学学报(社会科学版), 20(5): 139-143.

王涓. 2006. 国外高等职业教育人才培养模式[J]. 教育, (24): 42-44.

王丽娟, 王乃静. 2007. 论马斯洛的需求理论在外教管理中的运用[J]. 价值工程, 26(6): 124-125.

王丽英. 2012. 提升河北省农民工法律意识的路径探析[J]. 河北学刊, 32(5): 164-166.

王祥兵. 2012. 二元结构背景下的农民工社会管理创新研究[D]. 成都: 西南财经大学博士学位论文.

文亮, 李海珍. 2010. 在中小企业创业环境与创业绩效关系的实证研究[J]. 系统工程, (10): 67-74.

文尚卿. 2011. 当前解决农民工问题的几点思考[J]. 农业经济, (10): 43-45.

乌梦达, 张漫子. 2016-9-22. 北京户籍改革牵动谁的神经[N]. 中华工商时报, 9.

郜润平, 张艳宁, 杨根, 等. 2009. 基于评价因子及灰色关联分析的检测结果自动评价方法[J]. 西北工业大学学报, 27(3): 421-424.

徐大建. 2006. 社会公平、和谐与经济效率[J]. 上海财经大学学报, 8(1): 23-30.

徐刚, 赵俊. 2004. 对城市农民工犯罪现象的透视与反思[J]. 湖北警官学报, 17(5): 87-90.

徐建丽. 2011-1-26. 农民工自力维权组织与工会引导[J]. 中国劳动关系学院学报, 25(5): 43-46.

徐紫晨. 2014. 劳动力市场分割对农民工就业影响的研究[D]. 上海: 复旦大学硕士学位论文.

许圣义, 许昌浩. 2011. 农民工犯罪: 冲动是魔鬼[N]. 检察日报, 8.

亚伯拉罕·马斯洛. 1987. 人类激励理论[M]. 许金声, 程朝翔译. 北京: 华夏出版社.

杨锦秀, 吴春汶, 朱玉蓉. 2013. 公共资助农民培训供需及均衡机制选择——基于四川省成都市的调研[J]. 农业经济问题, (1): 72-76.

杨晶. 2010. 城镇化背景下清苑县农村劳动力教育培训研究[D]. 保定: 河北农业大学硕士学位论文.

杨萍，王小川．2015．农民工市民化：理论解析、现实困境与理性选择［J］．云南农业大学学报（社会科学），9（5）：1-7．

杨雅华．2006．"应然"与"实然"的困惑——农民工平等权的宪政分析［J］．学术探索，（1）：18-22．

杨振秀，刘晓京．2007-8-9．北京宣武区农民工法制宣传教育调查报告［N］．法制日报，4．

袁梅．2013．合同期内员工有权辞职［J］．职业，（8）：52．

曾旭晖，秦伟．2003．在城农民工留城倾向影响因素分析［J］．人口与经济，（3）：50-54．

曾毅红．2007．德国扶持创业的经验及启示［J］．中国培训，（9）：50-51．

张春辉，李诗雨，吴家钰．2014．新生代农民工市民化意愿影响因素分析——以江苏省丹阳市为例［J］．安徽农业科学，（14）：4516-4520．

张江龙，章晓．2008．农民工城市融合理论述评［J］．长春理工大学学报（社会科学版），21（4）：5-9．

张丽艳，陈余婷．2012．新生代农民工市民化意愿的影响因素分析——基于广东省三市的调查［J］．西北人口，33（4）：63-66．

张明．2005．案例教学法在法学教学中的作用［J］．黑龙江高教研究，（10）：106-108．

张秋生．2003．从农民工入会谈工会建设与改革［OL］．http//www.people.com.cn/GB/14641/14644/2084388.html［2016-11-15］．

张辛欣，傅勇涛，袁汝婷．2014．改革如何改变中国［J］．党政论坛（干部文摘），（4）：12-13．

张雅光．2008．发达国家怎样培养新型农民［J］．中国农村教育，（12）：62．

张雅光，李水山．2008．发达国家怎样培养新型农民［J］，中国教育报，12:60-62．

张彦华．2010．新农村建设中农民工法律意识的构建［J］．中国农学通报，（13）：448-451．

章华丽．2013．新型城镇化背景下返乡农民工创业培训特点与实现路径［J］．职教通讯，（34）：39-43．

赵飞飞．2013-3-18．民革提案希冀允许城市居民购买农村宅基地［N］．21世纪经济报道，T03．

赵辉．2016．以制定学校"三五"事业发展规划为契机，不断提高现代都市型农业人才培养质量［J］．高等农业教育，（4）：19-22．

赵洁琼，何艳，孟建锋．2012．基于京津冀都市圈的河北省大学生择业观念研究［J］．现代商贸工业，24（4）：117-118．

郑香香．2015．农民工市民化进程中的文化融入研究［D］．福州：福建农林大学硕士学位论文．

周劲波，丁振阔，顾芳睿．2013．农民创业研究——基于广西100位农民创业实证分析［J］．调研世界，（7）：24-28．

周明华．2011．农民工就业培训的影响因素分析［J］．东方企业文化·天下智慧，（2）：277．

周小刚，李丽清．2013．面向新生代农民工培训满意度改进决策的结构方程模型研究［J］．中国社会科学院研究生院学报，（4）：37-42．

周小刚．2014．劳动力市场分割、培训机会获取与新生代农民工培训收益率差异［J］．晋阳学刊，（5）：82-88．

周彦兵．2016．新生代农民工职业核心能力发展探析——基于生命历程理论［J］．职教论坛，7（23）：27-32．

周铁昆．2012．广东专业镇发展现状与转型对策［J］．南方农村，28（3）：53-56．

朱红根，康兰媛，翁贞林，等．2010．劳动力输出大省农民工返乡创业意愿影响因素的实证分析——基于江西省1145个返乡农民工的调查数据［J］．中国农村观察，（5）：38-47．

朱亭亭. 2009. 德国双元制职业教育的特点及对我国职业教育的启示 [J]. 四川工程职业技术学院学报,（19）: 56-57.

邹显林. 2012. 新生代农民工文化适应影响因素分析 [J]. 继续教育研究,（6）: 19-21.

Baron RM, Kenny DA.1986.The moderator-mediator variable distinction in social psychology research: Conceptual, strategic and statistical consideration [J]. Journal of Personality and Social Psychology, 51（6）: 1173-1182.

Becker GS. 1975. Human Capital: A Theoretical and Empirical Analysis with Special Reference to Education [M]. Chicago: University of Chicago Press.

Cheng EWL, Ho DCK. 2001. A review of transfer of training studies in the past decade [J]. Personnel Review, 30（1）: 102-118.

Knowles MS. 1995. Designs for Adult Learning [M]. Alexandria: American Society for Training and Development.

Knox AB. 1997. Adult Development and Learning: A Handbook on Individual Growth and Competence in Adult Years San Francisco [M]. New York: Jossey Bass.

Mezirow JA. 1981. Critical theory of adult learning and education [J]. Adult Education, 32（1）: 3-24.

Northam RM. 1975. Urban Geography [M]. New York: John Wiley and Sons, Inc.

Saks AM. 2002. So what is a good transfer of trainingestimate a reply to fitzpatrick [J]. The Industrial Organizational Psychologist,（3）: 29-30.

Seyler DL, Holton EF, Bates RA, et al. 1998. Factors affecting motivation to transfer training [J]. International Journal of Training and Development, 2（1）: 16.

Sjaastad LA. 1962. The costs and returns of humans migration [J]. Journal of Political Economy, 70（5）: 80-93.

附录一　农民工教育需求及现实供给的实证研究调查问卷

您好！由河北省科学技术厅批准立项的《农民工教育需求及现实供给的实证研究》课题组正在向您进行问卷调查。您是我们随机挑选出来的，您填写的这份问卷对我们研究工作非常重要。调查不记姓名，结果只用于研究。填写问卷时请您如实回答您的实际情况和真实想法，并将符合您意见的答案在题号后的"□"内划一个"√"。谢谢您的合作！

《农民工教育需求及现实供给的实证研究》课题组

问卷正文

一、个人基本情况

1. 您的年龄：_____岁（请填周岁），属于以下哪个年龄段？
　　（1）□20岁以下　　（2）□21~25岁　　（3）□26~30岁　　（4）□31岁以上
2. 您的性别：　　　　（1）□男　　　　（2）□女
3. 您的文化程度：　　（1）□小学及以下　（2）□初中
　　　　　　　　　　（3）□高中（高职、中专）
　　　　　　　　　　（4）□专科及以上
4. 您是否为独生子女：（1）□是　　　　（2）□否
5. 您的政治面貌：　　（1）□团员　　　（2）□党员
　　　　　　　　　　（3）□群众　　　（4）□其他
6. 您的婚姻状况：　　（1）□未婚　　　（2）□已婚　　　（3）□离异
7. 您是否生育了子女？（1）□是　　　　（2）□否
　　如果已生育子女，请问子女是在哪生活？
　　（1）□和我在务工地生活　　　　（2）□和老人在家乡生活
8. 您是否打算将来让自己的子女和你一起在务工地选择学校上学？
　　（1）□是　　　（2）□否　　　（3）□没考虑过
9. 您在务工地是否购置了自己的住房？　　（1）□是　　　（2）□否

二、工作情况

10. 您外出务工多少年？＿＿＿＿＿＿年（不满6个月的填0.5年，超6个月不满1年的按1年算）
11. 您现在工作的单位性质：

    （1）□政府机关　　　（2）□事业单位　　　（3）□国有企业

    （4）□合资企业　　　（5）□私营企业　　　（6）□自办企业

    （7）□其他，请说明：＿＿＿＿＿＿＿＿＿＿＿

12. 您平均每天工作的时间为：

    （1）□8小时　　　　　　　　　　　　（2）□9～10小时

    （3）□11～12小时　　　　　　　　　 （4）□12小时以上

13. 您每周休息时间为：（1）□1天　　　（2）□2天　　　（3）□不休息
14. 国家法定节假日您休假情况：

    （1）□正常休假　　　（2）□完全不休息　　　（3）□视情况而定

15. 您目前的工资为：

    （1）□1000元以下　　（2）□1001～1500元　　（3）□1501～2000元

    （4）□2001～2500元　（5）□2501～3000元　　（6）□3000元以上

16. 您目前每月的工资扣除各种开支外，大概剩多少？

    （1）□没有剩余　　　（2）□500元以下　　　（3）□501～1000元

    （4）□1001～1500元　（5）□1501～2000元　　（6）□2001元以上

17. 您外出打工期间的工资收入主要用于（可多选）：

    （1）□租房　　　　　（2）□养育子女　　　（3）□生活开支

    （4）□赡养父母　　　（5）□交友　　　　　（6）□娱乐消遣

    （7）□参加培训　　　（8）□存入银行

18. 您是否和单位签订了劳动合同：（1）□是　　　（2）□否

    如果签订了劳动合同，期限为：

    （1）□1年　　　　　（2）□2年

    （3）□3年及以上　　（4）□无固定期限

19. 单位为您缴纳了以下哪些社会保险？（可多选）

    （1）□养老保险　　　（2）□工伤保险　　　（3）□失业保险

    （4）□医疗保险　　　（5）□生育保险　　　（6）□没有缴纳

20. 单位是否为您缴纳了住房公积金？

    （1）□是　　　　　　（2）□否　　　　　　（3）□不知道

三、培训情况

21. 您所在单位重视职工培训吗？

    （1）□重视，经常培训

（2）□不重视，从来不培训

（3）□偶尔培训一下

22. 您参加工作以来是否参加过培训？（1）□参加过　　　（2）□没参加过

   如果参加过请回答您参加培训的次数_____，是由以下哪个机构组织的？

   （1）□职业院校　　　　　　（2）□政府部门　　　　　（3）□工作单位

   （4）□社会培训机构　　　　（5）□其他

   您对培训的总体评价：

   （1）□非常有帮助　　　　　（2）□有较大帮助　　　　（3）□有点帮助

   （4）□没有帮助　　　　　　（5）□不知道

   如没有参加培训，请回答原因：

   （1）□不知道去哪培训　　　（2）□没有时间参加　　　（3）□参加不方便

   （4）□经济条件不允许　　　（5）□内容不适合我　　　（6）□培训效果不好

   （7）□其他

23. 如果您参加职业培训您最看重以下哪一条？

   （1）□提高学历　　　　　　（2）□提高技能　　　　　（3）□更新观念

   （4）□扩大交往　　　　　　（5）□其他

24. 如果您参加培训，您可以接受的培训时间为多长？

   （1）□1天以下　　　　　　（2）□2~5天　　　　　　（3）□6~10天

   （4）□11~20天　　　　　　（5）□21天以上

25. 如果您有机会参加培训，您喜欢选择以下哪个时间段？

   （1）□上班时间　　　　　　（2）□双休日　　　　　　（3）□晚上

   （4）□无所谓

26. 如果您有机会参加培训，您愿意到以下哪个培训地点？

   （1）□家庭所在地　　　　　（2）□务工所在地

27. 如果您有机会参加培训，您最想学习的内容是：

   （1）□文化教育　　　　　　（2）□专业技术　　　　　（3）□法律法规

   （4）□生活常识　　　　　　（5）□休闲娱乐　　　　　（6）□其他

28. 如果您有机会参加培训，您首选的培训机构是：

   （1）□有政府背景的人才市场培训机构

   （2）□正规的职业院校培训机构

   （3）□企业或行业协会培训机构

   （4）□社会职业中介举办的培训机构

29. 如果给您一次接受教育培训的机会，您会选择：

   （1）□短期职业培训　　　　（2）□正规学历教育　　　（3）□□放弃

30. 如果您参加培训，您最喜欢下列哪种培训形式？

（1）□传统的课堂讲授　　　　　　　（2）□边学边实践

（3）□多媒体教学　　　　　　　　　（4）□综合利用各种培训形式

31. 您认为通过什么途径学习到的知识效果更好？

（1）□到专门的培训机构学习　　　　（2）□边干边学

（3）□与身边的人讨论交流　　　　　（4）□自学

32. 您对培训的认识：

（1）□没有用处　　（2）□越来越重要　（3）□是一种投资　（4）□不知道

33. 您目前属于哪一种学习状态？

（1）□经常学习　　（2）□偶尔学习　　（3）□需要的时候学习

（4）□有学习想法，但没实施　　　　（5）□很少有学习的想法

（6）□其他

34. 您近几年是否有接受教育培训的计划？

（1）□有　　　　　（2）□没有　　　　（3）□不确定

35. 您是否愿意自己花钱参加培训？

（1）□愿意　　　　（2）□不愿意　　　（3）□有用就参加

36. 如果给您一笔资金，您最想做的是什么？

（1）□继续上学　　（2）□自己创业　　（3）□存入银行

（4）□日常消费　　（5）□其他

37. 您在外出务工期间最喜欢的业余文化生活是什么？

（1）□玩扑克、下象棋、打麻将　　　（2）□学习业务知识

（3）□上网聊天、玩游戏　　　　　　（4）□看电视　　　（5）□其他

38. 如果您在城市里找不到满意的工作，您如何做：

（1）□找份差点的工作　　　　　　　（2）□在城市里或回家等

（3）□返回农村务农　　　　　　　　（4）□参加培训　　（5）□其他

39. 您认为您自主创业的最大障碍是什么？

（1）□资金不足　　（2）□经验不足　　（3）□社会关系缺乏

（4）□专业知识不够　　　　　　　　（5）□不敢冒风险

（6）□其他，请说明＿＿＿＿＿＿＿＿＿＿＿＿＿＿＿＿＿＿＿＿

40. 您认为目前您的压力主要来源于什么？

（1）□文化水平低　　　　　　　　　（2）□缺乏专业技能

（3）□缺乏工作经验　　　　　　　　（4）□没有城市户口

（5）□城市竞争激烈　　　　　　　　（6）□工作不稳定、待遇低

问卷到此结束，谢谢您的合作！！！

附录二 农民工城市融合问题研究调查问卷

您好！由河北省社会科学基金批准立项的《农民工城市融合问题研究》课题组正在向您进行问卷调查。您是我们随机挑选出来的，您填写的这份问卷对我们研究工作非常重要。调查不记姓名，结果只用于研究。填写问卷时请您如实回答您的实际情况和真实想法，并将符合您意见的答案在题号后的"□"内划一个"√"。谢谢您的合作！

《农民工城市融合问题研究》课题组

问卷正文

第一部分

一、基本情况

1. 您的年龄：_____岁（请填周岁），属于以下哪个年龄段？
   （1）□20岁以下　（2）□21~25岁　（3）□26~30岁　（4）□31岁以上
2. 您的性别：　　　（1）□男　　　　（2）□女
3. 您的文化程度：　（1）□小学及以下　（2）□初中
   　　　　　　　　（3）□高中（高职、中专）　　　（4）□专科及以上
4. 您是否为独生子女：（1）□是　　　（2）□否
5. 您的政治面貌：　（1）□团员　　　（2）□党员
   　　　　　　　　（3）□群众　　　（4）□其他
6. 您的婚姻状况：　（1）□未婚　　　（2）□已婚　　（3）□离异
7. 您是否生育了子女？（1）□是　　　（2）□否
   如果已生育子女，请问子女是在哪里生活？
   （1）□和我在务工地生活　　（2）□和老人在家乡生活
8. 您是否打算将来让自己的子女和你一起在务工地选择学校上学？
   （1）□是　　　（2）□否　　　（3）□没考虑过
9. 您在务工地是否购置了自己的住房？（1）□是　　　（2）□否
   如果没有在务工地购置住房，有何打算？
   （1）□打算在务工地购买　　（2）□没想过这事
   （3）□准备回家买房子　　　（4）□暂时不考虑

二、工作情况

10. 您外出务工多少年？＿＿＿＿＿＿年（不满6个月的填0.5年，超6个月不满1年的按1年算）
11. 您现在工作的单位性质：
    （1）□政府机关　　（2）□事业单位　　（3）□国有企业
    （4）□合资企业　　（5）□私营企业　　（6）□自办企业
    （7）□其他，请说明：＿＿＿＿＿＿＿＿＿＿＿＿＿＿
12. 您平均每天工作的时间为：
    （1）□8小时　　　　　　　　　（2）□9~10小时
    （3）□11~12小时　　　　　　　（4）□12小时以上
13. 您每周休息时间为：（1）□1天　　（2）□2天　　（3）□不休息
14. 国家法定节假日您休假情况：
    （1）□正常休假　　（2）□完全不休息　　（3）□视情况而定
15. 您目前的工资为：
    （1）□1000元以下　　　　　　　（2）□1001~1500元
    （3）□1501~2000元　　　　　　（4）□2001~2500元
    （5）□2501~3000元　　　　　　（6）□3000元以上
16. 您目前每月的工资扣除各种开支外，大概剩多少？
    （1）□没有剩余　　　　　　　　（2）□500元以下
    （3）□501~1000元　　　　　　 （4）□1001~1500元
    （5）□1501~2000元　　　　　　（6）□2001元以上
17. 您外出打工期间的工资收入主要用于（可多选）：
    （1）□租房　　　（2）□养育子女　（3）□生活开支　（4）□赡养父母
    （5）□交友　　　（6）□娱乐消遣　（7）□参加培训　（8）□存入银行
18. 您是否和单位签订了劳动合同：　（1）□是　　（2）□否
    如果签订了劳动合同，期限为：
    （1）□1年　　　　　　　　　　（2）□2年
    （3）□3年及以上　　　　　　　（4）□无固定期限
19. 您对工作的满意程度：
    （1）□非常满意　　（2）□满意　　　（3）□一般
    （4）□不满意　　　（5）□非常不满意
20. 您目前从事的工作属于哪个行？
    （1）□制造业　　（2）□建筑业　　（3）□零售业
    （4）□服务业　　（5）□其他

21. 您对工作的期待：

（1）□在未来3年内工资翻一番　　（2）□准备找一份稳定的工作

（3）□找一份成长空间更大的工作　（4）□回家乡创业

三、生活交往状况

22. 您目前的居住状况是：

（1）□和朋友合租　（2）□自己租房　（3）□自己买房

（4）□单位宿舍　　（5）□临时工棚　（6）□其他，请注明_____

23. 人均居住面积为：

（1）□10m²以下　　　　　　　（2）□10~20m²

（3）□21~40m²　　　　　　　（4）□40m²以上

24. 与在老家时居住状况相比：

（1）□比以前好　（2）□不如以前好　（3）□差不多　（4）□说不清

25. 您对目前的居住状况感到：

（1）□很满意　（2）□比较满意　（3）□满意　（4）□不满意

（5）□很不满意

26. 您现在是否适应城市生活：

（1）□适应　　（2）□一般　　（3）□不适应　（4）□不知道

27. 您向往的生活是：

（1）□都市的繁华与快节奏的生活

（2）□稳定的工作，有充足的时间自己来支配

（3）□和父母住在一起，生活在小城镇，舒适安逸

（4）□还没想好，既向往都市的繁华又憧憬乡村的安逸

28. 平时是否参加社团或其他形式的社区组织：（1）□有　　　（2）□没有

29. 您在务工地经常交往的对象：

（1）□亲戚　　（2）□朋友　　（3）□同事

（4）□其他，请注明_____

30. 您是否有务工地当地的朋友：

（1）□没有　　（2）□1~5人　（3）□6~10人　（4）□11人以上

31. 您与附近居民的关系是：

（1）□很不好　（2）□不好　　（3）□一般

（4）□比较好　（5）□很好　　（6）□说不清

32. 您认为生活在务工地，当前最需要解决的问题是：

（1）□交流沟通问题　　　　　（2）□相互尊重问题

（3）□治安问题　　　　　　　（4）□公共卫生管理问题

（5）□社区文化建设问题　　　　　（6）□户口问题

（7）□子女就学　　　　　　　　　（8）□其他

33．户籍对您生活的影响程度：

（1）□非常大　　　（2）□比较大　　　（3）□一般

（4）□比较小　　　（5）□非常小　　　（6）□没有影响

34．您空闲时间的利用：

（1）□在家休息　　　　　　　　　（2）□亲戚、朋友、老乡聚会

（3）□参加社区活动　　　　　　　（4）□串门或逛街消费

（5）□自学或培训　　　　　　　　（6）□与本地居民聊天

（7）□其他，请注明_____

35．您大概经过多长时间才基本上适应城市里的生活：

（1）□尚未适应　　（2）□半年以内　　（3）□1~2年

（4）□3年及以上　（5）□永远也不会适应

36．您觉得您是否融入到务工地，成为务工地的一员：

（1）□完全融入　　（2）□基本融入　　（3）□初步融入

（4）□完全没有融入　　　　　　　（5）□不知道

37．遇到困境时，第一时间求助的人：

（1）□家人　　　　　　　　　　　（2）□朋友或同事

（3）□男/女朋友　　　　　　　　（4）□交警或社区服务

四、子女教育

38．如果您的子女已到入学年龄，您准备让他在哪里上学？

（1）□务工地　　　（2）□家乡　　　　（3）□不确定

39．您认为您的孩子是否享受到了和务工地孩子同等的教育机会？

（1）□否　　　　　（2）□是　　　　　（3）□说不清楚

40．您能否承担子女在务工地读书的费用？

（1）□能承担　　　　　　　　　　（2）□不能承担

（3）□差不多　　　　　　　　　　（4）□说不准

41．您对您子女享受的教育资源现状：

（1）□很满意　　　　　　　　　　（2）□比较满意

（3）□满意　　　　　　　　　　　（4）□不满意

（5）□很不满意　　　　　　　　　（6）□不知道

五、社会保障

42．单位为您缴纳了以下哪些社会保险？（可多选）

（1）□养老保险　　　　（2）□工伤保险　　　　（3）□失业保险

　　（4）□医疗保险　　　　（5）□生育保险　　　　（6）□没有缴纳

43．单位是否为您缴纳了住房公积金？

　　（1）□是　　　　　　　（2）□否　　　　　　　（3）□不知道

44．您在务工地就医状况：

　　（1）□小病能忍，一般不去医院

　　（2）□小病去附近药房买药或自行吃药解决

　　（3）□大病时想去医院就诊，但是医疗费用太高

　　（4）□遇到大病时去医院就诊，医疗费用可以承受

　　（5）□遇到大病一般回家乡去就诊

　　（6）□其他，请注明＿＿＿＿＿＿＿＿＿＿＿＿＿＿＿＿＿＿

六、社会认同情况

45．您是否觉得自己已经是城里人：

　　（1）□是　　　　　　　（2）□不是　　　　　　（3）□不清楚

46．身边的市民是否认为您是市民：

　　（1）□是　　　　　　　（2）□不是　　　　　　（3）□不清楚

47．您觉得自己在务工地是否有安全感：

　　（1）□消费水平太高了，吃都吃不饱，社会治安也差

　　（2）□社会治安还好，但是人与人之间很冷漠

　　（3）□周围没有认识的人，很孤独，心里没有安全感

　　（4）□社会治安好，周围认识的人多，交友广泛

七、培训情况

48．您所在单位重视职工培训吗？

　　（1）□重视，经常培训　　　　　　　（2）□不重视，从来不培训

　　（3）□偶尔培训一下

49．您参加工作以来是否参加过培训？　　（1）□参加过　　　（2）□没参加过

　　如果参加过，请回答您参加培训的次数＿＿＿＿＿＿＿，是由以下哪个机构组织的？

　　（1）□职业院校　　（2）□政府部门　　（3）□工作单位

　　（4）□社会培训机构　　　　　　　　（5）□其他

　　您对培训的总体评价：

　　（1）□非常有帮助　（2）□有较大帮助　（3）□有点帮助

　　（4）□没有帮助　　（5）□不知道

　　如没有参加培训，请回答原因：

（1）□不知道去哪培训　　　　　　（2）□没有时间参加
（3）□参加不方便　　　　　　　　（4）□经济条件不允许
（5）□内容不适合我　　　　　　　（6）□培训效果不好

50. 如果您参加职业培训，您最看重以下哪一条？
　　（1）□提高学历　　（2）□提高技能　　（3）□更新观念
　　（4）□扩大交往　　（5）□其他

51. 如果您参加培训，您可以接受的培训时间为多长？
　　（1）□1天以下　　（2）□2~5天　　（3）□6~10天
　　（4）□11~20天　　（5）□21天以上

52. 如果您有机会参加培训，您喜欢选择以下哪个时间段？
　　（1）□上班时间　（2）□双休日　　（3）□晚上　　　（4）□无所谓

53. 如果您有机会参加培训，您愿意到以下哪个培训地点？
　　（1）□家庭所在地　（2）□务工所在地

54. 如果您有机会参加培训，您最想学习的内容是：
　　（1）□文化教育　　（2）□专业技术　　（3）□法律法规
　　（4）□生活常识　　（5）□休闲娱乐　　（6）□其他

55. 如果您有机会参加培训，您首选的培训机构是：
　　（1）□有政府背景的人才市场培训机构　　（2）□正规的职业院校培训机构
　　（3）□企业或行业协会培训机构　　　　　（4）□社会职业中介举办的培训机构

56. 如果您参加培训，您最喜欢下列哪种培训形式？
　　（1）□传统的课堂讲授　　　　　　（2）□边学边实践
　　（3）□多媒体教学　　　　　　　　（4）□综合利用各种培训形式

57. 您认为通过什么途径学习到的知识效果更好？
　　（1）□到专门的培训机构学习　　　（2）□边干边学
　　（3）□与身边的人讨论交流　　　　（4）□自学

58. 您对培训的认识：
　　（1）□没有用处　　　　　　　　　（2）□越来越重要
　　（3）□是一种投资　　　　　　　　（4）□不知道

59. 您目前属于哪一种学习状态？
　　（1）□经常学习　　　　　　　　　（2）□偶尔学习
　　（3）□需要的时候学习　　　　　　（4）□有学习想法，但没实施
　　（5）□很少有学习的想法　　　　　（6）□其他

60. 您是否愿意自己花钱参加培训？
　　（1）□愿意　　　　（2）□不愿意　　　（3）□有用就参加

61. 您认为目前您的压力主要来源于什么？

（1）□文化水平低　　　　　　（2）□缺乏专业技能

（3）□缺乏工作经验　　　　　（4）□没有城市户口

（5）□城市竞争激烈　　　　　（6）□工作不稳定、待遇低

八、市民调查

62．当新生代农民工有困难时，您是否会提供帮助：

（1）□会　　（2）□不会　　（3）□视情况而定　　（4）□说不清楚

63．在公共场所遇到新生代农民工时，您是：

（1）□敬而远之　（2）□警惕　　（3）□亲近　　（4）□无所谓

64．您是怎么样看待新生代农民工犯罪的？

（1）□生活所迫　（2）□自身素质低　（3）□其他

65．您是否愿意您的子女与新生代农民工子女做同学（有子女者填写）：

（1）□愿意　　（2）□不愿意　　（3）□视情况而定　（4）□无所谓

66．您认为新生代农民工子女是否享受到了和本地孩子同等的教育机会？

（1）□否　　　（2）□是　　　（3）□说不清楚

67．很多新生代农民工希望成为与您一样拥有本市户籍时，您认为：

（1）□可以　　（2）□视情况而定　（3）□不可以　　（4）□无所谓

68．您认为新生代农民工是否应该享有与本地居民同等的政治权利和义务？

（1）□应该　　　　　（2）□不应该　　　　（3）□视情况而定

69．您认为新生代农民工难融入本地社会的原因：

（1）□户籍制度　　　　　（2）□自身素质问题

（3）□本地人的排斥　　　（4）□其他

第二部分

1．您对工作的满意程度：

（1）□非常满意　　　（2）□满意　　　（3）□一般

（4）□不满意　　　　（5）□非常不满意

2．您对工作环境满意程度：

（1）□非常满意　　　（2）□满意　　　（3）□一般

（4）□不满意　　　　（5）□非常不满意

3．您对劳动报酬满意程度：

（1）□非常满意　　　（2）□满意　　　（3）□一般

（4）□不满意　　　　（5）□非常不满意

4．您每天工作时间为：

（1）□8小时　　　　（2）□9小时　　　（3）□10小时

　　　　（4）□11小时　　　　　　　（5）□12小时以上

5. 您的单位重视职工培训：
　　　　（1）□非常同意　　　　（2）□同意　　　　　（3）□一般
　　　　（4）□不同意　　　　　（5）□非常不同意

6. 单位和您签订劳动合同期限：
　　　　（1）□无固定期限　　（2）□3年　　（3）□2年　　（4）□1年　　（5）□0年

7. 参加社会保险非常重要：
　　　　（1）□非常同意　　　　（2）□同意　　　　　（3）□一般
　　　　（4）□不同意　　　　　（5）□非常不同意

8. 对签订保险的满意程度：
　　　　（1）□非常满意　　　　（2）□满意　　　　　（3）□一般
　　　　（4）□不满意　　　　　（5）□非常不满意

9. 您对政府救助满意程度：
　　　　（1）□非常满意　　　　（2）□满意　　　　　（3）□一般
　　　　（4）□不满意　　　　　（5）□非常不满意

10. 您在务工地购房愿望：
　　　　（1）□非常强烈　　　　（2）□强烈　　　　　（3）□一般
　　　　（4）□不强烈　　　　　（5）□非常不强烈

11. 您对居住情况满意程度：
　　　　（1）□非常满意　　　　（2）□满意　　　　　（3）□一般
　　　　（4）□不满意　　　　　（5）□非常不满意

12. 与老家居住条件比较：
　　　　（1）□非常好　　　　　（2）□较好　　　　　（3）□一般
　　　　（4）□不好　　　　　　（5）□非常不好

13. 您在务工地定居的欲望：
　　　　（1）□非常强烈　　　　（2）□强烈　　　　　（3）□一般
　　　　（4）□不强烈　　　　　（5）□非常不强烈

14. 把户籍迁到务工地愿望：
　　　　（1）□非常强烈　　　　（2）□强烈　　　　　（3）□一般
　　　　（4）□不强烈　　　　　（5）□非常不强烈

15. 户籍对您生活影响程度：
　　　　（1）□非常大　　　　　（2）□较大　　　　　（3）□一般
　　　　（4）□较小　　　　　　（5）□非常小

16. 您对子女享受务工地教育资源满意程度：
　　　　（1）□非常满意　　　　（2）□满意　　　　　（3）□一般

（4）□不满意　　　　　　　（5）□非常不满意

17．您对子女享受与务工地孩子教育机会满意程度：
　　　（1）□非常满意　　　　　　（2）□满意　　　　　　（3）□一般
　　　（4）□不满意　　　　　　　（5）□非常不满意

18．您承担子女在务工地读书费用情况：
　　　（1）□完全能承担　　　　　（2）□能承担　　　　　（3）□一般
　　　（4）□不能承担　　　　　　（5）□完全不能承担

19．您获取社区服务的满意程度：
　　　（1）□非常满意　　　　　　（2）□满意　　　　　　（3）□一般
　　　（4）□不满意　　　　　　　（5）□非常不满意

20．您参加社区组织活动的次数：
　　　（1）□非常多　　　　　　　（2）□较多　　　　　　（3）□一般
　　　（4）□不多　　　　　　　　（5）□非常少

21．您与附近居民的关系是：
　　　（1）□非常好　　　　　　　（2）□较好　　　　　　（3）□一般
　　　（4）□不好　　　　　　　　（5）□非常不好

22．您是否有务工当地朋友：
　　　（1）□非常多　　　　　　　（2）□较多　　　　　　（3）□一般
　　　（4）□不多　　　　　　　　（5）□非常少

23．您和工友的关系：
　　　（1）□非常好　　　　　　　（2）□较好　　　　　　（3）□一般
　　　（4）□不好　　　　　　　　（5）□非常不好

24．您觉得融入到务工地程度：
　　　（1）□完全融入　　　　　　（2）□融入　　　　　　（3）□一般
　　　（4）□没融入　　　　　　　（5）□完全没融入

25．您对城市生活适应程度：
　　　（1）□非常适应　　　　　　（2）□适应　　　　　　（3）□一般
　　　（4）□不适应　　　　　　　（5）□非常不适应

26．您觉得自己已经是城里人：
　　　（1）□非常同意　　　　　　（2）□同意　　　　　　（3）□一般
　　　（4）□不同意　　　　　　　（5）□非常不同意

27．身边的市民认为您是市民：
　　　（1）□非常同意　　　　　　（2）□同意　　　　　　（3）□一般
　　　（4）□不同意　　　　　　　（5）□非常不同意

28．您认为当地居民对您的友好程度：

(1) □非常友好 　　　(2) □友好 　　　(3) □一般
(4) □不友好 　　　(5) □非常不友好

29. 您是否适应了务工地的生活？
(1) □非常适应 　　　(2) □适应 　　　(3) □一般
(4) □不适应 　　　(5) □非常不适应

30. 您是否熟悉务工地的风俗？
(1) □非常熟悉 　　　(2) □熟悉 　　　(3) □一般
(4) □不熟悉 　　　(5) □非常不熟悉

31. 您是否掌握了务工地的语言？
(1) □非常精通 　　　(2) □精通 　　　(3) □一般
(4) □不习惯 　　　(5) □非常不习惯

32. 您是否认为务工地就是您的家？
(1) □非常同意 　　　(2) □同意 　　　(3) □一般
(4) □不同意 　　　(5) □非常不同意

33. 您觉得在务工地有安全感：
(1) □非常同意 　　　(2) □同意 　　　(3) □一般
(4) □不同意 　　　(5) □非常不同意

34. 您有事情首先想到老乡的帮助：
(1) □非常不同意 　　　(2) □不同意 　　　(3) □一般
(4) □同意 　　　(5) □非常同意

35. 您有问题经常找市民或政府帮助：
(1) □非常同意 　　　(2) □同意 　　　(3) □一般
(4) □不同意 　　　(5) □非常不同意

36. 您是否在意别人说自己是农民工？
(1) □非常不在意 　　　(2) □不在意 　　　(3) □一般
(4) □在意 　　　(5) □非常在意

37. 您是否在意被异样的眼光看待？
(1) □非常不在意 　　　(2) □不在意 　　　(3) □一般
(4) □在意 　　　(5) □非常在意

问卷到此结束，谢谢您的合作！！！

附录三　农民工精神文化生活质量调查及对策研究调查问卷

　　您好！由河北省社会科学联合会资助的民生调研专项课题《农民工精神文化生活质量调查及对策研究》课题组正在向您进行问卷调查。您是我们随机挑选出来的，您填写的这份问卷对我们研究工作非常重要。调查不记姓名，结果只用于研究。填写问卷时请您如实回答您的实际情况和真实想法，并将符合您意见的答案在题号后的"□"内划一个"√"或填写在"＿＿＿＿＿"上。谢谢您的合作！

《农民工精神文化生活质量调查及对策研究》课题组

问卷正文

第一部分

1. 您的年龄：＿＿＿＿＿岁（周岁），属于以下哪个年龄段？
   （1）□20岁以下　　（2）□21~25岁　　（3）□26~30岁　　（4）□31岁以上
2. 您的性别：　　　（1）□男　　　　（2）□女
3. 您是否是独生子女：（1）□是　　　（2）□否
4. 您的文化程度：
   （1）□小学及以下　（2）□初中　　　（3）□高中（高职、中专）
   （4）□专科及以上
5. 您的政治面貌：　　（1）□团员　　　（2）□党员
   　　　　　　　　　（3）□群众　　　（4）□其他
6. 您的婚姻状况：　　（1）□未婚　　　（2）□已婚　　　（3）□离异
7. 您是否生育了子女？（1）□是　　　　（2）□否
8. 您是否打算让子女和你一起在务工地选择学校上学？
   （1）□是　　　　　（2）□否　　　　（3）□没考虑过
9. 您在务工地是否购置了自己的住房？（1）□是　　　　（2）□否
   如果没有在务工地购置住房，有何打算？
   （1）□打算在务工地购买　　　　　（2）□没想过这事
   （3）□准备回家买房子　　　　　　（4）□暂时不考虑

10. 您外出务工多少年？＿＿＿＿＿＿＿年（不满6个月的填0.5年，超6个月不满1年的按1年算）
11. 您现所在的工作单位性质：
    （1）□政府机关　（2）□事业单位　（3）□国有企业　（4）□合资企业
    （5）□私营企业　（6）□其他，请说明：＿＿＿＿＿＿＿＿＿＿
12. 您每周休息时间为：（1）□1天　（2）□2天　（3）□不休息
13. 国家法定节假日休假情况：
    （1）□正常休假　（2）□完全不休息　（3）□视情况而定
14. 您目前的工资为：
    （1）□1000元以下　　　　　　（2）□1001～1500元
    （3）□1501～2000元　　　　　（4）□2001～2500元
    （5）□2501～3000元　　　　　（6）□3000元以上
15. 您目前每月的工资扣除各种开支外，大概剩多少？
    （1）□没有剩余　　　　　　　（2）□500元以下
    （3）□501～1000元　　　　　（4）□1001～1500元
    （5）□1501～2000元　　　　　（6）□2001元以上
16. 您是否和单位签订了劳动合同：　（1）□是　　　（2）□否
17. 您目前的居住状况是：
    （1）□和朋友合租　（2）□自己租房　（3）□自己买房
    （4）□单位宿舍　　（5）□临时工棚　（6）□其他，请注明＿＿＿＿＿
18. 人均居住面积为：
    （1）□$10m^2$以下　（2）□$10\sim 20m^2$　（3）□$21\sim 40m^2$　（4）□$40m^2$以上
19. 您在务工地经常交往的对象：
    （1）□亲戚　　（2）□朋友　　（3）□同事
    （4）□其他，请注明＿＿＿＿＿＿＿＿＿＿＿＿
20. 您空闲时间的利用：
    （1）□在家休息　　　　　　　（2）□亲戚、朋友、老乡聚会
    （3）□参加社区活动　　　　　（4）□串门或逛街消费
    （5）□自学或培训　　　　　　（6）□与本地居民聊天
    （7）□其他，请注明＿＿＿＿＿＿＿＿＿
21. 单位为您缴纳了以下哪些社会保险？（可多选）
    （1）□养老保险　（2）□工伤保险　（3）□失业保险
    （4）□医疗保险　（5）□生育保险　（6）□没有缴纳
22. 单位是否为您缴纳了住房公积金？
    （1）□是　　　（2）□否　　　（3）□不知道

23. 您在业余时间经常干什么？
　　（1）□玩麻将、下象棋、打扑克　　　（2）□看电视、听广播
　　（3）□读书、看报　（4）□学习专业知识　（5）□上网聊天、玩游戏
　　（6）□与工友聊天　（7）□逛街购物　　（8）□其他

24. 您所在单位组织过哪些业余文化生活？
　　（1）□周末晚会　（2）□外出旅游　（3）□各类比赛　（4）□各种游戏

25. 在您单位可以搞哪些娱乐活动？（可多选）
　　（1）□打羽毛球　（2）□打篮球　（3）□打台球　（4）□打乒乓球
　　（5）□踢足球　　（6）□可以下象棋、围棋或跳棋　（7）□健身
　　（8）□唱歌跳舞　（9）□健身　　（10）□不能

26. 您在生活的社区能参加哪些娱乐活动？（可多选）
　　（1）□打羽毛球　（2）□打篮球　（3）□打台球　（4）□打乒乓球
　　（5）□踢足球　　（6）□可以下象棋、围棋或跳棋　（7）□健身
　　（8）□唱歌跳舞　（9）□健身　　（10）□不能

27. 您希望单位多长时间组织一次娱乐活动？
　　（1）□1周　（2）□2周　（3）□1个月　（4）□3个月
　　（5）□半年　（6）□1年

28. 您所在单位多长时间组织一次娱乐活动？
　　（1）□1周　（2）□2周　（3）□1个月　（4）□3个月
　　（5）□半年　（6）□1年　（7）□没组织过

29. 在单位您最愿意参加哪项娱乐活动？
　　（1）□打羽毛球　（2）□打篮球　（3）□打台球　（4）□打乒乓球
　　（5）□踢足球　　（6）□可以下象棋、围棋或跳棋　（7）□健身
　　（8）□唱歌跳舞　（9）□其他

30. 您在社区最愿意参加哪项娱乐活动？
　　（1）□打羽毛球　（2）□打篮球　（3）□打台球　（4）□打乒乓球
　　（5）□踢足球　　（6）□可以下象棋、围棋或跳棋　（7）□健身
　　（8）□唱歌跳舞　（9）□其他

第二部分

您认为以下各项对您精神文化生活质量影响如何？

1. 工作时间：（1）□非常大　（2）□较大　（3）□一般　（4）□较小　（5）□非常小
2. 工作性质：（1）□非常大　（2）□较大　（3）□一般　（4）□较小　（5）□非常小
3. 单位性质：（1）□非常大　（2）□较大　（3）□一般　（4）□较小　（5）□非常小
4. 务工年限：（1）□非常大　（2）□较大　（3）□一般　（4）□较小　（5）□非常小

5. 经济收入：（1）□非常大 （2）□较大 （3）□一般 （4）□较小 (5) □非常小
6. 婚姻状况：（1）□非常大 （2）□较大 （3）□一般 （4）□较小 (5) □非常小
7. 居住地点：（1）□非常大 （2）□较大 （3）□一般 （4）□较小 (5) □非常小
8. 居住条件：（1）□非常大 （2）□较大 （3）□一般 （4）□较小 (5) □非常小
9. 社会地位：（1）□非常大 （2）□较大 （3）□一般 （4）□较小 (5) □非常小
10. 交往对象：（1）□非常大 （2）□较大 （3）□一般 （4）□较小 (5) □非常小
11. 文化程度：（1）□非常大 （2）□较大 （3）□一般 （4）□较小 (5) □非常小
12. 身体状况：（1）□非常大 （2）□较大 （3）□一般 （4）□较小 (5) □非常小
13. 精神状况：（1）□非常大 （2）□较大 （3）□一般 （4）□较小 (5) □非常小
14. 个人兴趣：（1）□非常大 （2）□较大 （3）□一般 （4）□较小 (5) □非常小
15. 年龄条件：（1）□非常大 （2）□较大 （3）□一般 （4）□较小 (5) □非常小
16. 性别差异：（1）□非常大 （2）□较大 （3）□一般 （4）□较小 (5) □非常小
17. 生育愿望：（1）□非常大 （2）□较大 （3）□一般 （4）□较小 (5) □非常小
18. 个人需求：（1）□非常大 （2）□较大 （3）□一般 （4）□较小 (5) □非常小
19. 个人素质：（1）□非常大 （2）□较大 （3）□一般 （4）□较小 (5) □非常小
20. 家庭负担：（1）□非常大 （2）□较大 （3）□一般 （4）□较小 (5) □非常小
21. 生活环境：（1）□非常大 （2）□较大 （3）□一般 （4）□较小 (5) □非常小
22. 单位条件：（1）□非常大 （2）□较大 （3）□一般 （4）□较小 (5) □非常小
23. 单位领导：（1）□非常大 （2）□较大 （3）□一般 （4）□较小 (5) □非常小
24. 企业文化：（1）□非常大 （2）□较大 （3）□一般 （4）□较小 (5) □非常小
25. 社区供给：（1）□非常大 （2）□较大 （3）□一般 （4）□较小 (5) □非常小
26. 社区文化：（1）□非常大 （2）□较大 （3）□一般 （4）□较小 (5) □非常小
27. 社会保障：（1）□非常大 （2）□较大 （3）□一般 （4）□较小 (5) □非常小
28. 户籍制度：（1）□非常大 （2）□较大 （3）□一般 （4）□较小 (5) □非常小
29. 社会环境：（1）□非常大 （2）□较大 （3）□一般 （4）□较小 (5) □非常小
30. 大众传媒：（1）□非常大 （2）□较大 （3）□一般 （4）□较小 (5) □非常小

您所在单位名称：_____

问卷到此结束，谢谢您的合作！！！

附录四 农民工社会保障需求调查研究调查问卷

您好！由河北省社会科学联合会批准立项的《农民工社会保障需求调查研究》课题组正在向您进行问卷调查。您是我们随机挑选出来的，您填写的这份问卷对我们研究工作非常重要。调查不记姓名，结果只用于研究。填写问卷时请您如实回答您的实际情况和真实想法，并将符合您意见的答案在题后的"□"内划一个"√"。谢谢您的合作！

《农民工社会保障需求调查研究》课题组

问卷正文

一、基本情况

1. 您的年龄：_____岁（请填周岁），属于以下哪个年龄段？
   （1）□20岁以下　（2）□21~25岁　（3）□26~30岁　（4）□31岁以上
2. 您的性别：　　（1）□男　　　（2）□女
3. 您的文化程度：（1）□小学及以下　　　　　（2）□初中
   （3）□高中（高职、中专）　　（4）□专科及以上
4. 您是否是独生子女：（1）□是　　（2）□否
5. 您的政治面貌：（1）□团员　　（2）□党员
   （3）□群众　　（4）□其他
6. 您的婚姻状况：（1）□未婚　　（2）□已婚　　（3）□离异
7. 您是否生育了子女？（1）□是　　（2）□否
   如果已生育子女，请问子女是在哪里生活？
   （1）□和我在务工地生活　　　　（2）□和老人在家乡生活
8. 您是否打算将来让自己的子女和你一起在务工地选择学校上学？
   （1）□是　　（2）□否　　（3）□没考虑过
9. 您在务工地是否购置了自己的住房？　（1）□是　　（2）□否
   如果没有在务工地购置住房，有何打算？
   （1）□打算在务工地购买　　　　（2）□没想过这事
   （3）□准备回家买房子　　　　　（4）□暂时不考虑

二、工作情况

10. 您外出务工多少年？_____年（不满6个月的填0.5年，超6个月不满1年的按1年算）

11. 您现在工作的单位性质：
    （1）□政府机关　　（2）□事业单位　　（3）□国有企业
    （4）□合资企业　　（5）□私营企业　　（6）□自办企业
    （7）□其他，请说明：_____

12. 您平均每天工作的时间为：
    （1）□8小时　　（2）□9~10小时　　（3）□11~12小时　　（4）□12小时以上

13. 您每周休息时间为：（1）□1天　　（2）□2天　　（3）□不休息

14. 国家法定节假日您休假情况：
    （1）□正常休假　　（2）□完全不休息　　（3）□视情况而定

15. 您目前的工资为：
    （1）□1000元以下　　　　　　　（2）□1001~1500元
    （3）□1501~2000元　　　　　　（4）□2001~2500元
    （5）□2501~3000元　　　　　　（6）□3000元以上

16. 您目前每月的工资扣除各种开支外，大概剩多少？
    （1）□没有剩余　　　　　　　（2）□500元以下
    （3）□501~1000元　　　　　　（4）□1001~1500元
    （5）□1501~2000元　　　　　　（6）□2001元以上

17. 您外出打工期间的工资收入主要用于（可多选）：
    （1）□租房　　（2）□养育子女　　（3）□生活开支　　（4）□赡养父母
    （5）□交友　　（6）□娱乐消遣　　（7）□参加培训　　（8）□存入银行

18. 您是否和单位签订了劳动合同：　　（1）□是　　（2）□否
    如果签订了劳动合同，期限为：
    （1）□1年　　　　　　　　　　（2）□2年
    （3）□3年及以上　　　　　　　（4）□无固定期限

19. 您对工作的满意程度：
    （1）□非常满意　　（2）□满意　　（3）□一般
    （4）□不满意　　（5）□非常不满意

20. 您目前从事的工作属于哪个行业？
    （1）□制造业　　（2）□建筑业　　（3）□零售业
    （4）□服务业　　（5）□其他

21. 您对工作的期待：

（1）□在未来3年内工资翻一番　　（2）□准备找一份稳定的工作

（3）□找一份成长空间更大的工作　　（4）□回家乡创业

三、生活交往状况

22. 您目前的居住状况是：

（1）□和朋友合租　（2）□自己租房　（3）□自己买房

（4）□单位宿舍　（5）□临时工棚　（6）□其他，请注明＿＿＿＿

23. 人均居住面积为：

（1）□10m² 以下　　　　　　　（2）□10～20m²

（3）□21～40m²　　　　　　　（4）□40m² 以上

24. 与在老家时居住状况相比：

（1）□比以前好　（2）□不如以前好　（3）□差不多　（4）□说不清

25. 您对目前的居住状况感到：

（1）□很满意　（2）□比较满意　（3）□满意

（4）□不满意　（5）□很不满意

26. 您现在是否适应城市生活：

（1）□适应　（2）□一般　（3）□不适应　（4）□不知道

27. 您向往的生活是：

（1）□都市的繁华与快节奏的生活

（2）□稳定的工作，有充足的时间自己来支配

（3）□和父母住在一起，生活在小城镇，舒适安逸

（4）□还没想好，既向往都市的繁华又憧憬乡村的安逸

28. 户籍对您生活的影响程度：

（1）□非常大　（2）□比较大　（3）□一般

（4）□比较小　（5）□非常小　（6）□没有影响

四、子女教育

29. 如果您的子女已到入学年龄，您准备让他在哪里上学？

（1）□务工地　（2）□家乡　（3）□不确定

30. 您认为您的孩子是否享受到了和务工地孩子同等的教育机会？

（1）□否　（2）□是　（3）□说不清楚

31. 您能否承担子女在务工地读书的费用？

（1）□能承担　（2）□不能承担　（3）□差不多　（4）□说不准

32. 您对您子女享受的教育资源现状：

（1）□很满意　（2）□比较满意　（3）□满意

（4）□不满意　　　（5）□很不满意　　（6）□不知道

五、社会保障

33. 单位为您缴纳了以下哪些社会保险？（可多选）
    （1）□养老保险　　（2）□工伤保险　　（3）□失业保险
    （4）□医疗保险　　（5）□生育保险　　（6）□没有缴纳
34. 单位是否为您缴纳了住房公积金？
    （1）□是　　　　　（2）□否　　　　　（3）□不知道
35. 您在务工地就医状况：
    （1）□小病能忍，一般不去医院
    （2）□小病去附近药房买药或自行吃药解决
    （3）□大病时想去医院就诊，但是医疗费用太高
    （4）□遇到大病时去医院就诊，医疗费用可以承受
    （5）□遇到大病一般回家乡去就诊
    （6）□其他，请注明＿＿＿＿＿＿＿＿＿＿＿＿＿＿＿＿＿＿＿＿
36. 您是否愿意和单位签订劳动合同？
    （1）□愿意　　　　（2）□不愿意　　　（3）□没考虑过
37. 如果单位和个人各缴纳一部分费用，您是否会愿意参加养老保险？
    （1）□愿意　　　　（2）□不愿意　　　（3）□没考虑过
38. 如果单位和个人各缴纳一部分费用，您是否会愿意参加医疗保险？
    （1）□愿意　　　　（2）□不愿意　　　（3）□没考虑过
39. 如果单位和个人各缴纳一部分费用，您是否会愿意参加失业保险？
    （1）□愿意　　　　（2）□不愿意　　　（3）□没考虑过
40. 您是否愿意参加工伤保险？
    （1）□愿意　　　　（2）□不愿意　　　（3）□没考虑过
41. 您是否愿意参加生育保险？
    （1）□愿意　　　　（2）□不愿意　　　（3）□没考虑过
42. 您是否愿意缴纳住房公积金？
    （1）□愿意　　　　（2）□不愿意　　　（3）□没考虑过
43. 如果失业了，您在失业期间靠什么生活？
    （1）□靠亲戚、朋友接济
    （2）□以前攒了些钱，可以维持一段时间
    （3）□向从前的同事朋友借钱
    （4）□依靠失业保险生活
    （5）□单位发给失业补偿

六、培训情况

44. 您所在单位重视职工培训吗？
    （1）□重视，经常培训　　　　　　（2）□不重视，从来不培训
    （3）□偶尔培训一下

45. 您参加工作以来是否参加过培训？
    （1）□参加过　　　　　　　　　　（2）□没参加过
    如果参加过请回答您参加培训的次数_____，是由以下哪个机构组织的？
    （1）□职业院校　　（2）□政府部门　　（3）□工作单位
    （4）□社会培训机构　　　　　　　　（5）□其他
    您对培训的总体评价：
    （1）□非常有帮助　（2）□有较大帮助　（3）□有点帮助
    （4）□没有帮助　　（5）□不知道
    如没有参加培训，请回答原因：
    （1）□不知道去哪培训　　　　　　　（2）□没有时间参加
    （3）□参加不方便　　　　　　　　　（4）□经济条件不允许
    （5）□内容不适合我　　　　　　　　（6）□培训效果不好

46. 如果您参加职业培训，您最看重以下哪一条？
    （1）□提高学历　　（2）□提高技能　　（3）□更新观念
    （4）□扩大交往　　（5）□其他

47. 如果您参加培训，您可以接受的培训时间为多长？
    （1）□1天以下　　（2）□2~5天　　　（3）□6~10天
    （4）□11~20天　　（5）□21天以上

48. 如果您有机会参加培训，您喜欢选择以下哪个时间段？
    （1）□上班时间　（2）□双休日　（3）□晚上　　（4）□无所谓

49. 如果您有机会参加培训，您愿意到以下哪个培训地点？
    （1）□家庭所在地　（2）□务工所在地

50. 如果您有机会参加培训，您最想学习的内容是：
    （1）□文化教育　　（2）□专业技术　　（3）□法律法规
    （4）□生活常识　　（5）□休闲娱乐　　（6）□其他

51. 如果您有机会参加培训，您首选的培训机构是：
    （1）□有政府背景的人才市场培训机构　（2）□正规的职业院校培训机构
    （3）□企业或行业协会培训机构　　　　（4）□社会职业中介举办的培训机构

52. 如果您参加培训，您最喜欢下列哪种培训形式？
    （1）□传统的课堂讲授　　　　　　　　（2）□边学边实践

（3）□多媒体教学　　　　　　　（4）□综合利用各种培训形式

53. 您认为通过什么途径学习到的知识效果更好？

（1）□到专门的培训机构学习　　（2）□边干边学

（3）□与身边的人讨论交流　　　（4）□自学

问卷到此结束，谢谢您的合作！！！